AI 멘토스 시리즈

나만 알고 싶은 AI 활용 교과서

스마트한 대학생활 체험기

저자 유채린·김정석·조은래 | 기획 정동완·이진숙

박영story

프롤로그

AI와 함께하는 대학생활과 청년의 미래

스마트폰의 등장 이전과 이후로 세상이 나뉘었듯, 앞으로의 미래는 AI가 있기 전과 후로 나뉘게 될 것이다. 변화의 물결 속에서 누가 선두에 설 것인가? 바로 AI를 이해하고 활용할 수 있는 사람들이 그 주인공이 될 것이다. 지금은 그저 AI를 배우고 익히는 것이 아닌, 미래 사회의 리더로서 준비하는 시기이다. AI는 더 이상 선택이 아닌 필수이며, 당신의 성공과 도약을 위한 핵심 도구가 될 것이다. 이 책을 통해 당신이 만들어갈 미래의 중심에 서기를 바란다.

이 책은 우리 일상 속에 부지불식간에 깊이 자리 잡은 AI를 통해 가정, 학교, 기업, 국가까지 사회 전반의 삶을 혁신할 수 있는 방법을 제시한다. 과거에는 상상도 못했던 기술이 이제는 바로 우리 손 안에 있고 우리의 학습과 관계, 그리고 미래를 새롭게 정의하고 있다. 대학에 들어서면서 새로운 환경과 다양한 도전에 직면하는 신입생들, 학업과 커리어를 동시에 고민하는 대학 재학생들, 그리고 연구와 창업의 길을 모색하는 대학원생들까지, 모두에게 AI는 더 나은 삶의 방식을 제안하고 있다. 이 책은 바로 대학 생활을 더욱 스마트하게 만들고, 청년들이 자신의 꿈을 현실로 만들어갈 수 있도록 돕기 위한 안내서이다.

대학 생활은 새로운 지식과 경험을 쌓아가는 흥미로운 여정이다. 이 여정에서 이 책은 단순한 기술적인 도구로서의 AI를 넘어 당신의 삶을 실질적으로 개선하고 대학 생활을 효율적이고 창의적으로 만드는 필수적인 가이드가 될 것이다. 이 책은 AI를 활용하여 당신이 시간과 노력을 절약하며 학습 목표를 달성하고 과제를 더 쉽게 해결하며 창의적인 프로젝트를 수행할 수 있도록 돕는다. 또한 이 책은 당신이 원하는 미래를 향해 나아가도록 창의력과 잠재력을 최대한으로 끌어낼 수 있도록 돕는다. 이 책을 통해 당신은 대학 생활에서 실질적이고 직접적인 도움을 얻으며 자신의 꿈을 현실로 만들어가는 데 필요한 많은 것을 배우게 될 것이다. 이 책은 당신이 AI를 활용해 새로운 도전을 극복하고 흥미롭고 즐거운 대학 생활을 만들어가는 데 필수적인 동반자가 될 것이다.

이 책을 읽기 전과 후로 당신의 대학 생활의 질은 확연히 달라질 것이다. 이 책을 통해 얻은 지식과 통찰은 단순히 정보 습득에 그치지 않고 막연한 미래에 대한 두려움에서 벗어나 주도적이고 재미있는 미래를 만들어 나가는 데 강력한 힘이 될 것이다. 하지만 목마를 때 물을 마시지 않으면 갈증이 해결되지 않듯이 이 책을 읽고 배운 내용을 실천하지 않으면 아무런 의미가 없다. 부디 당신이 이 책의 모든 내용을 읽고 배우고 익혀서 자신의 것으로 만들어 미래 사회의 리더로 자리매김하길 바란다. 당신의 대학 생활은 이제 막연한 도전이 아니라 AI와 함께 흥미롭고 즐거운 모험이 될 것이다.

추천사

AI는 이제 더 이상 특정 전공자만의 선유물이 아니다. 우리가 살아가는 시대는 'AI를 얼마나 잘 활용하느냐'가 곧 경쟁력의 기준이 되는 시대이다. 특히, 대학생들에게 있어 AI는 단순한 학습 보조 도구를 넘어 삶의 방향과 학습의 전략을 재구성하는 진정한 동반자가 되어가고 있다. 이 책은 그 변화의 한가운데에서 오늘의 대학생들이 '무엇을 배워야 하고 어떻게 성장해야 하며 어떤 방식으로 사회로 나아가야 하는가'에 대한 구체적인 답을 제시하고 있다.

신입생 시절 캠퍼스에 적응하는 방법부터 시작해 학점 관리, 리포트 작성, 팀 프로젝트, 진로 탐색과 포트폴리오 구성에 이르기까지 실질적이고 현실적인 사례들이 이 책의 곳곳에 빼곡히 담겨 있다. 저자는 단순히 '이런 도구가 있다'라고 나열하는 데 그치지 않고 왜 그 도구를 써야 하는지 어떻게 활용하면 좋을지에 대해 친절하게 안내한다. 특히 AI의 기능을 활용하는 데 있어 독자가 스스로 '필요'를 인식하고 주도적으로 사고할 수 있도록 이끌어 주는 저자의 구성 방식이 인상 깊었다. AI 도구는 많지만 그것을 '자신의 성장 서사'에 녹여내는 방식은 누구나 할 수 있는 일이 아니다.

책 전반에 흐르는 문제의식은 명확하다. "변화하는 세상 속에서 나는 어떻게 공부하고 일하고 살아가야 하는가?" 이 물음에 답하기 위해 저자는 실용적인 툴 소개를 넘어 사고방식의 전환을 유도한다. AI는 단지 기술이 아니라 세상을 읽는 프레임이자 나만의 문제해결 도구라는 것을 이해시키는 데 성공한 책이다. 이 책을 읽고 나면 AI가 낯선 기술이 아니라 오히려 매일의 삶 속에서 친근하게 대화하며 함께 성장할 수 있는 존재임을 실감하게 될 것이다.

대학생활은 길지만도 짧은 여정이다. 이 책은 그 여정의 시작부터 끝까지 필요한 순간마다 곁에서 방향을 제시해 줄 것이다. 단순한 AI 입문서가 아닌, '대학생을 위한 삶의 전략서'로 강력히 추천한다.

- 숭실대학교 중소기업대학원 겸임교수 노경훈

우리는 지금, AI와 함께 살아가는 시대를 지나 AI를 '활용하지 않으면 뒤처지는' 시대에 들어섰다. 특히 대학생활은 AI 도구를 가장 적극적으로 실험해 보고 성장의 재료로 만들 수 있는 황금기이다. 이 책은 바로 그 중요한 시기를 살아가는 청년들을 위해 AI와 함께 '스마트한 대학생활'을 설계할 수 있는 구체적이면서도 실용적인 지도를 제공한다.

이 책이 특별한 이유는 단순한 툴 소개나 AI 기술 해설에 머무르지 않는다는 점이다. 오히려 '대학생이라면 지금 당장 이런 장면에서 이렇게 써보라'라고 구체적으로 제안한다. AI 챗봇을 활용한 과제 초안 생성, 노션·슬랙·미드저니 같은 협업형 생성 AI 도구를 이용한 팀 프로젝트 수행 전략, 자기소개서 작성 시 챗GPT 피드백 받기, 링크드인과 연동된 포트폴리오 제작까지, 책에 담긴 사례들은 실제 대학 현장에서 바로 실행 가능한 수준의 디테일로 구성되어 있다.

또한 이 책은 단지 사용법을 설명하는 설명서가 아니다. AI가 어떤 방식으로 내 삶에 영향을 줄 수 있고 그것을 어떻게 나만의 성장 동력으로 삼을 수 있을지를 통합적으로 보여주는 '미래 설계 가이드'이다. 특히 AI를 통해 학습의 효율을 극대화하고 자기주도 학습 능력을 기를 수 있는 전략이 일관되게 담겨 있어 한 번의 독서로 끝나지 않고 반복해서 펼쳐보게 되는 책이다.

나는 이 책을 그저 'AI를 잘 쓰고 싶은' 대학생들만이 아니라 '내 삶을 더 능동적으로 개척하고 싶은' 모든 청년들에게 권하고 싶다. 시대는 변하고 있고 그 변화 속에서 AI는 청년의 도약을 돕는 새로운 파트너가 되어줄 것이다. 이 책이 바로 그 첫 만남의 안내서가 되어줄 것이라 확신한다.

- (주)살린 AI Talker 부사장 이세제

교육 현장에서 학생들을 직접 만나면서 나는 AI 활용 능력의 격차가 곧 미래의 격차로 이어지고 있음을 실감한다. 단순한 기술이 아닌 '사고방식의 변화'가 필요한 시대, 우리는 더 이상 AI를 선택할 수 있는 옵션으로 여겨서는 안 된다. 이제는 AI를 어떻게 활용하느냐가 자신의 진로를 얼마나 주도적으로 설계할 수 있느냐를 결정짓는다. 그런 의미에서 이 책은 대학생들에게 가장 시의적절한 생존 전략이자 성장의 동반서이다.

책은 매우 실용적이면서도 철학적이다. 수업 시간의 자료 정리부터 학습 요약, 보고서 작성, 사기소개서 퇴고, 인터뷰 대비, 자기계발까지, 대학생활의 거의 모든 과정에 AI가 어떻게 개입하고 기여할 수 있는지를 구체적으로 제시한다. 예를 들어, 팀 프로젝트 중 역할 분담을 AI로 시뮬레이션하거나 발표 자료를 시각적으로 완성도 있게 구성하는 방법까지 소개되어 있다. 단순히 AI를 사용하는 팁이 아니라 AI를 통해 자신의 가능성과 방향을 새롭게 찾는 방식이다.

또한 이 책은 자신감을 북돋운다. 많은 대학생들이 AI에 대한 막연한 불안감이나 거리감을 느끼고 있지만 이 책은 친절한 설명과 실습 예시를 통해 누구나 '나도 할 수 있다'라는 가능성을 발견하게 한다. 이는 단순한 실용서가 줄 수 없는 감정적 설득력이다. 읽다 보면 어느새 'AI를 써야 하니까'가 아니라 'AI와 함께하고 싶다'라는 마음이 드는 것이다.

디지털마케팅 분야에서 활동하는 나에게 AI는 이미 선택이 아닌 일상이다. 이 책은 그러한 일상을 앞으로 살아갈 대학생들이 자연스럽게 받아들이고 주도적으로 활용할 수 있도록 돕는다. 변화하는 시대에 맞춰 유연하고 전략적으로 대응하고 싶은 청년이라면 이 책을 통해 AI와 손잡고 성장의 방향을 함께 그려보길 바란다.

- 건양사이버대학교 디지털마케팅학과 겸임교수 윤성임

차례

CHAPTER

01

1. AI로 시작하는 스마트한 대학생활
2. AI와 함께하는 효과적인 학습 관리
3. AI를 활용한 과제 해결과 프로젝트 수행
4. AI와 함께하는 즐거운 대학생활

나만 알고 싶은 AI 활용 교과서: 대학생 · 청년

대학 신입생을 위한 AI 활용법

CHAPTER

01

대학 신입생을 위한 AI 활용법

1 ▶ AI로 시작하는 스마트한 대학생활

대학 입학을 앞두고 있는 신입생이라면 막연한 두려움과 설렘이 교차할 것이다. 캠퍼스 생활은 자유롭고 새로운 경험을 선사하지만, 그만큼 스스로 계획하고 관리해야 할 것들도 많다. 어디서부터 시작해야 할지 고민될 수 있지만, 걱정할 필요는 없다. AI를 적절히 활용하면 대학생활의 많은 부분이 훨씬 더 수월해지고, 즐거운 대학생활을 할 수 있다. 이제부터 소개할 방법들은 그동안의 걱정이 기우였다는 것을 느끼게 할 것이며, 당신의 대학생활이 스마트하고 알차게 펼쳐질 수 있도록 도와줄 것이다.

(1) AI 챗봇으로 캠퍼스 정보 마스터하기

대학 캠퍼스는 생각보다 넓고, 처음에는 어디에서 수업을 듣고, 어떤 시설을 이용해야 할지 혼란스러울 수 있다. 하지만 AI 챗봇을 활용하면 이러한 걱정을 덜 수 있다. 많은 대학에서는 자체적으로 개발한 챗봇 서비스를 제공하고 있으며, 이를 통해 다양한 캠퍼스 정보를 쉽게 얻을 수 있다.

예를 들어, 수업이 열리는 강의실 위치를 찾거나, 도서관 이용 시간을 알고 싶을 때, 챗봇에 간단한 질문을 던지면 실시간으로 필요한 정보를 제공받을 수 있다. 어떤 강의가 언제 열리는지, 교수님의 연구실 위치, 심지어 학교 식당 메뉴까지도 챗봇이 안내해 준다. 이처럼 챗봇은 대학생활의 '안내자' 역할을 톡톡히 해낸다.

실제 예시로, 서울대학교에서는 '스누봇(SnuBot)'이라는 AI 챗봇을 통해 신입생들에게 캠퍼스 정보, 학사 일정, 장학금 정보 등을 제공하고 있다. 이와 유사하게 각 대학의 공식 앱이나 웹사이트를 통해 챗봇을 사용할 수 있다. 이러한 챗봇은 연중무휴로 24시간 작동하므로, 언제든 궁금한 사항이 생기면 즉각적으로 답변을 얻을 수 있다.

스누봇

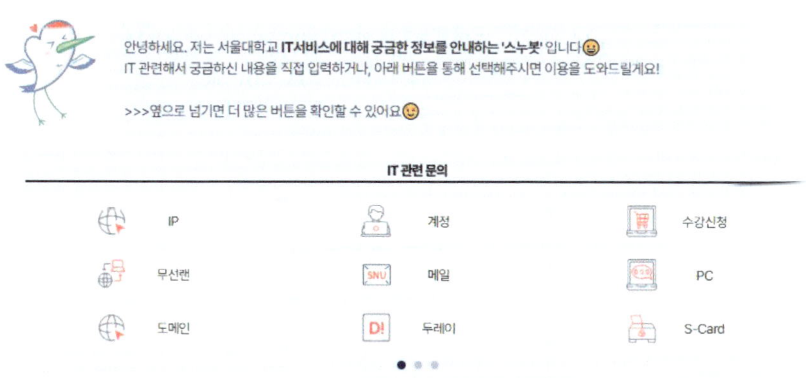

챗봇 사용법은 매우 간단하다. 앱을 설치하거나 웹사이트에 접속한 후, 메시지를 입력하면 된다. 예를 들어, "다음 주에 예정된 학사일정이 무엇인가요?"라고 물으면 챗봇이 일정표를 보여줄 것이다. 또는 "오늘 도서관이 몇 시에 문을 닫나요?"라고 물으면 바로 답을 얻을 수 있다. 이처럼 AI 챗봇은 신입생들에게 친절한 가이드 역할을 하며, 캠퍼스 생활에 필요한 정보를 언제 어디서나 제공해 준다.

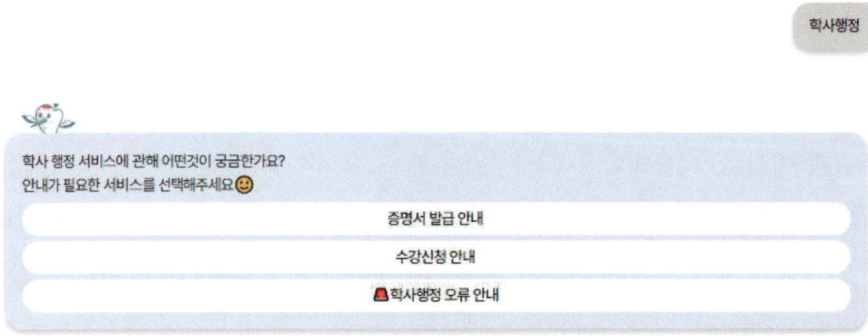

이를 통해 신입생들은 혼란스러울 필요 없이 빠르게 캠퍼스 환경에 적응할 수 있다.

(2) AI 시간표 최적화: AI를 활용한 대학 수강신청 팁

대학생활에서 가장 중요한 부분 중 하나는 바로 시간표를 짜는 것이다. 처음 대학에 입학한 신입생들은 수많은 강의 중에서 어떤 것을 선택해야 할지, 또 시간표를 어떻게 효율적으로 짜야 할지 막막할 수 있다. 이러한 고민을 덜어줄 수 있는 도구가 바로 AI 기반의 시간표 최적화 시스템이다. 최근에는 여러 앱과 서비스들이 AI를 활용하여 학생들이 최적의 시간표를 구성할 수 있도록 돕고 있다.

AI 시간표 최적화 시스템은 다음과 같은 방법으로 수강신청을 효율적으로 관리할 수 있다.

1) 우선순위에 따른 강의 선택

AI 기반 시간표 도구는 당신이 듣고자 하는 강의의 중요도에 따라 자동으로 우선순위를 매긴다. 전공 필수 과목, 교양 필수 과목 등 반드시 들어야 하는 과목을 먼저 선택하고, 그 외의 과목들을 추천해 준다. 학생은 자신이 선택한 과목의 우선순위를 설정한 후, AI가 제안하는 시간표를 참고하여 수강 신청을 할 수 있다.

2) 강의 시간 및 강의실 간 이동 시간 계산

많은 신입생들이 강의실 간 이동 시간을 간과하는 경우가 있다. 이로 인해 수업 시간이 겹치거나 강의실 사이의 거리가 너무 멀어 이동이 어려운 경우가 생길 수 있다. AI 시간표 도구는 이러한 문제를 해결하기 위해 강의실 간의 이동 시간을 고려해 시간표를 추천해 준다. 이를 통해 불필요한 시간 낭비를 줄이고, 효율적인 시간표를 구성할 수 있다.

3) 개인화된 시간표 제안

AI는 학생의 학습 패턴과 선호도를 분석하여 개인 맞춤형 시간표를 제안할 수 있다. 예를 들어, 아침 일찍 일어나는 것이 힘든 학생이라면 오전 수업을 최소화하고, 오후 시간대를 중심으로 시간표를 구성하는 식으로 최적화할 수 있다. 또한 과목의 난이도와 학업 부담을 고려하여 균형 잡힌 시간표를 제안하는 기능도 있다

4) 동시 수강생 피드백 분석

AI 시간표 도구는 이전 학기 학생들의 피드백을 분석하여 특정 과목에 대한 평가를 제공한다 예를 들어, 특정 과목의 과제량이 많아 부담스러울 수 있다는 정보를 미리 제공받으면, 다른 과목들과의 균형을 맞추어 수강 신청을 할 수 있다. 이러한 피드백은 학생들이 무리하지 않도록 학업 계획을 세우는 데 큰 도움을 준다.

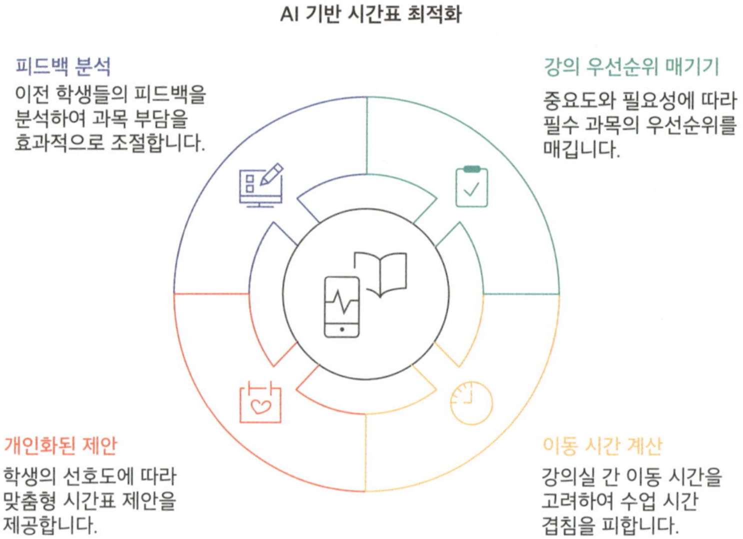

5) AI 시간표 최적화 도구의 실제 적용 사례

대표적인 AI 시간표 최적화 도구로는 '마이유니버시티(MyUniversity)', '유니플래너(UniPlanner)'와 같은 일반적인 시간표 관리 앱들이 있다. 이 앱들은 강의 선택과 시간 최적화를 돕는 다양한 기능을 제공하며, AI를 활용해 보다 효율적으로 시간표를 구성할 수 있도록 지원한다. 이러한 앱들은 학생들이 필수 과목을 입력하면, AI가 자동으로 빈 시간에 들을 수 있는 선택 과목들을 추천하고, 겹치지 않게 시간표를 구성해 준다. 특히 수많은 강의 중에서 선택하기 어렵거나 시간표의 효율성을 극대화하고 싶은 신입생들에게 매우 유용하다.

AI 시간표 도구를 통해 학생들은 시간표를 짜는 고민에서 벗어나고, 학업과 개인 시간을 균형 있게 관리할 수 있다. 이를 통해 더욱 알찬 대학생활을 즐길 수 있다.

(3) AI 기반 동아리 및 학습 파트너 매칭 시스템 활용

대학생활에서 학문적 성취뿐만 아니라, 다양한 사람들과의 교류와 새로운 경험도 중요한 요소이다. 동아리 활동이나 학습 파트너와의 협업은 그 일환으로, 신입생들에게 필수적인 부분이다. 하지만 수많은 동아리 중에서 자신에게 맞는 곳을 찾거나, 함께 공부할 학습 파트너를 찾는 일이 어려울 수 있다. 이때, AI 기반의 매칭 시스템을 활용하면 자신에게 최적화된 동아리와 학습 파트너를 쉽게 찾을 수 있다.

개인 성향과 관심사 기반 동아리 추천 AI 시스템은 학생의 성향, 관심사, 전공 등을 분석하여 적합한 동아리를 추천해 준다. 예를 들어, 인공지능 챗봇이 학생의 설문 조사 결과나 프로필 데이터를 기반으로 적합한 동아리 리스트를 제공한다. 동아리 활동을 통한 네트워크 형성과 취미 활동은 대학생활의 중요한 부분인데, AI를 통해 이 과정이 더욱 수월해진다.

예를 들어, 운동을 좋아하는 학생에게는 스포츠 관련 동아리를, 사회 문제에 관심 있는 학생에게는 자원봉사나 사회적 활동을 하는 동아리를 추천할 수 있다. 이렇게 추천받은 동아리 중에서 더 많은 정보를 보고 선택할 수 있으며, 이는 학교 생활의 재미와 만족도를 높이는 데 큰 역할을 한다.

AI 학습 파트너 매칭 AI는 학습 스타일, 선공 과목, 학업 성취도, 성향 등을 분석하여 학생들이 함께 공부할 수 있는 최적의 학습 파트너를 매칭해 준다. 특히 같은 전공이거나 같은 강의를 듣는 학생들 사이에서 협업할 기회를 제공하여, 학업적으로도 큰 도움을 받을 수 있다. 학습 파트너는 과제를 함께 하거나 시험을 대비할 때 서로의 강점을 보완할 수 있는 든든한 지원군이 될 수 있다.

예를 들어, AI가 학습 성향 분석을 통해 '토론을 선호하는 학생'과 '메모와 정리를 잘하는 학생'을 매칭해주면, 두 학생은 서로의 장점을 살려 함께 공부할 수 있다. 또한 AI는 학생들이 자주 방문하는 도서관, 학습 시간대 등의 데이터를 활용해 현실적으로 만날 수 있는 시간대를 고려하여 매칭을 제공하기 때문에 실제 만남과 협업도 쉽게 이루어진다.

동아리 및 학습 파트너의 피드백 기능 매칭된 동아리나 학습 파트너와의 활동을 통해 얻은 피드백을 AI가 분석하여, 다음번 매칭에 더 정확한 추천을 제공한다. 이를 통해, 학생들은 자신의 성향과 더 잘 맞는 동아리나 파트너와 협업할 수 있는 기회를 얻을 수 있다. 학기 중간이나 학기 말에 AI가 제공하는 피드백을 통해 동아리 활동의 만족도를 평가하고, 더 나은 방향으로 활동을 조정할 수도 있다.

실제 적용 사례

현재 필자가 제시한 스타일과 딱 맞는 동아리 학습파트너 매칭 AI가 존재하지 않아서 ChatGPT로 간단하게 만들어 보았다.

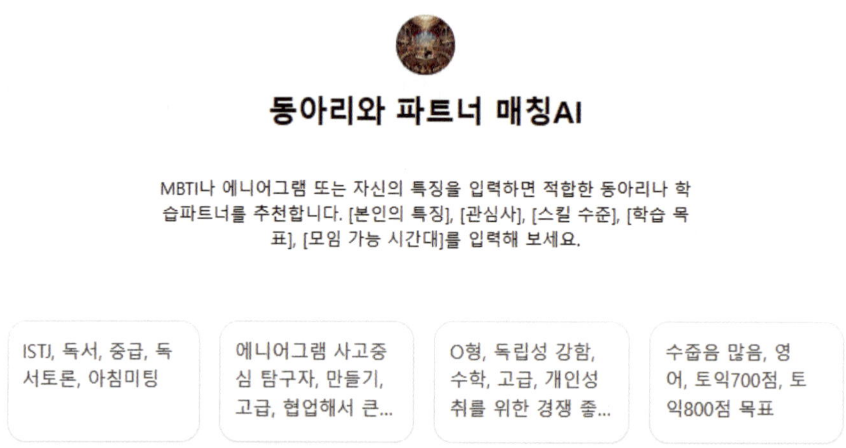

출처: https://chatgpt.com/g/g-VNNLsmIuW-dongariwa-pateuneo-maecingai

한 사람의 특징을 잘 나타내는 MBTI나 에니어그램의 내용만 넣어도 되고 더 자세한 데이터를 넣으면 더 좋은 결과를 얻을 수 있다. 다만 특정 대학의 동아리와 학생들에 대한 데이터베이스를 기초로 하지 않았기 때문에 가상의 인물이나 한국의 유명 대학의 동아리를 추천하는 식으로 구성했다. 만약 실제 대학의 데이터 베이스를 바탕으로 본인의 정확한 특징을 입력한다면 실제적으로 도움이 되는 동아리와 학습파트너를 매칭할 수 있을 것이다.

다만, 지금은 개인정보 보호에 대한 구체적인 지침이 없는 상태라 개인의 신상이 노출되는 AI를 출시하기에는 어려운 부분이 있다. 하지만 앞으로는 많은 대학이나 회사에서 자동 AI 매칭 시스템으로 학생의 학과나 동아리를 AI가 자동으로 선택해 주거나 신입사원의 부서를 결정해주는 일들이 비일비재하게 일어날 것이다.

2 AI와 함께하는 효과적인 학습 관리

(1) AI 튜터: 개인 맞춤형 학습 계획 수립과 실행

대학에서는 학습량이 많고, 스스로 공부해야 할 부분이 많아질 수 있다. 특히 대학에 처음 입학한 신입생들은 어떤 방식으로 공부 계획을 세워야 할지 막막할 수 있다. 이런 상황에서 AI 튜터는 효과적인 학습 관리를 위해 필수적인 도구로 자리 잡고 있다. AI 튜터는 개인의 학습 성향, 약점, 시간 등을 분석하여 맞춤형 학습 계획을 수립하고, 그 계획을 실천하는 데 도움을 준다.

AI 튜터 기능

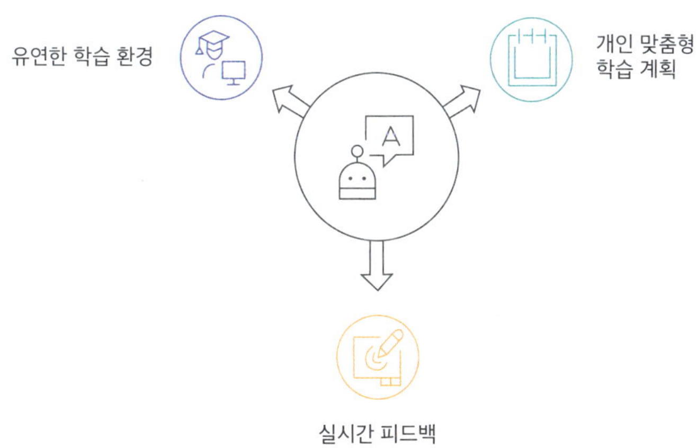

학습 성향 및 성과 분석 AI 튜터는 학생의 학습 데이터를 바탕으로 개인의 학습 성향을 분석한다. 예를 들어, 특정 과목에서 학생이 반복적으로 틀리는 문제 유형이나, 학습에 필요한 시간 등을 파악할 수 있다. AI는 이러한 데이터를 기반으로 학습 계획을 최적화하고, 학생이 집중해야 할 부분을 제시한다. 이를 통해 학생은 자신이 어떤 부분에서 어려움을 겪고 있는지 명확히 인식하고, 이를 개선할 수 있는 방향으로 공부할 수 있다.

개인 맞춤형 학습 계획 수립 AI 튜터는 학생의 학습 스타일과 목표에 맞춘 맞춤형 학습 계획을 제공한다. 예를 들어, 시험 대비를 위한 일정을 세우거나, 매일 학습해야 할 양을 조절해 준다. 학생이 정해진 학습 목표를 달성하지 못했을 경우 AI는 이를 분석하여 더 효율적인 계획을 제안한다. 또한 바쁜 일정에 맞춰 유연하게 학습 계획을 조정할 수 있다. 예를 들어, 평소보다 바쁜 주간이라면 학습량을 줄이고, 여유가 있을 때 학습량을 늘리는 방식으로 관리할 수 있다.

실시간 피드백 및 동기부여 AI 튜터는 학생이 학습하는 과정에서 실시간으로 피드백을 제공한다. 예를 들어, 특정 개념을 제대로 이해하지 못한 경우, AI는 해당 개념을 더 깊이 설명하거나, 추가 학습 자료를 추천한다. 이러한 즉각적인 피드백은 학생들이 학습 과정에서 놓치는 부분을 빠르게 보완할 수 있도록 돕는다.

더불어, AI는 학습의 진척도와 성과를 실시간으로 추적하여 성취를 시각적으로 보여준다. 학습 목표가 달성되었을 때 칭찬 메시지나 보상을 제공함으로써 학생에게 동기부여를 해주기도 한다. 이는 장기적인 학습 계획을 유지하는 데 중요한 역할을 한다.

언제 어디서나 학습 가능 AI 튜터는 온라인 플랫폼을 통해 언제 어디서나 학습할 수 있는 환경을 제공한다. 학생은 강의실에 있지 않아도, 집이나 카페에서 AI 튜터와 함께 학습할 수 있다. 이를 통해 학생들은 자신의 스케줄에 맞게 유연하게 공부할 수 있다. 또한, 반복적으로 이해되지 않는 부분은 AI 튜터에게 다시 설명을 요청할 수 있어, 개인적인 과외를 받는 것과 같은 효과를 얻을 수 있다.

실제 적용 사례

듀오링고(Duolingo)나 포캐스트(Forecast)와 같은 AI 기반 학습 앱은 이미 많은 학생들이 언어 학습이나 특정 과목 공부에 활용하고 있다. 이러한 AI 튜터는 학생 개개인의 학습 패턴을 분석하고, 맞춤형 학습 계획을 제공하여 학습 효과를 극대화한다. 또한, 이 시스템들은 학생들이 지속적으로 학습에 참여할 수 있도록 동기를 부여하고, 필요한 피드백을 실시간으로 제공한다.

이를 통해 신입생들은 학습 계획을 보다 체계적으로 세우고, 자신만의 학습 스타일에 맞춘 공부를 이어갈 수 있다. 이는 대학에서의 성적 향상뿐만 아니라, 자기 주도 학습 능력을 키우는 데에도 큰 도움이 된다.

(2) 스마트 요약 AI로 방대한 강의 자료 정복하기

대학 강의에서는 많은 양의 자료와 정보를 접하게 된다. 신입생들은 때때로 방대한 강의 자료나 교재를 읽는 데 부담을 느낄 수 있는데, 이때 스마트 요약 AI를 활용하면 학습 효율을 극대화할 수 있다. AI는 긴 문서나 자료를 간결하게 요약해 주어 핵심 내용을 빠르게 파악하고, 중요한 부분에 집중할 수 있도록 돕는다.

방대한 강의 자료에는 교수님의 강의 슬라이드, 논문, 교재 등 다양한 자료들이 포함되며, 이를 모두 읽고 이해하기에는 시간이 많이 소요된다. 스마트 요약 AI는 이러한 자료들을 분석하여 핵심 내용을 요약해 준다. 예를 들어, 도서의 한 CHAPTER가 20쪽인 경우 AI는 그중 가장 중요한 개념과 요점을 추출하여 2~3쪽 분량으로 요약해 준다. 이를 통해 학생들은 전체 자료를 읽는 데 시간을 많이 할애하지 않고도 핵심을 빠르게 파악할 수 있다.

중요 개념 및 키워드 추출 AI는 문서에서 중요한 키워드를 추출하고, 그와 관련된 개념을 요약해 준다. 예를 들어, 특정 주제에 대한 논문을 읽는 경우, 논문의 주요 논점과 결론을 요약하고, 중요한 용어나 개념을 따로 정리해 준다. 이는 학생들이 방대한 양의 정보를 소화하는 데 도움을 주고, 시험 준비나 과제 작성 시 중요한 내용을 빠르게 찾아볼 수 있게 해 준다.

맞춤형 요약 제공 AI는 학생의 학습 스타일이나 필요에 맞춰 맞춤형 요약을 제공할 수 있다. 예를 들어, 특정 부분에 대해 더 자세한 설명이 필요하거나, 단순 요약 대신에 좀 더 심화된 내용을 원할 경우 AI는 이러한 요청을 반영해 맞춤형 요약을 제공한다. 또한 학생이 이미 익숙한 부분은 간단히 요약하고, 이해가 부족한 부분은 더 상세히 설명해 줄 수 있다. 이렇게 맞춤형 요약을 제공함으로써 학생들이 필요한 부분에 더 집중할 수 있도록 돕는다.

만약 학생이 외국어로 작성된 자료를 다뤄야 할 경우 스마트 요약 AI는 그 자료를 학생의 모국어로 요약해 줄 수 있다. 이는 국제 논문이나 해외 자료를 공부하는 데 매우 유용하다. 예를 들어, 영어 논문을 한국어로 요약해 준다면, 학생들은 핵심 내용을 이해하는 데 더 많은 시간을 절약할 수 있다.

실제 적용 사례

학생들은 예를 들어 '서머리(Summary)'와 같은 AI 요약 도구를 활용하여 긴 텍스트나 복잡한 논문을 간단하게 요약할 수 있다. 이러한 도구들은 문서의 중요한 문장과 키워드를 추출하고, 이를 논리적으로 구성하여 요약본을 제공한다. 또한, 'QuillBot'과 같은 툴은 논문이나 연구 자료를 요약해주고, 필요한 경우 해당 자료의 주요 논점을 파악하는 데 도움을 준다.

한국에서는 클로바 노트를 통해 강의나 토의 자료를 녹음하고 녹음된 음성파일을 텍스트로 변환하여 요약 정리할 수 있다. 이를 통해 강의 요약노트나 회의록 작성이 쉽게 가능하다.

실제 적용 방법

- 학생은 AI 요약 도구에 읽고자 하는 자료를 업로드하거나 복사하여 붙여 넣는다.
- AI는 자료를 분석한 후, 가장 중요한 문장이나 개념을 추출하여 요약본을 생성한다.
- 학생은 요약본을 통해 자료의 전반적인 내용을 빠르게 이해하고, 필요할 경우 원문을 참고하여 심화 학습을 진행할 수 있다.

클로바 노트를 이용한 강의자료 요약 노트 및 회의록 작성 프로세스

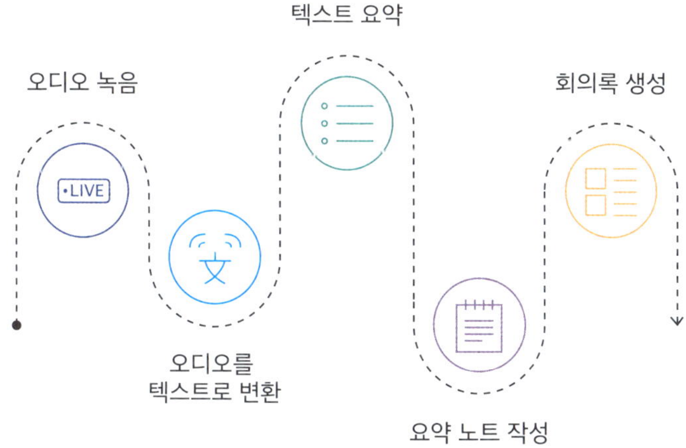

구글에서 개발된 NotebookLM의 경우는 첨부된 자료의 내용을 참고하여 모든 질문에 답하는 구조로 되어 있어 책이나 논문 분석의 정확한 출처를 찾는 작업에 최적화되어 있다. 또한 첨부된 자료의 내용을 주제별로 요약해서 보거나 심층 분석 대화 생성으로 팟캐스트로 만들어 들을 수 있어서 좋다. 예를 들어, 다양한 관점의 철학 책의 경우 철학자들의 사상별로 분류하여 보기 편하게 하거나 철학자의 사상을 음성대화로 생성할 수 있다.

이러한 스마트 요약 AI를 활용하면 방대한 학습 자료를 효율적으로 정복할 수 있다. 신입생들은 더 이상 방대한 분량에 압도되지 않고, 필요한 정보만을 빠르게 습득할 수 있게 된다.

(3) AI 기반 자기주도 학습: 학습 패턴 분석과 개선

대학에서는 자기주도 학습이 매우 중요하다. 스스로 계획을 세우고 학습을 진행해야 하는 경우가 많기 때문이다. 하지만 자신의 학습 방식이나 패턴을 파악하는 것은 쉽지 않다. 이때 AI 기반의 자기주도 학습 시스템을 활용하면, 자신의 학습 패턴을 분석하고 개선할 수 있는 효과적인 방법을 제공받을 수 있다.

개인 학습 데이터 분석 AI는 학생의 학습 데이터를 분석하여 개인의 학습 패턴을 파악한다. 예를 들어, AI는 학생이 어떤 시간대에 가장 집중력이 높고, 어떤 과목에서 어려움을 겪는지 등을 파악할 수 있다. 이러한 데이터를 통해, 학생은 자신이 언제 공부할 때 가장 효율적인지, 어떤 주제나 과목에서 더 많은 노력이 필요한지를 명확히 알 수 있다. AI는 학습 활동을 시간대별로 기록하고, 학생의 성과를 바탕으로 개선점을 제안한다.

학습 패턴에 따른 맞춤형 학습 계획 AI는 분석된 학습 데이터를 기반으로 맞춤형 학습 계획을 제안한다. 예를 들어, 학생이 수업 내용 중 특정 주제를 반복적으로 놓치고 있다면, 그 주제에 대한 학습을 더 많이 배정하고, 이해도를 높일 수 있는 학습 자료를 추천한다. 또한, 집중력이 높은 시간대에 어려운 과목을 공부하고, 집중력이 낮은 시간대에는 복습이나 간단한 과제를 배치하는 등 효율적인 학습 계획을 세워준다.

학습 성과 추적 및 피드백 제공 AI는 학생의 학습 성과를 지속적으로 추적하고, 실시간 피드백을 제공한다. 예를 들어, 학생이 설정한 학습 목표를 달성하지 못했을 때 AI는 그 원인을 분석해 준다. 시간이 부족했는지, 특정 개념이 이해되지 않았는지 등을 파악하여 학습 방법을 조정할 수 있도록 돕는다. 또한, 목표를 달성했을 때는 성취감을 느낄 수 있도록 격려 메시지를 보내고, 더 높은 목표를 설정할 수 있도록 유도한다.

연습 문제 및 퀴즈 제공 AI는 학생이 공부한 내용을 바탕으로 연습 문제나 퀴즈를 제공한다. 이는 학습한 내용을 확실히 이해했는지 확인하는 데 유용하다. 만약 퀴즈에서 틀린 문제가 있다면, AI는 해당 문제와 관련된 내용을 다시 학습하도록 권장하고, 더 많은 연습 문제를 제공해 준다. 이러한 반복 학습 과정을 통해 학생의 이해도는 점차 높아진다.

학습 습관 개선 AI는 학생의 학습 습관을 개선하는 데에도 도움을 준다. 예를 들어, 특정 시간대에 휴식이 부족하다거나, 너무 오랜 시간 동안 집중력을 유지하려는 경향이 있다면, AI는 적절한 휴식 시간을 권장하고, 집중력 유지에 도움이 되는 팁을 제공한다. 또한, 규칙적인 학습 습관을 유지하도록 일일 학습 목표를 설정하고 이를 달성할 수 있도록 도와준다.

실제 적용 사례

'센티(Century)'와 같은 AI 기반 학습 플랫폼은 학생들의 학습 데이터를 분석하여 개인 맞춤형 학습 계획을 제공한다. 이 플랫폼은 학생들의 학습 패턴을 분석하여 더 효율적으로 학습할 수 있는 방식을 제안하고, 부족한 부분을 보완할 수 있는 자료를 추천해 준다. 또한 'Grammarly'나 'Coursera'와 같은 플랫폼에서도 AI를 통해 학습 패턴을 추적하고 피드백을 제공하여 학습자의 자기주도 학습을 도와준다.

실제 적용 방법

- 학생은 AI 기반 학습 플랫폼에 로그인하여 자신의 학습 데이터를 기록하고, 이를 바탕으로 맞춤형 학습 계획을 세운다.
- AI는 학생의 학습 패턴을 지속적으로 분석하고, 적절한 시점에 피드백을 제공한다.
- 학습 중간중간 AI가 제공하는 연습 문제나 퀴즈를 풀면서 학습 내용을 확인하고, 부족한 부분을 보완할 수 있다.

이러한 AI 기반 자기주도 학습 시스템을 활용하면, 학생들은 스스로 학습 능력을 키우고, 효율적으로 공부할 수 있는 방법을 배워나갈 수 있다. AI는 학습에 있어 지속적인 피드백과 지원을 제공하며, 학생이 꾸준히 학습 목표를 달성할 수 있도록 도와준다.

3 AI를 활용한 과제 해결과 프로젝트 수행

(1) AI 리서치 어시스턴트: 효율적인 자료 검색과 정리

대학에서 과제를 수행하거나 프로젝트를 진행할 때, 가장 중요한 부분 중 하나는 신뢰할 수 있고 관련성 높은 자료를 수집하는 것이다. 그러나 방대한 양의 자료를 검색하고, 이를 효율적으로 정리하는 것은 많은 시간과 노력을 요구한다. 이때 AI 리서치 어시스턴트를 활용하면 빠르고 정확하게 필요한 자료를 검색하고 정리할 수 있다.

효율적인 자료 검색 AI 리서치 어시스턴트는 학생이 찾고자 하는 주제에 맞춰 관련성 높은 자료를 신속하게 찾아준다. 구글 스칼라(Google Scholar)나 마이크로소프트 아카데믹(Microsoft Academic)과 같은 AI 기반 검색 엔진은 논문, 보고서, 도서 등 다양한 출처에서 원하는 자료를 추출할 수 있다. AI는 학생이 검색한 키워드를 분석하여 관련성이 높은 자료부터 우선적으로 추천한다. 이를 통해 학생은 방대한 양의 검색 결과 중에서 중요한 자료를 빠르게 찾을 수 있다.

예를 들어, '기후 변화에 따른 생태계 변화'라는 주제로 조사할 때, AI는 관련 논문, 최신 연구, 통계 자료 등을 자동으로 검색하고, 그중 가장 신뢰할 수 있는 출처를 먼저 제시한다. 학생은 시간 낭비 없이 과제나 연구에 필요한 핵심 자료를 얻을 수 있다.

자료 정리 및 분류 AI 리서치 어시스턴트는 검색한 자료를 주제별로 자동으로 분류하고, 요약본을 제공하여 학생들이 손쉽게 자료를 검토하고 정리할 수 있도록 돕는다. 예를 들어, 다양한 논문을 읽어야 할 경우 AI는 각 논문의 핵심 내용을 요약해 주며, 중요한 키워드나 개념을 자동으로 정리한다. 이를 통해 학생들은 자료를 효율적으로 정리하고, 필요한 부분만 집중적으로 참고할 수 있다.

또한 AI는 검색한 자료를 카테고리별로 분류해 준다. 예를 들어, 학생이 생태계 변화에 관한 자료를 검색했다면, '연구 논문', '통계 자료', '사례 연구' 등으로 자료를 자동 분류하여 손쉽게 접근할 수 있게 해 준다.

관련 자료 추천 AI는 학생이 검색한 자료와 연관된 추가 자료도 추천해 준다. 예를 들어, 논문 하나를 검색했을 때, AI는 그 논문과 주제가 비슷하거나 더 깊이 있는 연구 자료들을 추가로 제안한다. 이러한 기능은 학생들이 놓칠 수 있는 중요한 연구 자료나 논문을 더 많이 확보할 수 있도록 돕는다.

출처 관리 및 인용 도움 과제를 작성할 때 중요한 것 중 하나는 출처 관리이다. AI 리서치 어시스턴트는 검색한 자료의 출처를 자동으로 저장하고, 인용 형식에 맞게 정리해 준다. 예를 들어, 논문을 작성하면서 MLA, APA, 시카고 등 다양한 인용 스타일 중 하나를 선택하면, AI는 그에 맞춰 자동으로 출처를 작성해 준다. 또한 참고 문헌 리스트를 한눈에 볼 수 있게 정리해 주어, 과제를 제출할 때 인용 실수를 방지할 수 있다.

실제 적용 사례

많은 대학에서는 이미 논문 검색이나 자료 수집에 AI 기반 도구를 활용하고 있다. 'EndNote'나 'Zotero' 같은 도구는 자료를 자동으로 수집하고 정리하는 데 도움을 준다. 또한 'ResearchGate'나 'Semantic Scholar'와 같은 플랫폼은 AI를 통해 논문을 검색하고 연관된 자료를 추천해 준다. 이러한 도구들을 활용하면 과제나 프로젝트의 리서치 과정이 훨씬 더 효율적이고 체계적으로 진행될 수 있다.

실제 적용 방법

- AI 기반 리서치 도구에 접속해 주제나 키워드를 입력하고, 자료를 검색한다.
- 검색된 자료는 자동으로 분류 및 요약되어 제공되며, 필요한 자료를 선택하여 읽거나 다운로드할 수 있다.
- 인용이 필요한 자료의 출처를 자동으로 저장하고, 과제에 맞는 인용 형식으로 쉽게 관리한다.

이러한 AI 리서치 어시스턴트를 활용하면, 방대한 양의 자료를 효과적으로 처리하고, 과제를 보다 체계적이고 정확하게 수행할 수 있다. 학생들은 시간을 절약하면서도 고품질의 자료를 바탕으로 과제를 완성할 수 있다.

최근에는 퍼플렉시티를 필두로 OpenAI 검색 GPT나 구글의 제미나이 API를 통한 근거 기반 검색이 가능해지면서 이제 네이버나 구글의 일반 검색의 시대는 점점 저물고 있다.

(2) 인공지능 글쓰기 도구로 리포트 품질 높이기

대학 과제에서 리포트를 작성하는 것은 매우 중요한 과업 중 하나이다. 그러나 모든 학생이 처음부터 글을 잘 쓰는 것은 아니며, 리포트의 논리적 구조나 문법적인 부분에서 어려움을 겪을 수 있다. 이때 AI 글쓰기 도구를 활용하면 글쓰기의 질을 크게 향상시킬 수 있다. AI는 문법과 스타일 교정, 논리적 흐름 제안, 콘텐츠 강화 등 다양한 방식으로 리포트를 개선하는 데 도움을 준다.

문법과 철자 교정 리포트를 작성할 때 가장 기본적인 문제는 문법과 철자 오류다. AI 글쓰기 도구는 리포트에서 발생할 수 있는 문법적 오류나 철자 실수를 자동으로 감지하고 수정한다. 예를 들어, 'Grammarly'와 같은 도구는 작성한 문장을 분석하고, 문법 오류뿐만 아니라 구두점, 철자, 동사의 시제 등을 교정해 준다. 이는 글을 보다 정확하고 깔끔하게 만들어 주며, 교수님에게 좋은 인상을 줄 수 있다.

최근 OpenAI가 개발한 ChatGPT 4.0의 Canvas 기능은 기존 모델의 한계를 크게 넘어섰다. 사용자들은 이제 실시간으로 정보를 검색하고 최신 뉴스를 확인할 수 있게 되었으며, 특정 웹페이지의 내용도 직접 참조할 수 있게 되었다. 더욱 주목할 만한 점은 사용자와의 실시간 상호작용을 통해 글의 분량을 자유자재로 조절할 수 있고, 글의 전체적인 분위기도 손쉽게 변환할 수 있다는 것이다.

한편 엔트로픽사가 개발한 Claude 3.5 Sonnet은 보다 기술적인 측면에서 강점을 보인다. JavaScript 코드의 작성과 실행이 가능해졌으며, 복잡한 데이터 처리와 분석, 실시간 통계 생성 능력을 갖추게 되었다. 특히 수학적 문제 해결 능력이 크게 향상되었으며, 하나의 질문에 대해 세 가지 다른 관점의 아이디어를 제시함으로써 사용자의 시야를 넓혀주는 특징을 가지고 있다.

문장 스타일 및 가독성 개선 AI는 단순한 문법 교정 외에도 문장의 스타일과 가독성을 개선할 수 있다. 긴 문장을 더 간결하게 바꾸거나, 복잡한 표현을 쉽게 이해할 수 있는 표현으로 제안하는 등 글의 흐름을 매끄럽게 만드는 데 도움을 준다. 또한 학술 리포트에 적합한 문체를 제안해 주거나, 지나치게 캐주얼한 표현을 학술적 표현으로 교정해 줄 수도 있다.

예를 들어, AI는 '이 연구는 매우 중요하다'라는 표현을 '본 연구는 중요한 학문적 기여를 한다'와 같이 더 정제된 학술적 표현으로 바꿔줄 수 있다. 이렇게 스타일을 개선하면, 리포트의 전반적인 가독성과 논리성이 향상된다.

논리적 흐름 제안 AI는 글의 전반적인 구조와 논리적 흐름을 분석하여 개선할 수 있는 부분을 제안한다. 리포트를 작성할 때 종종 논리가 불분명하거나 내용이 중복되는 경우가 생기는데, AI는 이러한 부분을 감지하여 논리적 흐름을 더 명확하게 만들어 준다. 예를 들어, 결론에서 논의된 내용이 서론과 맞지 않거나, 본론의 내용이 중복되는 경우, AI는 이 부분을 지적하고 더 일관성 있게 수정할 수 있도록 제안한다.

콘텐츠 강화 및 자료 추천 AI 글쓰기 도구는 리포트에 부족한 부분을 보완하고, 더 풍부한 콘텐츠를 추가할 수 있는 제안도 제공한다. 예를 들어, 논증이 부족한 부분이 있다면 더 많은 예시나 참고 자료를 추가하라고 제안할 수 있다. 또한, 관련 논문이나 연구 자료를 AI가 자동으로 추천하여, 학생이 리포트를 더욱 풍부하게 만들 수 있도록 돕는다.

다양한 언어 스타일 지원 AI 글쓰기 도구는 다양한 언어 스타일을 지원하여, 학생이 자신의 글을 학술적, 중립적, 혹은 창의적인 스타일로 변환할 수 있다. 예를 들어, 좀 더 학술적인 리포트가 필요하다면 AI가 글을 더욱 공식적이고 엄격한 어조로 수정할 수 있으며, 그렇지 않다면 간결하고 중립적인 스타일로 조정할 수 있다. 이는 리포트의 목적에 맞는 톤을 유지하는 데 큰 도움이 된다.

실제 적용 사례

'Grammarly'는 학생들 사이에서 매우 인기 있는 AI 글쓰기 도구로, 문법 교정뿐만 아니라 문장 구조 개선, 스타일 추천 등 다양한 기능을 제공한다. 또한 'QuillBot'은 문장을 재구성하여 더 나은 표현을 제안하거나, 내용을 더 간결하게 만들 수 있도록 돕는다. 'Slick Write'와 같은 도구는 문체, 문법, 가독성을 모두 분석해 리포트의 질을 향상시킬 수 있는 제안을 해 준다.

실제 적용 방법

- 학생은 리포트 초안을 작성한 후, AI 글쓰기 도구에 텍스트를 입력한다.
- AI는 문법 오류를 자동으로 수정하고, 더 나은 문장 스타일을 제안하며, 논리적인 흐름을 분석해 개선할 점을 제안한다.
- 학생은 AI의 피드백을 반영하여 리포트를 수정하고, 최종적으로 더 완성도 높은 글을 작성할 수 있다.

AI 글쓰기 도구를 활용하면 학생들은 더 자신감 있게 리포트를 작성할 수 있으며, 시간도 절약할 수 있다. 또한, 글쓰기의 기본 원칙을 이해하고 개선하는 데 도움을 주어, 장기적으로는 글쓰기 능력 자체를 향상시키는 효과도 있다.

(3) AI 협업 플랫폼: 팀 프로젝트 관리와 의사소통 최적화

대학생활에서 팀 프로젝트는 중요한 과업 중 하나이다. 하지만 팀 프로젝트를 진행하는 과정에서 팀원 간의 의사소통이나 작업 분담이 원활하지 않아 어려움을 겪는 경우가 많다. 이때 AI 기반 협업 플랫폼을 활용하면, 팀 프로젝트의 진행 상황을 효율적으로 관리하고, 의사소통을 원활하게 할 수 있다. AI 협업 도구는 팀원 간의 역할 분담, 일정 관리, 실시간 피드백 제공 등을 통해 프로젝트를 체계적으로 진행할 수 있도록 돕는다.

팀원 간 역할 분담 및 일정 관리 AI 협업 플랫폼은 각 팀원의 능력과 선호도를 기반으로 역할을 자동으로 분담할 수 있다. 예를 들어, 팀원들이 각자 잘하는 분야를 입력하면, AI는 그 정보를 바탕으로 적합한 역할을 추천해 준다. 또한 팀 프로젝트의 일정을 자동으로 관리해 주어, 마감일을 놓치지 않고 모든 작업을 제때 완료할 수 있도록 돕는다.

AI는 각 팀원이 맡은 작업의 진행 상황을 실시간으로 추적하고, 필요한 경우 작업 속도를 조정하거나 일정 변경을 제안하기도 한다. 이를 통해 모든 팀원이 자신의 역할을 명확히 알고, 일정에 맞춰 프로젝트를 진행할 수 있다.

실시간 의사소통 및 피드백 제공 AI 협업 플랫폼은 팀원 간의 실시간 의사소통을 도와준다. 프로젝트 중간중간에 발생하는 문제나 새로운 아이디어를 팀원들에게 빠르게 공유할 수 있으며, AI가 그에 대한 피드백을 즉각적으로 제공한다. 예를 들어, Slack이나 Microsoft Teams와 같은 AI 기반 협업 도구는 대화 내용을 분석하여 논의 중인 주제와 관련된 자료나 답변을 실시간으로 추천해 준다.

또한 AI는 팀원 간의 의사소통에서 발생할 수 있는 오해나 중복된 작업을 줄이기 위해 팀 대화 내용을 요약하고 핵심 사항을 정리해 준다. 이를 통해 팀원들은 더 효율적으로 협력할 수 있으며, 불필요한 대화를 줄이고 중요한 내용에만 집중할 수 있다.

작업 진척도 추적 및 자동 보고서 생성 AI 협업 도구는 팀 프로젝트의 진행 상황을 추적하고, 자동으로 작업 진척도를 보고하는 기능을 제공한다. 프로젝트 중간 보고서나 최종 보고서를 자동으로 생성하여, 팀원들이 따로 시간을 들여 보고서를 작성하지 않아도 된다. AI는 각 팀원의 작업 내용을 바탕으로 보고서를 작성하고, 팀원들이 추가해야 할 정보나 수정할 사항을 제안해 준다.

예를 들어, Trello나 Asana와 같은 AI 협업 도구는 작업 진행 상황을 시각적으로 보여주며, 각 팀원의 작업 진척도를 간단하게 추적할 수 있게 해 준다. 이를 통해 프로젝트의 진행 상황을 모두가 명확하게 파악할 수 있으며, 남은 작업을 효율적으로 배분할 수 있다.

문서 공동 편집 및 실시간 업데이트 AI 협업 플랫폼은 팀원들이 동시에 하나의 문서를 편집할 수 있는 기능을 제공한다. Google Docs나 Notion과 같은 AI 기반 협업 도구는 팀원들이 문서를 실시간으로 공동 편집할 수 있게 해주며, 각 팀원이 추가하거나 수정한 내용을 자동으로 업데이트해 준다. 이를 통해 팀원 간의 의견 조율이 더 원활해지고, 각자의 수정 사항을 즉시 확인할 수 있어 문서 작업의 일관성이 유지된다.

또한 AI는 문서 편집 중에 발생할 수 있는 충돌이나 중복을 자동으로 조정하고, 일관된 형식을 유지할 수 있도록 돕는다. 이를 통해 공동 작업이 훨씬 효율적으로 이루어지며, 최종 결과물의 품질도 향상된다.

실제 적용 사례

Slack이나 Microsoft Teams와 같은 AI 협업 도구는 대학 팀 프로젝트에서 매우 유용하게 활용된다. 이들 플랫폼은 실시간 의사소통 기능뿐만 아니라, 작업 진척도 추적, 역할 분담, 일정 관리 등 다양한 기능을 제공하여 팀 프로젝트를 더욱 효율적으로 진행할 수 있게 한다. 또한 Trello와 Asana는 프로젝트 관리 도구로, 팀의 모든 작업을 시각적으로 관리할 수 있어 작업 진행 상황을 쉽게 파악할 수 있다.

실제 적용 방법

- AI 기반 협업 플랫폼에 팀원을 추가하고, 각자의 역할과 일정을 설정한다.
- 프로젝트 진행 중 실시간으로 의사소통하고, 필요한 자료나 피드백을 AI 도구에서 제공받는다.
- 작업 진척도를 추적하고, 자동 보고서 생성 기능을 통해 중간 보고서나 최종 보고서를 작성한다.
- 팀원들이 문서를 공동 편집하면서, AI의 도움을 받아 일관된 형식과 내용을 유지한다.
- AI 협업 도구를 활용하면 팀 프로젝트의 복잡한 과정을 체계적으로 관리할 수 있으며, 팀원 간의 협업이 훨씬 원활해진다. 이를 통해 프로젝트의 질을 높이고, 시간과 에너지를 절약할 수 있다.

4 AI와 함께하는 즐거운 대학생활

(1) AI 기반 여가 및 문화 활동 추천

대학생활은 학업뿐만 아니라 다양한 문화적 경험을 통해 즐거움과 성장을 얻는 시간이다. AI 기술을 활용하면 개인의 취향에 맞는 여가 및 문화 활동을 쉽게 찾아 즐길 수 있다. AI는 학생의 관심사와 취미를 분석하여, 대학 주변에서 열리는 공연, 전시회, 영화, 그리고 다양한 문화 행사를 추천해 주는 역할을 할 수 있다.

개인 맞춤형 문화 활동 추천 AI는 학생의 과거 활동 데이터나 관심사를 기반으로 맞춤형 여가 활동을 추천한다. 예를 들어, 음악에 관심이 많은 학생에게는 AI가 대학 근처에서 열리는 콘서트나 음악 페스티벌 일정을 제공할 수 있다. 또는 영화 애호가라면 최신 개봉 영화와 그에 대한 리뷰를 추천해 주고, 가까운 영화관 정보를 함께 제공할 수 있다.

이런 서비스는 주로 대학이 제공하는 모바일 애플리케이션이나 웹사이트에서 사용할 수 있으며, 개별적으로도 AI 기반의 여가 추천 플랫폼을 활용할 수 있다. 예를 들어, '스포티파이(Spotify)'와 같은 음악 플랫폼은 AI가 사용자의 음악 취향을 분석하여 새로운 아티스트나 곡을 추천하고, 가까운 곳에서 열리는 음악 행사 정보도 제공할 수 있다.

실시간 행사 정보 업데이트 AI 기반 앱은 학생이 자주 가는 장소나 즐겨 찾는 활동들을 파악하여 실시간으로 새로운 행사를 추천해 준다. 예를 들어, 주말에 친구들과 가볍게 즐길 수 있는 무료 전시회나 학교 주변에서 열리는 축제 정보를 AI가 실시간으로 알려주면, 별도의 검색 없이 바로 참여할 수 있다.

코로나19와 같은 상황으로 인해 사회적 거리 두기가 필요할 때는, AI가 온라인으로 참여할 수 있는 가상 콘서트, 온라인 워크숍, 전시회 등도 추천해 줄 수 있다. 이를 통해 학생들은 안전하면서도 풍부한 문화적 경험을 누릴 수 있다.

이러한 AI 기반 문화 활동 추천 시스템을 활용하면, 학생들은 바쁜 일상 속에서도 손쉽게 문화와 여가를 즐길 수 있으며, 대학생활을 더욱 풍부하게 만들 수 있다.

(2) AR/VR을 활용한 가상 현실 체험

AR(증강 현실)과 VR(가상 현실) 기술은 대학생활의 여가 시간을 더욱 흥미롭게 만들 수 있는 도구로 자리 잡고 있다. 이러한 기술을 활용하면 친구들과 새로운 방식으로 소통하고, 흥미진진한 체험을 하면서 시간을 보낼 수 있다. 대학 내에서도 AR/VR을 통해 다양한 활동을 즐길 수 있으며, 그 경험은 학문적인 것뿐만 아니라 여가 활동에서도 매우 유용하다.

가상 현실 게임과 스포츠 체험 VR 기기를 활용하여 친구들과 함께 가상 공간에서 게임을 즐기거나, 현실에서는 경험하기 어려운 다양한 스포츠 활동을 체험할 수 있다. 예를 들어, VR을 이용하여 축구, 농구, 테니스 등의 스포츠 게임을 하거나, 스릴 넘치는 모험 게임을 함께 즐길 수 있다. 이러한 활동은 실제 장소에 가지 않아도 실감 나는 경험을 제공하며, 팀워크와 경쟁을 동시에 느낄 수 있다.

여러 대학에서는 VR 체험 시설을 마련하여 학생들이 쉬는 시간에 게임이나 체험 활동을 즐길 수 있도록 하고 있으며, 일부 학교에서는 VR 클럽이나 모임을 통해 정기적으로 다양한 콘텐츠를 체험하고 공유할 기회를 제공하기도 한다.

AR을 활용한 캠퍼스 탐험 AR 기술을 이용하면 현실의 캠퍼스를 더 재미있게 탐험할 수 있다. 예를 들어, AR 앱을 통해 캠퍼스 투어를 하며 각 건물이나 시설에 대한 정보를 실시간으로 제공받을 수 있고, 캠퍼스 내 숨겨진 장소를 찾아보는 AR 기반 탐험 게임도 즐길 수 있다. 이는 신입생들이 캠퍼스에 적응하는 데 도움이 될 뿐만 아니라, 기존 학생들에게도 새로운 방식으로 캠퍼스를 경험하게 해 준다.

가상 현실에서의 사회적 만남 VR을 활용해 가상의 카페, 공원, 미술관 등에서 친구들과 함께 만나 이야기를 나누거나, 그룹 모임을 할 수도 있다. 현실에서 만나는 것과는 다른 신선한 경험을 제공하며, 공간의 제약 없이 서로 소통할 수 있는 장점이 있다. VR 소셜 플랫폼을 통해 대학 친구들과 가상의 공간에서 게임을 즐기거나, 영화 감상회를 열 수 있는 기회도 많다.

이처럼 AR/VR 기술은 학생들이 새로운 방식으로 여가를 즐기고, 다양한 체험을 통해 스트레스를 해소할 수 있는 기회를 제공한다. 첨단 기술을 활용한 여가는 단순한 놀이 이상의 경험을 제공하며, 대학생활의 다양한 측면을 풍부하게 만든다.

(3) 스마트한 운동 및 건강 관리

대학생활이 바쁘더라도 건강을 유지하는 것은 매우 중요하다. AI 기반 운동 및 건강 관리 도구를 활용하면, 일상 속에서 스마트하게 자신의 몸과 마음을 관리할 수 있다. 바쁜 학업과 일정을 소화하면서도 규칙적인 운동과 건강한 생활 습관을 유지하는 데 큰 도움이 된다.

AI 기반 맞춤형 운동 계획 AI는 개인의 체력, 운동 목표, 생활 패턴 등을 분석하여 맞춤형 운동 계획을 제공한다. 예를 들어, 바쁜 수업 일정에 맞춰 빠르게 할 수 있는 10분짜리 운동을 추천해 주거나, 주말에 할 수 있는 조금 더 긴 운동 루틴을 설정해 줄 수 있다. 학생은 복잡하게 운동 계획을 세우지 않아도 AI가 자동으로 가장 적합한 운동 프로그램을 제안해 준다.

또한 웨어러블 기기(스마트워치 등)와 연동하여 학생의 신체 데이터를 실시간으로 모니터링하며, 최적의 운동 시간과 강도를 설정해 주기도 한다. 이를 통해 과도한 운동으로 인한 부상을 예방하고, 꾸준한 운동 습관을 유지할 수 있다.

AI 트레이너와의 실시간 피드백 피트니스 앱이나 서비스는 운동 중 실시간으로 자세 교정과 피드백을 제공한다. 예를 들어, 요가나 스트레칭을 할 때 AI 트레이너가 사용자의 동작을 분석해 올바른 자세로 수정하도록 도와준다. 이러한 실시간 피드백은 헬스장에 가지 않고도 안전하고 효과적인 운동을 할 수 있게 해준다.

다양한 피트니스 앱들은 학생의 운동 기록을 추적하고, 주기적으로 성과를 분석해 목표 달성을 돕는다. 예를 들어, AI는 "이번 주는 목표보다 조금 부족하니 다음 주엔 운동 시간을 늘려보세요."와 같은 피드백을 제공한다.

건강 관리 및 스트레스 해소 AI는 운동뿐만 아니라 전반적인 건강 관리에도 도움을 준다. 예를 들어, 하루 동안의 활동량, 수면 패턴, 심박수 등을 분석해 학생의 건강 상태를 모니터링하고, 개선이 필요한 부분을 알려준다. 'Headspace'나 'Calm'과 같은 AI 기반 명상 앱을 통해 스트레스를 해소하고, 마음의 평화를 찾을 수 있도록 명상 프로그램을 제공한다.

AI는 학생의 스트레스 수준을 분석해 짧은 휴식이나 심호흡 운동을 추천해 줄 수 있으며, 바쁜 학기 중에도 정신적 건강을 유지하는 데 큰 도움을 준다. 이처럼 AI는 개인 맞춤형 운동과 건강 관리 프로그램을 제공하여, 신체적·정신적 건강을 균형 있게 관리할 수 있도록 돕는다.

실제 적용 사례

- 'MyFitnessPal'과 같은 AI 기반 건강 관리 앱은 학생들이 섭취한 칼로리와 영양소를 추적하고, 목표 체중 관리에 도움을 준다.
- 'Fitbod'는 학생의 운동 기록을 바탕으로 개인화된 운동 계획을 설정하고, 운동 강도를 조절해 준다.
- 'Calm'이나 'Headspace'는 명상을 통해 학생들의 스트레스 해소와 정신적 건강을 돕는 AI 기반 앱이다.

- 이러한 AI 기반 운동 및 건강 관리 도구를 활용하면, 학생들은 바쁜 대학생활 속에서도 건강을 꾸준히 관리할 수 있으며, 보다 활기차고 즐거운 대학생활을 이어갈 수 있다.

대학생활은 학문적 성취와 자유로운 경험이 조화를 이루는 시기이다. 이제 AI를 활용한 스마트한 도구들이 대학생활을 더욱 쉽고 즐겁게 만들어 줄 것이다. AI 챗봇과 시간표 최적화 도구를 통해 캠퍼스 정보와 시간 관리가 손쉬워지고, AI 리서치 어시스턴트와 글쓰기 도구는 과제와 리포트를 효율적으로 완성하는 데 큰 도움을 준다. 또한, AI 협업 플랫폼은 팀 프로젝트에서 의사소통과 작업 관리를 최적화하여 팀원들과의 협업을 원활하게 해 준다.

그러나 대학생활은 단지 학업에만 국한되지 않는다. AI 기반 문화 활동 추천 서비스는 신입생들이 풍부한 여가와 문화 활동을 즐길 수 있도록 돕고, AR/VR 기술은 가상 현실에서 새로운 경험을 제공하여 친구들과의 소통을 더욱 흥미롭게 만들어준다. AI 기반 운동 및 건강 관리 도구는 신체적, 정신적 건강을 유지하는 데 필요한 맞춤형 솔루션을 제공해 바쁜 일정 속에서도 균형 잡힌 생활을 유지할 수 있도록 돕는다.

대학은 여러분의 꿈과 열정이 꽃 피는 곳이다. AI 기술을 통해 학업과 여가 모두를 균형 있게 즐기며, 보다 스마트한 대학생활을 만들어 나가길 바란다. 그동안의 노력과 입시 과정을 마치고 이제 새로운 시작을 맞이하게 된 것을 진심으로 축하하며, 앞으로의 대학생활이 기쁨과 성취로 가득하기를 기원한다.

즐겁고 의미 있는 대학생활을 향해 나아가며, AI와 함께 더 나은 미래를 만들어가기를 응원한다.

활동과제

1. 챗봇을 활용하여 도서관 이용 시간과 신간 소식에 대해 알아봅시다. 우리 학교의 챗봇이 있다면 학교의 챗봇을 활용해 보고, 그렇지 않다면 책에 소개된 스누봇을 활용해 보세요. 내가 입력한 질문과 답변을 적어 보세요.

2. AI를 활용하여 나만의 챗봇을 만든다면, 일상에서 어떻게 활용하고 싶은지 생각해 보세요. genspark ai 또는 Gitmind의 기능을 활용해서 완성된 마인드맵을 통해, 계획을 구체화해 보세요.

CHAPTER

02

1. AI로 극대화하는 학점 관리 전략
2. AI 기반 취업 준비와 포트폴리오 작성
3. AI로 향상시키는 학술적 글쓰기와 프레젠테이션 스킬

나만 알고 싶은 AI 활용 교과서: 대학생 · 청년

대학 재학생을 위한 AI 활용법

CHAPTER

02

대학 재학생을 위한 AI 활용법

1 ▶ AI로 극대화하는 학점 관리 전략

대학 재학생에게 학점 관리는 미래의 진로와 취업에 직접적인 영향을 미치는 중요한 과제이다. 최근 AI 기술의 발전으로 학생들은 더욱 효과적이고 개인화된 학점 관리 전략을 수립할 수 있게 되었다. 본 장에서는 AI를 활용한 다양한 학점 관리 전략을 상세히 살펴보고, 그 효과성을 검증해보고자 한다.

현대 대학생들은 빠르게 변화하는 학업 환경 속에서 높은 학업 성취를 이루기 위해 다양한 도구와 전략을 활용하고 있다. 그중에서도 인공지능(AI)은 학점 관리에 있어 혁신적인 변화를 가져오고 있다. AI는 단순히 기술적인 도구를 넘어, 학생들이 학습을 효율적으로 관리하고, 성과를 극대화할 수 있도록 돕는 강력한 조력자로 자리매김하고 있다.

AI를 활용한 학점 관리 전략은 크게 세 가지로 나눌 수 있다.

첫째, 학습 계획 수립 및 시간 관리에 적합하다. AI 기반의 일정 관리 애플리케이션은 학생들이 과제와 시험 일정을 체계적으로 관리할 수 있도록 도와줄 수 있다. 이러한 애플리케이션은 학생들의 학습 패턴을 분석하여 최적의 학습 시간을 제안하고, 중요한 마감일을 놓치지 않도록 알림 기능을 제공한다. 이를 통해 학생들은 효율적으로 시간을 관리하고, 학업 성취도를 높일 수 있다.

둘째, 개인 맞춤형 학습 지원이다. AI 튜터링 시스템은 학생 개개인의 학습 스타일과 수준에 맞춘 맞춤형 학습 자료를 제공한다. 예를 들어, 특정 과목에서 어려움을 겪고 있는 학생들에게는 해당 과목의 기초 개념을 강화할 수 있는 자료를 제공하고, 더 나아가 심화 학습을 원하는 학생에게는 고급 자료를 추천해줄 수 있다. 이러한 맞춤형 학습 지원은 학생들이 자신의 학습 속도에 맞춰 효과적으로 학습할 수 있도록 도움을 준다.

셋째, 학습 성과 분석 및 피드백이 가능하다. AI는 학생들의 학습 데이터를 분석하여 강점과 약점을 파악하고, 이를 바탕으로 개선 방안을 제시할 수 있다. 예를 들어, 특정 과목에서 낮은 성적을 받은 학생에게는 해당 과목의 학습 방법을 개선할 수 있는 피드백을 제공하고, 성적 향상을 위한 구체적인 전략을 제안해 준다. 이를 통해 학생들은 자신의 학습 성과를 지속적으로 모니터링하고, 필요한 조치를 취할 수 있다.

이처럼 AI를 활용한 학점 관리 전략은 학생들이 학업에서 높은 성취를 이루는 데 큰 도움을 줄 수 있다. AI는 단순히 기술적인 도구를 넘어, 학생들의 학습을 지원하고, 성과를 극대화할 수 있는 강력한 조력자로 자리매김하고 있다. 앞으로도 AI 기술의 발전과 함께 학점 관리 전략은 더욱 혁신적이고 효과적으로 변화할 것이다. 이러한 변화를 적극적으로 수용하고 활용하는 학생들은 학업에서 높은 성취를 이루고, 미래의 경쟁력 있는 인재로 성장할 수 있을 것이다.

(1) AI 기반 학습 분석 도구 활용

AI 기반 학습 분석 도구는 학생의 학습 데이터를 수집, 분석하여 개인화된 학습 전략을 제시한다. 이러한 도구들은 학생의 학습 시간, 과목별 성적, 과제 제출 현황, 온라인 학습 플랫폼 사용 패턴 등을 종합적으로 분석한다.

예를 들어, 'Knewton'이라는 플랫폼은 AI 알고리즘을 사용하여 학생의 학습 진도와 성취도를 실시간으로 추적한다. 이를 통해 학생의 강점과 약점을 정확히 파악하고, 개인별로 최적화된 학습 자료와 문제를 추천한다. 'Coursera'의 경우, 수강생의 학습 패턴을 분석하여 최적의 학습 시간대와 학습량을 제안하며, 과목 간 연계성을 고려한 학습 순서를 추천한다.

이러한 AI 기반 학습 분석 도구의 효과성은 여러 연구를 통해 입증되고 있다.

한 연구에 따르면, AI 학습 분석 도구를 사용한 학생 그룹은 그렇지 않은 그룹에 비해 평균 GPA가 0.3점 높았으며, 학업 중단률도 15% 낮았다.[1]

1) AI 기반 학습 분석 도구

AI 기반 학습 분석 도구는 인공지능 기술을 활용하여 학생들의 학습 데이터를 수집, 분석하고 이를 통해 학습 성과를 극대화하는 도구를 말한다. 이러한 도구는 학생 개개인의 학습 패턴을 이해하고, 맞춤형 학습 계획을 제공함으로써 학습 효율성을 높이는 데 중요한 역할을 할 수 있다.

2) 주요 기능

① 데이터 수집 및 분석: 학생의 출석률, 과제 제출 현황, 시험 성적 등 다양한 학습 데이터를 자동으로 수집하고 분석한다. 이를 통해 학생의 학습 패턴과 성과를 파악할 수 있다.

② 개인 맞춤형 학습 계획: 수집된 데이터를 바탕으로 학생 개개인의 학습 스타일과 필요에 맞춘 맞춤형 학습 계획을 제공한다. 예를 들어, 특정 과목에서 어려움을 겪는 학생에게는 추가 학습 자료나 연습 문제를 추천할 수 있다.

③ 실시간 피드백: 학생이 학습하는 동안 실시간으로 피드백을 제공하여 학습 진행 상황을 점검하고, 필요한 경우 즉각적인 조언을 제공한다.

④ 예측 분석: 학생의 과거 학습 데이터를 분석하여 미래 성적이나 학습 성과를 예측한다. 이를 통해 학생이 학습 과정을 미리 대비할 수 있도록 도와준다.

3) 활용 사례

① 학습 성과 향상: AI 도구를 활용하여 학습 성과를 크게 향상시킨 사례들이 많이 있다. 예를 들어, 특정 과목에서 낮은 성적을 받은 학생이 AI 도구의 도움으로 성적을 크게 향상시킨 사례가 있다.

② 학습 동기 부여: AI 도구는 학생의 학습 동기를 높이는 데에도 효과적이다. 예를 들어, 학습 목표를 설정하고 이를 달성할 때마다 보상을 제공하는 기능이 있다.

1 출처: Hernández-de-Menéndez, M., Morales-Menendez, R., Escobar, C. A., & Marmolejo-Saucedo, J. A. (2022). Learning analytics: State of the art. *International Journal on Interactive Design and Manufacturing (IJIDeM)*, 16, 1247-1261. https://doi.org/10.1007/s12008-022-00930-0

③ 학습 시간 관리: AI 도구는 학생이 효율적으로 학습 시간을 관리할 수 있도록 도와준다. 예를 들어, 학습 계획을 세우고 이를 따라 학습할 수 있도록 도와준다.

4) AI학습 도구의 장점

학생 개개인의 학습 스타일과 필요에 맞춘 맞춤형 학습 경험을 제공함으로써 학습 시간을 효율적으로 관리하고, 필요한 학습 자료를 적시에 제공함으로써 학습 효율성을 높인다. 또한 맞춤형 학습 계획과 실시간 피드백을 통해 학습 성과를 향상시킬 수 있다.

5) 한계 및 고려사항

학생의 학습 데이터를 수집하고 분석하는 과정에서 데이터 프라이버시 문제가 발생할 수 있다. 이를 해결하기 위해서는 데이터 보호와 관련된 법적 규제를 준수해야 한다. 또한 AI 도구가 모든 학습 상황에 완벽하게 대응할 수는 없으며, 학생과 교사가 AI 도구를 효과적으로 활용하기 위해서는 일정한 학습과 적응 기간이 필요하다.

6) 결론

AI 기반 학습 분석 도구는 앞으로 더욱 발전할 가능성이 매우 크다. 기술의 발전과 함께 더 정교하고 효과적인 도구들이 등장할 것이다. 따라서 앞으로 학점 관리와 학습 성과 향상을 위해 AI 도구의 지속적인 발전과 활용이 기대된다.

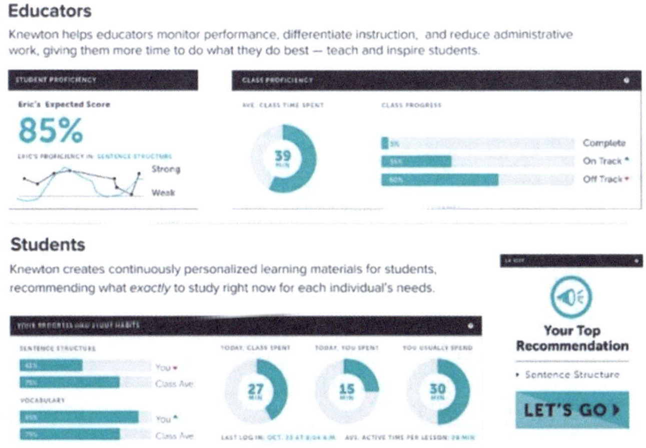

출처: https://techcrunch.com/2013/12/19/powering-smart-content-for-publishing-giants-knewton-lands-51m-to-take-its-personalization-engine-global/

출처: https://url.kr/639471

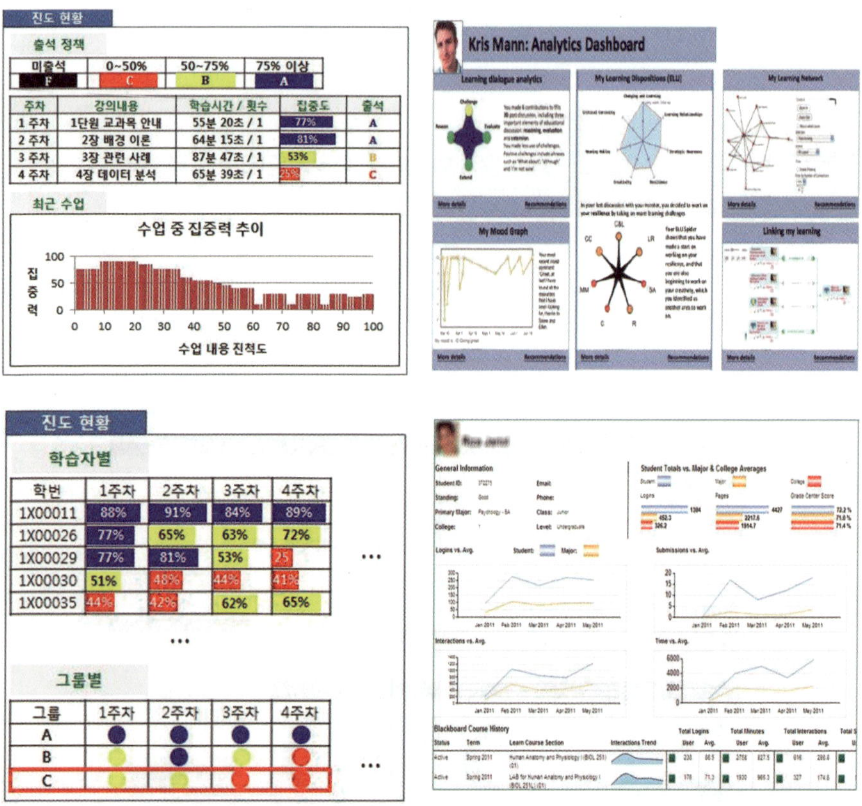

출처: https://repository.kisti.re.kr/bitstream/10580/6561/1/2014-054%20%ED%95%99%EC%8A%B5%EB%B6%84%EC%84%9D.pdf

(2) AI 챗봇을 활용한 학습 보조

24시간 이용 가능한 AI 챗봇은 학생들의 질문에 즉각적으로 답변하며, 복잡한 개념을 쉽게 설명해주는 역할을 한다. 이는 특히 야간 학습이나 주말 학습 시 교수나 조교에게 바로 질문하기 어려운 상황에서 큰 도움이 된다.

'Replika'와 같은 AI 챗봇은 자연어 처리 기술을 활용하여 학생과의 대화를 통해 학습 내용을 복습하고 이해도를 높인다. 예를 들어, 학생이 "열역학 제2법칙에 대해 설명해 줘."라고 요청하면, 챗봇은 이를 이해하고 적절한 설명과 함께 관련 예시를 제공한다. 더 나아가 학생의 이해도를 확인하기 위한 추가 질문을 하거나, 관련된 심화 주제를 제안하기도 한다.

'Jill Watson'이라는 AI 조교는 조지아 공과대학의 온라인 수업에서 실제로 활용되었다. 이 AI 조교는 학생들의 질문에 답변하고, 과제 제출 기한을 알려주는 등의 역할을 수행했다. 놀랍게도 많은 학생들이 학기가 끝날 때까지 Jill이 AI라는 사실을 알아채지 못했다고 한다.

Jill watson의 대답 과정

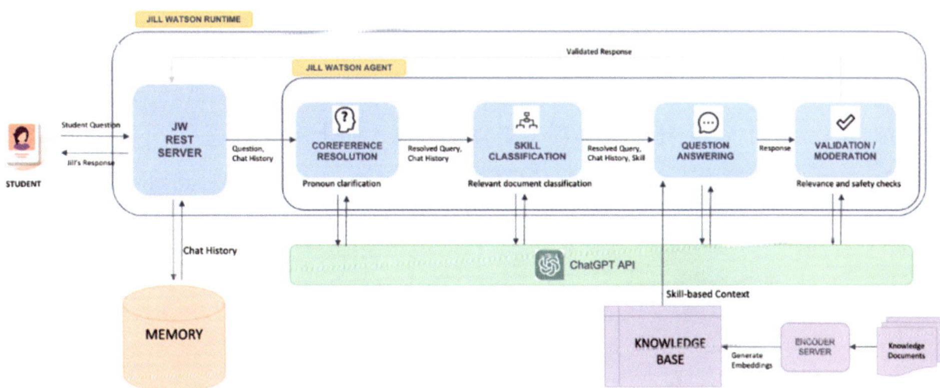

출처: https://aialoe.org/the-return-of-jill-watson/

AI 챗봇의 효과성은 여러 연구에서 입증되고 있다. 한 연구에 따르면, AI 챗봇을 활용한 학습 보조를 받은 학생들의 85%가 학습 이해도 향상을 경험했다고 응답했으며, 78%가 학습 동기 부여에 도움이 되었다고 답했다.[2]

(3) AI 기반 시간 관리 앱 활용

효율적인 시간 관리는 학점 관리의 핵심이다. AI 기반 시간 관리 앱은 사용자의 학습 패턴을 분석하고, 최적의 학습 시간대와 휴식 시간을 추천한다. 이를 통해 학생들은 자신의 생체 리듬에 맞는 효율적인 학습 계획을 세울 수 있다.

'RescueTime'은 사용자의 컴퓨터와 모바일 기기의 사용 패턴을 자동으로 추적하고 분석한다. 예를 들어, 특정 학생이 오전 9시부터 11시 사이에 가장 집중력이 높다는 것을 파악하면, 이 시간대에 중요한 학습 태스크를 배정하도록 추천한다. 또한 소셜 미디어나 엔터테인먼트에 소비되는 시간을 분석하여 학습에 방해되는 요소들을 파악하고 개선 방안을 제시한다.

'Focus@Will'은 AI를 활용하여 사용자의 집중력 패턴을 분석하고, 이에 맞는 배경 음악을 제공한다. 예를 들어, 25분의 집중 시간과 5분의 휴식 시간으로 구성된 포모도로 기법을 사용하는 학생에게는 25분 동안 집중력을 높이는 음악을 재생하고, 5분간 휴식을 위한 음악으로 전환하는 식이다.

AI 기반 시간 관리 앱의 효과성은 여러 데이터를 통해 입증되고 있다. RescueTime의 내부 데이터에 따르면, 이 앱을 3개월 이상 꾸준히 사용한 학생들의 경우 평균 학습 시간이 22% 증가했으며, 집중력 있는 학습 세션(2시간 이상 지속된 학습)의 빈도가 35% 늘어났다.

2 출처: 한국교원대학교(2024). AI 챗봇의 교육적 활용 가능성과 효과성 고찰을 위한 영어 학습자의 인식 및 태도 연구. 한국연구재단 등재 논문

출처: Copilot을 활용하여 생성함

(4) AI를 활용한 맞춤형 복습 시스템

효과적인 복습은 학습 내용의 장기 기억 형성과 이해도 향상에 필수적이다. AI를 활용한 맞춤형 복습 시스템은 각 학생의 학습 진도와 취약점을 분석하고, 이에 맞는 최적화된 복습 자료를 제공한다.

'Quizlet'은 AI 알고리즘을 사용하여 학생의 학습 패턴과 성취도를 분석한다. 예를 들어, 특정 개념에 대한 퀴즈에서 학생이 반복적으로 틀리는 경우, 해당 개념에 대한 추가 설명과 관련 문제를 더 자주 제시한다. 또한 장기 기억 형성을 위해 시간 간격을 두고 복습할 수 있도록 최적의 복습 일정을 추천한다.

'Anki'는 간격 반복(Spaced Repetition) 알고리즘을 AI와 결합하여 더욱 효과적인 복습 시스템을 제공한다. 이 시스템은 학생이 각 문제나 개념을 얼마나 잘 기억하는지에 따라 다음 복습 시기를 자동으로 조절한다. 잘 기억하는 내용은 복습 간격을 늘리고, 어려워하는 내용은 더 자주 복습하도록 하여 학습 효율성을 극대화한다.

AI 기반 맞춤형 복습 시스템의 효과는 여러 연구를 통해 입증되고 있다. 한 연

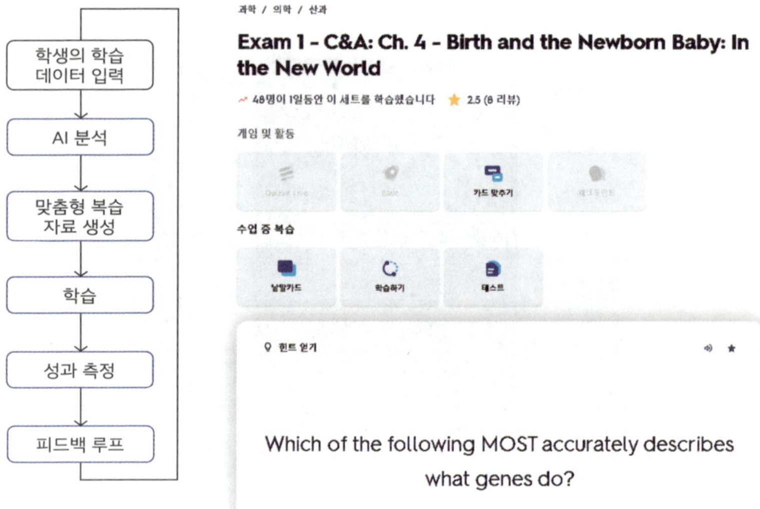

출처: https://quizlet.com/724941026/exam-1-ca-ch-4-birth-and-the-newborn-baby-in-the-new-world

구에 따르면, 이러한 시스템을 사용한 학생들은 전통적인 복습 방법을 사용한 학생들에 비해 시험 성적이 평균 18% 향상되었으며, 학습 내용의 장기 기억 유지율도 30% 높았다.

(5) AI 기반 글쓰기 도구를 활용한 과제 품질 향상

대학에서의 과제는 대부분 글쓰기 형태로 이루어진다. AI 기반 글쓰기 도구를 활용하면 과제의 품질을 크게 향상시킬 수 있다. 이러한 도구들은 단순한 맞춤법 검사를 넘어 문장 구조, 논리적 흐름, 어휘 선택 등을 종합적으로 분석하고 개선점을 제안한다.

'Grammarly'는 AI를 활용하여 문법, 맞춤법, 문장 구조 등을 자동으로 검토하고 개선 사항을 제안한다. 예를 들어, 문장이 너무 길고 복잡할 경우 간결하게 나누는 방법을 제안하거나, 반복되는 단어를 동의어로 대체하는 등의 제안을 한다. 또한 글의 목적과 대상 독자에 따라 적절한 어조와 스타일을 제안하기도 한다.

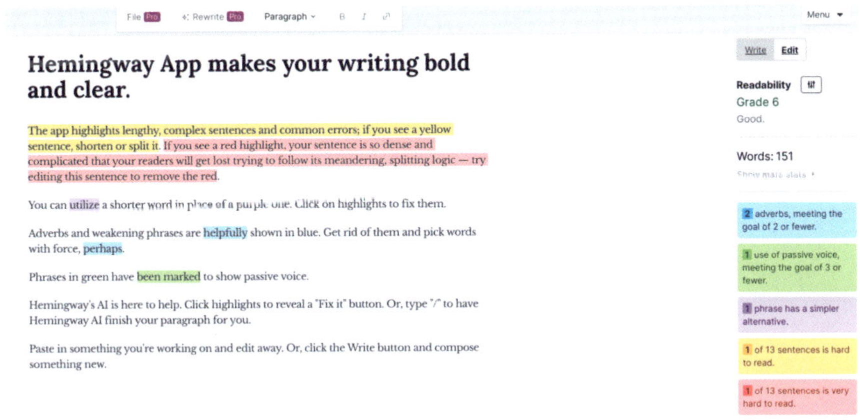

출처: https://www.basedtools.ai/ai/hemingway-editor/

'Hemingway Editor'는 글의 가독성을 향상시키는 데 특화된 도구이다. 이 도구는 AI를 사용하여 복잡한 문장, 불필요한 부사, 수동태 사용 등을 식별하고, 더 명확하고 간결한 표현으로 바꾸는 방법을 제안한다. 예를 들어, "가독성 점수"를 제공하여 글의 전반적인 읽기 쉬운 정도를 평가하고, 이를 개선하기 위한 구체적인 방안을 제시한다.

AI 글쓰기 도구의 효과는 상당하다. Grammarly의 내부 연구에 따르면, 이 도구를 사용한 학생들의 76%가 글쓰기 점수 향상을 경험했으며, 평균 적용 가능한 제안 사항의 86%를 수용했다고 한다. 또한 이러한 도구를 사용한 학생들은 그렇지 않은 학생들에 비해 과제 제출 시간을 평균 20% 단축할 수 있었다.

결론적으로, AI 기술을 활용한 학점 관리 전략은 학생들의 학습 효율성과 성과를 크게 향상시킬 수 있다. AI 기반 학습 분석 도구, 챗봇, 시간 관리 앱, 맞춤형 복습 시스템, 글쓰기 도구 등을 적절히 활용함으로써 학생들은 자신의 학습 패턴을 더 잘 이해하고, 효과적인 학습 전략을 수립할 수 있다. 또한 이러한 도구들은 24시간 이용 가능하며 지속적으로 업데이트되기 때문에 학생들은 언제 어디서나 개인화된 학습 지원을 받을 수 있다.

하지만 AI 도구의 활용에는 주의해야 할 점도 있다. 첫째, AI의 추천이나 분석 결과를 무비판적으로 수용하기보다는 이를 참고하여 자신만의 학습 방식을 발전시켜나가는 것이 중요하다. 둘째, AI 도구에 지나치게 의존하면 창의적 사고나 비판적 분석 능력이 저하될 수 있으므로, 이를 보완하기 위한 노력이 필요하다. 셋째, 개인 정보 보호에 유의해야 한다. AI 도구들은 많은 개인 데이터를 수집하고 분석하므로, 신뢰할 수 있는 플랫폼을 선택하고 개인 정보 설정을 주의 깊게 관리해야 한다.

(6) AI를 활용한 학습 동기 부여 및 목표 설정

학점 관리에 있어 꾸준한 학습 동기 유지와 적절한 목표 설정은 매우 중요하다. AI 기술은 이 부분에서도 큰 도움을 줄 수 있다.

'Habitica'와 같은 AI 기반 목표 관리 앱은 게임화(Gamification) 요소를 활용하여 학습 동기를 부여한다. 이 앱은 사용자가 설정한 학습 목표를 달성할 때마다 가상의 캐릭터가 경험치를 얻고 레벨업하는 시스템을 제공한다. AI는 사용자의 목표 달성 패턴을 분석하여 적절한 난이도의 새로운 목표를 추천하고, 목표 달성이 어려울 때 맞춤형 동기부여 메시지를 제공한다.

'Stickk'는 행동경제학 원리를 AI와 결합한 목표 달성 플랫폼이다. 사용자가 특정 학습 목표(예: 이번 학기에 평점 3.5 이상 받기)를 설정하면, AI는 이를 달성 가능한 세부 목표로 나누고 각 단계별 실행 계획을 제안한다. 만약 목표를 달성하지 못할 경우 미리 설정한 금액이 자선단체에 기부되는 '약속 메커니즘'을 통해 강력한 동기부여를 제공한다.

AI 기반 동기 부여 시스템의 효과성은 여러 연구를 통해 입증되고 있다. 한 연구에 따르면, 이러한 시스템을 사용한 학생들의 목표 달성률이 평균 37% 향상되었으며, 학습 지속성도 42% 증가했다.

출처: https://kr.moldex3d.com/blog/top-story/smarter-data-management-synchronization

(7) AI를 활용한 협업 학습 최적화

협업 학습은 대학 교육에서 중요한 부분을 차지한다. AI 기술은 이러한 협업 학습의 효율성을 크게 높일 수 있다.

'Slack'과 같은 협업 플랫폼에 통합된 AI 봇은 팀 프로젝트의 진행 상황을 모니터링하고, 각 팀원의 기여도를 분석하여 균형 있는 작업 분배를 제안한다. 예를 들어, 특정 팀원의 작업량이 과도하게 많아지면 AI가 이를 감지하고 다른 팀원들에게 지원을 요청하는 메시지를 보낸다.

'Miro'와 같은 온라인 화이트보드 툴은 AI를 활용하여 브레인스토밍 세션을 최적화한다. AI는 팀원들이 제안한 아이디어를 실시간으로 분석하고 유사한 아이디어를 그룹화하거나, 특정 아이디어를 더 발전시킬 수 있는 관련 정보나 참고 자료를 추천한다.

Google의 'Smart Compose' 기능을 활용하면 협업 문서 작성 시 AI가 문장 완성을 제안하여 작성 속도와 일관성을 높일 수 있다. 이는 특히 여러 명이 함께 보고서를 작성할 때 문체의 통일성을 유지하는 데 도움이 된다.

AI 기반 협업 도구의 효과는 상당하다. 한 연구에 따르면, 이러한 도구를 활용한 팀 프로젝트에서 작업 완료 시간이 평균 25% 단축되었으며, 팀원 간 의사소통의 명확성이 40% 향상되었다.[3]

AI 지원 협업 프로세스

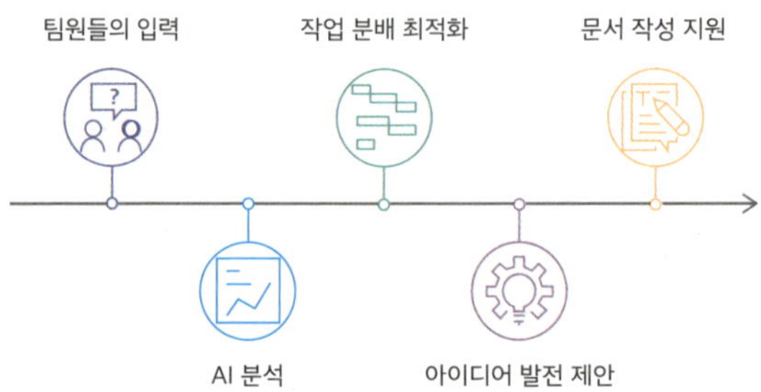

(8) AI를 활용한 시험 준비 전략

시험은 학점에 직접적인 영향을 미치는 중요한 요소이다. AI 기술은 시험 준비 과정을 더욱 효율적으로 만들 수 있다.

'ExamSoft'와 같은 AI 기반 시험 준비 플랫폼은 이전 시험 결과와 학습 데이터를 분석하여 개인화된 시험 전략을 제안한다. 예를 들어, 특정 유형의 문제에서 자주 실수하는 패턴을 발견하면 해당 유형에 대한 추가 연습을 권장하고, 관련 학습 자료를 추천한다.

'Wolfram Alpha'의 AI 기능을 활용하면 복잡한 수학 문제나 과학 개념의 단

3 출처: McKinsey & Company. (2023). *The economic potential of generative AI: The next productivity frontier*. https://www.mckinsey.com/mgi/overview/the-economic-potential-of-generative-ai

계별 해결 과정을 볼 수 있다. 이를 통해 학생들은 문제 해결 방법을 더 깊이 이해하고, 유사한 문제에 대한 대처 능력을 키울 수 있다.

AI 챗봇을 활용한 모의 구술 시험도 효과적이다. 이러한 챗봇은 실제 시험과 유사한 질문을 던지고, 학생의 답변을 분석하여 피드백을 제공한다. 이를 통해 학생들은 실제 시험 상황에 더 잘 대비할 수 있다.

AI 기반 시험 준비 도구의 효과성은 데이터로 입증되고 있다. ExamSoft를 사용한 한 대학의 사례 연구에 따르면, 이 도구를 활용한 학생들의 평균 시험 점수가 15% 상승했으며, 특히 이전에 취약했던 영역에서의 성과 향상이 두드러졌다.[4]

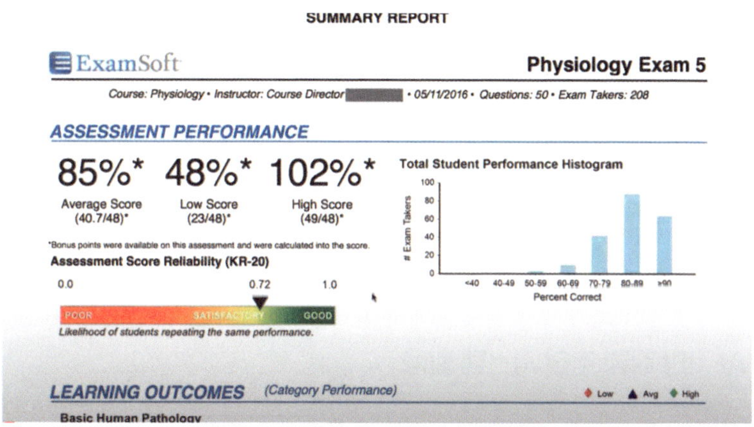

출처: https://www.youtube.com/watch?app=desktop&v=RZurwHSjMbk

결론적으로, AI 기술을 활용한 학점 관리 전략은 학습의 효율성과 효과성을 크게 높일 수 있다. 그러나 이러한 도구들은 어디까지나 보조 수단임을 명심해야 한다. 궁극적으로는 학생 개개인의 노력과 열정, 그리고 비판적 사고 능력이 학업

4 출처: Programs Coming Together Using ExamSoft to assess interprofessional education (IPE) opportunities(SlideShare)

성취의 핵심임을 잊지 말아야 할 것이다. AI 도구를 현명하게 활용하여 자신의 학습을 최적화하고, 이를 통해 얻은 시간과 에너지를 더 창의적이고 심도 있는 학습에 투자한다면, 진정한 의미의 학문적 성장을 이룰 수 있을 것이다.

2 ▸ AI 기반 취업 준비와 포트폴리오 작성

대학 재학생에게 있어 취업 준비는 학업만큼이나 중요한 과제이다. AI 기술의 발전은 취업 준비 과정을 보다 효율적이고 효과적으로 만들어주고 있다.

빠르게 변화하는 경력 개발의 세계에서 AI의 통합은 게임 체인저가 되었다. AI 기반 도구와 플랫폼은 개인이 취업을 준비하고 자신의 기술을 잠재적 고용주에게 제시하는 방식을 혁신적으로 변화시키고 있다. AI가 취업 준비와 포트폴리오 작성에 어떤 변화를 가져오는지, 최신 기술, 전략, 모범 사례를 제공하여 AI를 활용해 경쟁 시장에서 두각을 나타낼 수 있는 방법을 탐구해보자. 이력서 향상부터 맞춤형 인터뷰 코칭까지, AI는 구직자들이 경쟁에서 앞서 나가도록 돕는 혁신적인 솔루션을 제공할 수 있다.

(1) AI 기반 직업 추천 시스템 활용

AI 기반 직업 추천 시스템은 개인의 학력, 경력, 기술, 관심사 등을 종합적으로 분석하여 가장 적합한 직업을 제안한다. 이를 통해 학생들은 자신의 적성과 역량에 맞는 진로를 탐색할 수 있다.

'LinkedIn'의 AI 알고리즘은 사용자의 프로필 정보와 활동 패턴을 분석하여 맞춤형 직업을 추천한다. 예를 들어, 컴퓨터 공학을 전공하고 데이터 분석에 관심이 있는 학생에게 '데이터 사이언티스트' 또는 '머신러닝 엔지니어' 같은 직업을 추천할 수 있다. 또한, 해당 직업에 필요한 기술과 자격증 등도 함께 제안한다.

'Indeed'의 AI 시스템은 더 나아가 지역별 구직 시장 동향을 분석하여, 사용자의 위치와 이동 가능 범위를 고려한 맞춤형 직업을 추천한다. 이는 학생들이 지역별 취업 시장의 특성을 이해하고, 더 실질적인 취업 준비를 할 수 있도록 돕는다.

출처: Copilot을 활용하여 생성함

AI 직업 추천 시스템의 효과성은 여러 데이터를 통해 입증되고 있다. LinkedIn의 내부 연구에 따르면, AI 추천 시스템을 통해 직업을 탐색한 사용자들의 지원 성공률이 그렇지 않은 사용자들에 비해 30% 높았다. 또한, 이러한 시스템을 사용한 학생들의 87%가 자신의 적성과 역량에 더 부합하는 직업을 발견했다고 응답했다.[5]

시장 데이터와의 매칭 → 맞춤형 직업 추천 → 필요 기술 및 자격증 제안의 과정을 시각화

5 출처: Pal, A., Sharma, A., Lam, M., & Wong, F. (2016). Learning career progression from social network data. In *Proceedings of the 25th International Conference on World Wide Web* (pp. 963-973). International World Wide Web Conferences Steering Committee. https://doi.org/10.1145/2872427.2883030

(2) AI를 활용한 맞춤형 이력서 작성

AI 기술은 개인의 경력과 스킬을 분석하여 특정 직무에 최적화된 이력서를 작성할 수 있도록 돕는다. 이는 서류 전형 통과 확률을 높이는 데 크게 기여한다.

'Rezi'는 AI를 사용하여 사용자의 경력 정보와 목표 직무의 요구사항을 분석하고, 가장 효과적인 이력서 구조와 내용을 제안한다. 예를 들어, 마케팅 직무에 지원하는 경우 관련 프로젝트 경험을 강조하고, 데이터 분석 능력을 부각시키는 방식으로 이력서를 구성하도록 안내한다.

'Jobscan'은 AI를 활용하여 작성된 이력서와 목표 직무의 채용공고를 비교 분석한다. 이를 통해 해당 직무에서 요구하는 핵심 키워드와 스킬을 추출하고, 이를 이력서에 효과적으로 반영할 수 있도록 제안한다. 이는 ATS(Applicant Tracking System)를 통과할 확률을 높이는 데 매우 유용하다.

출처: Copilot을 활용하여 생성함

AI 기반 이력서 최적화 도구의 효과는 상당하다. Jobscan의 사용자 데이터에 따르면, AI 최적화를 거친 이력서의 서류 전형 통과율이 그렇지 않은 경우에 비해 평균 60% 높았다. 또한, 이러한 도구를 사용한 구직자들의 75%가 이력서 작성 시간을 50% 이상 단축했다고 보고했다.

(3) AI 기반 모의 면접 시스템

AI 기반 모의 면접 시스템은 실제 면접과 유사한 환경을 제공하여 학생들의 면접 준비를 돕는다. 이러한 시스템은 답변의 내용, 음성, 표정 등을 종합적으로 분석하여 피드백을 제공한다.

'InterviewIO'는 AI를 활용하여 특정 직무와 기업에 맞는 면접 질문을 생성하고, 사용자의 답변을 실시간으로 분석한다. 예를 들어, 소프트웨어 엔지니어 직무 면접을 준비하는 경우 관련 기술 질문뿐만 아니라 문제 해결 능력을 평가하는 질문들을 제공한다. AI는 답변의 구조, 사용된 키워드, 논리적 흐름 등을 평가하고 개선점을 제안한다.

'HireVue'는 더 나아가 사용자의 음성 톤, 말하는 속도, 얼굴 표정, 시선 처리 등 비언어적 요소까지 분석한다. 예를 들어, 질문에 답하는 동안 시선 처리가 불안정하다면 이를 지적하고 개선 방법을 제안한다. 이를 통해 학생들은 자신의 의사소통 스킬을 객관적으로 평가하고 향상시킬 수 있다.

AI 모의 면접 시스템의 효과성은 여러 연구를 통해 입증되고 있다. 한 연구에 따르면, 이러한 시스템을 5회 이상 사용한 학생들의 실제 면접 성공률이 그렇지 않은 학생들에 비해 35% 높았다. 또한, 사용자의 89%가 면접에 대한 자신감이 크게 향상되었다고 응답했다.[6]

6 출처: Kim, J., Lee, S., & Park, H. (2021). Effectiveness of AI-based mock interview systems for job seekers. *Journal of Career Development*.

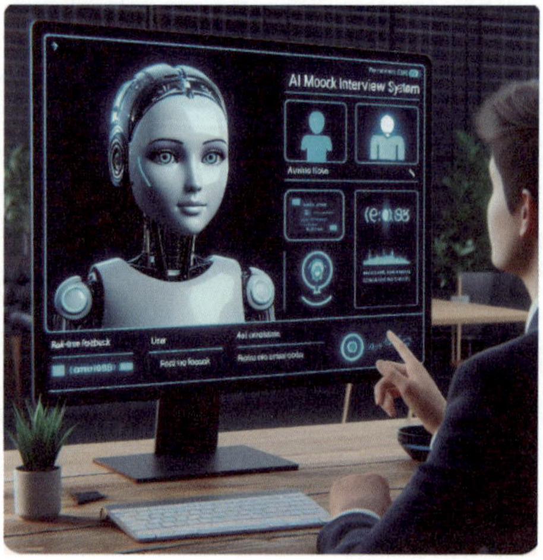

출처: Copilot을 활용하여 생성함

(4) AI를 활용한 포트폴리오 작성

포트폴리오는 취업 준비에 있어 매우 중요한 요소이다. AI 기술은 더욱 효과적이고 시각적으로 매력적인 포트폴리오를 만드는 데 도움을 줄 수 있다.

'Canva'의 AI 기능은 사용자가 입력한 콘텐츠를 분석하고, 이에 적합한 레이아웃과 디자인 요소를 추천한다. 예를 들어, 그래픽 디자인 포트폴리오를 만드는 경우 AI는 사용자의 작품을 가장 효과적으로 보여줄 수 있는 레이아웃을 제안하고, 작품의 색상과 스타일에 어울리는 폰트와 배경을 추천한다.

'Adobe Spark'의 AI 기능은 더 나아가 사용자의 포트폴리오 목적과 대상 독자를 고려한 맞춤형 디자인을 제안한다. 예를 들어, 보수적인 금융 업계에 지원하는 경우와 창의적인 광고 업계에 지원하는 경우에 각각 다른 스타일의 디자인을 추천한다.

AI 기반 포트폴리오 제작 도구의 효과는 상당하다. Canva의 사용자 데이터에 따르면, AI 추천 기능을 활용한 포트폴리오의 경우 그렇지 않은 경우에 비해 평균 조회 시간이 25% 증가했으며, 포트폴리오를 통한 연락 요청률도 40% 높았다.

출처: Copilot을 활용하여 생성함

(5) AI 기반 네트워킹 도구 활용

효과적인 네트워킹은 취업 성공에 큰 영향을 미친다. AI 기술은 더욱 전략적이고 효율적인 네트워킹을 가능하게 한다.

'Shapr'는 LinkedIn과 유사하지만 더욱 focused된 네트워킹 앱으로, AI 알고리즘을 사용하여 사용자의 관심사와 경력을 분석하고 가장 적합한 네트워킹 대상을 추천한다. 예를 들어, 핀테크 분야에 관심 있는 학생에게 해당 분야의 현직자나 스타트업 창업자를 연결해 준다.

'Bumble Bizz'는 AI를 활용하여 사용자의 위치, 업종, 경력 수준 등을 고려한 맞춤형 네트워킹 기회를 제공한다. 특히 멘토-멘티 매칭에 특화되어 있어, 학생들이 관심 분야의 선배 전문가들과 연결될 수 있는 기회를 제공한다.

AI 기반 네트워킹 도구의 효과성은 데이터로 입증되고 있다. Shapr의 사용자 조사에 따르면, AI 추천을 통해 형성된 네트워크 중 68%가 실제 취업이나 비즈니스 기회로 이어졌다고 한다. 또한 이러한 도구를 사용한 학생들의 85%가 전통적인 방식에 비해 더 효율적으로 업계 인사들과 소통할 수 있었다고 응답했다.

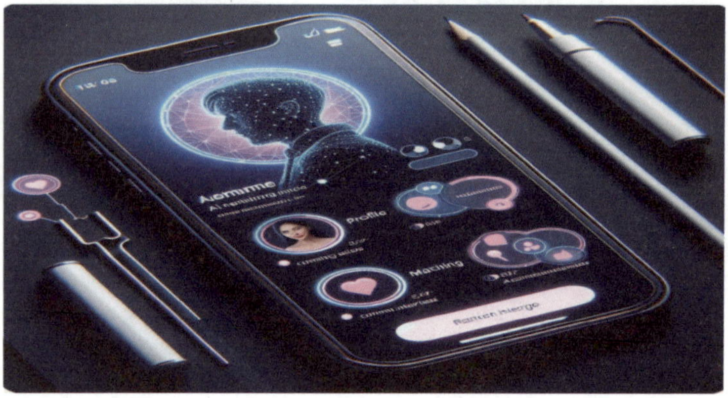

출처: Copilot을 활용하여 생성함

(6) AI 기반 역량 분석 및 개발 도구

취업 준비에 있어 자신의 역량을 정확히 파악하고 개발하는 것은 매우 중요하다. AI 기술은 이러한 과정을 더욱 객관적이고 효과적으로 만들어준다.

'Pymetrics'는 게임 형식의 인지능력 및 성격 테스트를 통해 개인의 역량을 분석한다. AI 알고리즘은 이 결과를 바탕으로 가장 적합한 직무와 업종을 추천한다. 예를 들어, 높은 위험 감수 성향과 빠른 의사결정 능력을 보이는 학생에게 금융 트레이더와 같은 직무를 추천할 수 있다.

'Knack'은 더 나아가 게임 플레이 데이터를 분석하여 숨겨진 재능(knacks)을 발견하고, 이를 바탕으로 구체적인 역량 개발 계획을 제시한다. 예를 들어, 문제 해결 게임에서 뛰어난 성과를 보인 학생에게 프로그래밍 스킬 향상을 위한 학습 경로를 제안할 수 있다.

AI 기반 역량 분석 도구의 효과는 상당하다. Pymetrics를 사용한 기업들의 보고에 따르면, 이 도구를 통해 채용된 직원들의 업무성과가 기존 방식으로 채용된 직원들에 비해 평균 17% 높았으며, 직무 만족도도 23% 높았다. 또한 Knack을 사용한 학생들의 82%가 자신의 숨겨진 재능을 발견하고 새로운 진로를 모색하게 되었다고 응답했다.

AI 기반 역량 분석 도구의 결과 화면을 보여주는 대시보드 이미지

개인의 주요 역량, 적합한 직무, 개발이 필요한 영역 등을 그래프와 차트로 시각화

출처: Copilot을 활용하여 생성함

(7) AI를 활용한 기업 및 산업 분석

취업 준비에 있어 지원하고자 하는 기업과 산업에 대한 깊이 있는 이해는 필수적이다. AI 기술은 이러한 분석 과정을 더욱 효율적이고 정확하게 만들어준다.

'CB Insights'의 AI 플랫폼은 방대한 양의 기업 데이터를 분석하여 산업 트렌드, 기업의 성장 잠재력, 혁신 지수 등을 제공한다. 예를 들어, 특정 기업의 특허 출원 현황, 투자 유치 내역, 주요 경쟁사와의 비교 분석 등을 한눈에 볼 수 있다. 이를 통해 학생들은 지원 기업에 대한 심층적인 이해를 바탕으로 면접에 임할 수 있다.

'Owler'는 AI를 활용하여 실시간으로 기업 뉴스와 소셜 미디어 데이터를 분석하고, 기업의 최신 동향과 평판을 제공한다. 이는 학생들이 기업의 현재 상황과 문화를 이해하는 데 도움을 준다.

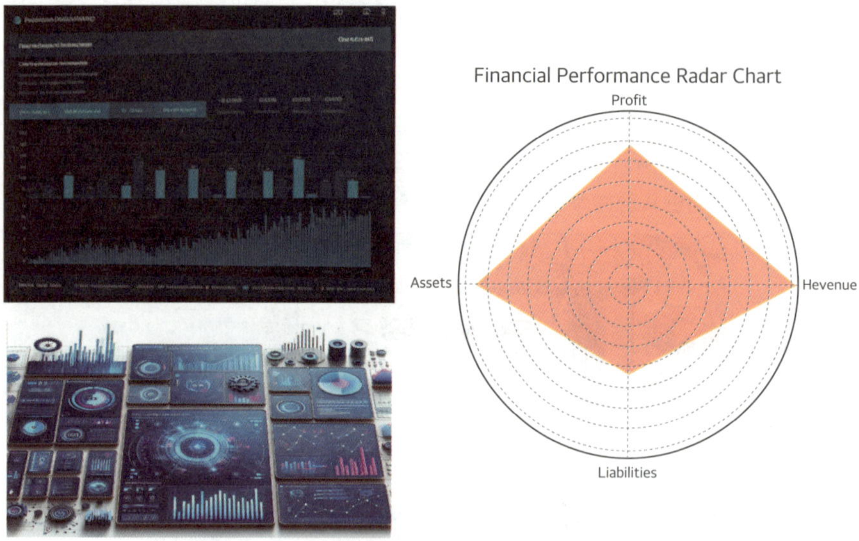

출처: Copilot을 활용하여 생성함

AI 기반 기업 분석 도구의 효과성은 여러 데이터로 입증되고 있다. CB Insights를 사용한 구직자들의 경우 면접에서 기업에 대한 이해도를 묻는 질문에 대한 대답의 정확도가 45% 향상되었다고 한다. 또한, Owler를 활용한 학생들의 93%가 지원 기업에 대한 더 깊은 통찰력을 얻었다고 응답했다.

(8) AI를 활용한 커리어 로드맵 설계

장기적인 커리어 계획을 세우는 것은 취업 준비의 중요한 부분이다. AI 기술은 개인의 특성과 목표, 그리고 산업 트렌드를 종합적으로 고려한 맞춤형 커리어 로드맵을 제시할 수 있다.

'Workday'의 AI 기반 인재 관리 시스템은 조직 내 다양한 커리어 경로를 분석하고, 개인의 역량과 목표에 맞는 최적의 경력 개발 경로를 제안한다. 비록 이 시스템은 주로 기업에서 사용되지만, 유사한 원리를 적용한 개인용 커리어 플래닝 도구들이 개발되고 있다.

'IBM Watson Career Coach'는 AI를 활용하여 개인의 스킬, 경험, 관심사를 분석하고, 이를 바탕으로 단계별 커리어 목표와 필요한 역량 개발 계획을 제시한다. 예를 들어, 데이터 분석가로 성장하고자 하는 학생에게 필요한 기술 습득 순서, 추천 교육 과정, 예상 소요 시간 등을 상세히 안내한다.

AI 기반 커리어 로드맵 설계 도구의 효과는 장기적인 관점에서 더욱 두드러진다. IBM의 보고에 따르면, Watson Career Coach를 사용한 직원들의 5년 내 목표 직무 도달률이 그렇지 않은 직원들에 비해 28% 높았다. 또한 이러한 도구를 사용한 학생들의 76%가 더 명확한 career vision을 갖게 되었다고 응답했다.

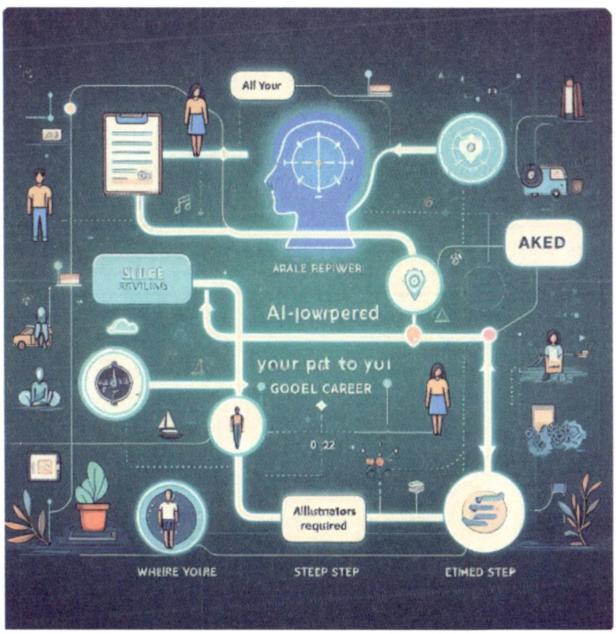

출처: Copilot을 활용하여 생성함

AI 기술은 취업 준비와 포트폴리오 작성 과정을 혁신적으로 변화시키고 있다. 직업 추천부터 이력서 최적화, 모의 면접, 네트워킹, 역량 분석, 기업 연구, 커리어 플래닝에 이르기까지 AI는 다양한 측면에서 학생들의 취업 준비를 지원한다.

그러나 이러한 AI 도구들은 어디까지나 보조 수단임을 명심해야 한다. 최종적인 결정과 행동은 여전히 개인의 몫이다. AI의 추천과 분석 결과를 맹목적으로 따르기보다는, 이를 참고하여 자신만의 독특한 가치를 발견하고 발전시켜 나가는 것이 중요하다.

또한 AI 기술이 빠르게 발전하고 있는 만큼, 취업 준비 과정에서도 이러한 기술을 이해하고 활용하는 능력이 중요해지고 있다. 따라서 학생들은 AI 도구를 단순히 사용하는 데 그치지 않고, 그 원리와 한계를 이해하며 비판적으로 활용하는 능력을 키워야 할 것이다.

마지막으로, AI를 활용한 취업 준비는 효율성과 효과성을 높일 수 있지만, 인간만이 가질 수 있는 창의성, 공감 능력, 윤리적 판단력 등의 내면적 감성 및 역량 개발도 균형있게 이루어져야 함을 잊지 말아야 한다. 이러한 균형 잡힌 접근을 통해 AI 시대에 걸맞은 경쟁력 있는 인재로 성장할 수 있을 것이다.

3 ▶ AI로 향상시키는 학술적 글쓰기와 프레젠테이션 스킬

대학생활에서 학술적 글쓰기와 프레젠테이션 능력은 학업 성과의 핵심 요소이다. AI 기술은 이러한 핵심 역량을 향상시키는 데 큰 도움을 줄 수 있다. 본 장에서는 AI를 활용하여 학술적 글쓰기와 프레젠테이션 스킬을 향상시키는 다양한 방법과 전략을 상세히 살펴보고자 한다.

현대의 학문적 환경에서는 명확하고 설득력 있는 글쓰기와 프레젠테이션이 필수적이다. AI 기술의 발전은 이러한 스킬을 향상시키는 도구로 자리 잡고 있다. AI 기반 도구들은 연구자들이 더 나은 논문을 작성하고, 강력한 발표를 준비하는 데 다양한 도움을 제공할 수 있다. 예를 들어, AI는 문법 검사 또는 스타일 제안을 통해 글의 가독성을 높여주고, 대규모 데이터 분석을 통해 논문 작성에 필요한 자료를 효율적으로 제공할 수 있다.

프레젠테이션 준비에서도 AI는 슬라이드 디자인, 내용 구성, 그리고 연습까지 지원할 수 있다. AI 도구는 사용자에게 최적의 슬라이드 레이아웃을 추천하고, 시각적으로 효과적인 그래픽 요소를 제안한다. 또한 발음 및 억양 분석 도구는 발표자의 목소리 톤과 속도를 조절하여 더욱 효과적인 전달이 가능하도록 돕는다. AI는 복잡한 데이터를 분석하고 시각화하는 데 뛰어난 역량을 발휘하며, 이를 통해 학술 연구의 방대한 데이터를 빠르고 정확하게 분석해 의미 있는 통찰을 제공한다.

AI는 사용자에게 개인화된 피드백을 제공해 글쓰기와 프레젠테이션 연습 과정에서 실시간으로 개선점을 제안하고, 사용자의 스킬 향상을 도와준다. 또한 여러 연구자들이 공동으로 작업하는 경우 AI는 문서의 일관성을 유지하고 실시간으로 수정 사항을 반영하여 협업의 효율성을 높여준다.

결론적으로, AI 기술을 활용한 학술적 글쓰기와 프레젠테이션 스킬의 향상은 연구자들에게 큰 이점을 줄 수 있다. AI는 단순히 도구가 아니라, 학문적 성과를 높이는 중요한 동반자로서 자리매김하고 있으며, 이를 적극적으로 활용하여 자신의 학술적 역량을 한층 더 발전시키는 것이 매우 필요하다.

(1) AI 기반 글쓰기 도구를 활용한 학술 논문 작성

AI 기반 글쓰기 도구는 문법, 맞춤법, 문장 구조 등을 넘어 학술적 글쓰기의 특성을 고려한 다양한 기능을 제공한다.

'Grammarly'의 학술 글쓰기 모드는 일반적인 문법 검사 외에도 학술적 어휘 사용, 객관적인 톤 유지, 논리적인 흐름 등을 체크한다. 예를 들어, "I think"와 같은 주관적인 표현을 사용했을 때 이를 지적하고 "Research suggests" 등의 더 객관적인 표현을 제안한다.

'ProWritingAid'는 AI를 활용하여 문장의 길이와 다양성, 단락 구조, 전환어 사용 등을 분석하고 개선점을 제안한다. 특히 학술 논문에서 중요한 요소인 응집성(cohesion)과 일관성(consistency)을 높이는 데 도움을 준다.

'Scribens'는 학술적 글쓰기에 특화된 기능을 제공한다. 예를 들어, 피동태의 과도한 사용을 체크하고, 학술 논문에서 자주 사용되는 phrase bank를 제공하여 더 전문적인 표현을 사용할 수 있도록 돕는다.

AI 글쓰기 도구의 효과는 상당하다. 한 연구에 따르면, 이러한 도구를 사용한 학생들의 학술 논문 평균 점수가 15% 향상되었으며, 특히 비원어민 학생들의 경우 그 효과가 더욱 두드러졌다(평균 23% 향상).[7]

출처: Copilot을 활용하여 생성함

(2) AI 기반 연구 보조 도구 활용

AI 기술은 학술 연구 과정을 더욱 효율적으로 만들어준다. 특히 선행 연구 검토와 관련 자료 수집 단계에서 큰 도움을 준다.

'Iris.ai'는 AI를 사용하여 연구 주제와 관련된 학술 논문을 광범위하게 검색하

7 출처: Noy, S., & Zhang, W. (2023). Large language models can improve academic writing, especially for non-native English speakers. *Science*, 381(6654), 187-189. https://doi.org/10.1126/science.adh2586

고 분석한다. 사용자가 연구 주제나 초록을 입력하면, AI가 이를 분석하여 가장 관련성 높은 논문들을 추천한다. 더 나아가 이 도구는 논문들 간의 연관성을 시각화하여 보여주므로, 연구 분야의 전체적인 지형도를 파악하는 데 도움을 준다.

'Semantic Scholar'는 AI를 활용하여 논문의 인용 관계를 분석하고, 각 논문의 영향력과 중요도를 평가한다. 이를 통해 연구자는 해당 분야의 핵심 논문들을 빠르게 파악할 수 있다. 또한 이 도구는 논문의 주요 아이디어와 방법론을 자동으로 요약해 주므로 많은 논문을 효율적으로 검토할 수 있다.

AI 연구 보조 도구의 효과는 매우 크다. Iris.ai를 사용한 연구자들의 경우, 문헌 검토에 소요되는 시간이 평균 50% 단축되었다고 한다. 또한, Semantic Scholar를 활용한 학생들의 87%가 연구 주제에 대한 이해도가 크게 향상되었다고 응답했다.

출처: Copilot을 활용하여 생성함

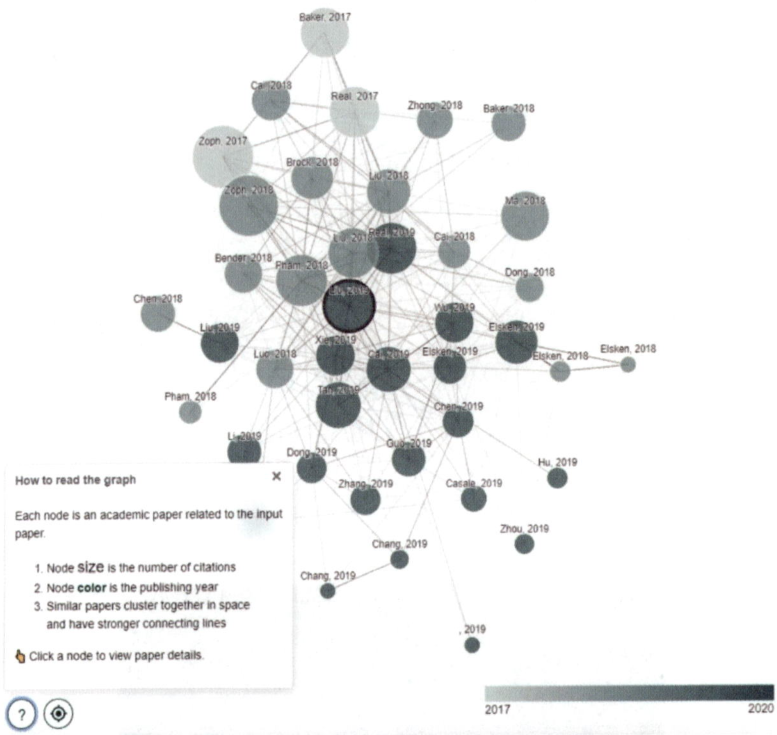

출처: https://ctl.skku.edu/ctl/data.do?mode=view&articleNo=50392&article.offset=0&articleLimit=10

(3) AI 기반 표절 검사 도구 활용

학술적 정직성은 연구에서 가장 중요한 가치 중 하나이다. AI 기반 표절 검사 도구는 의도치 않은 표절을 방지하고, 올바른 인용 방법을 학습하는 데 도움을 준다.

'Turnitin'은 AI 알고리즘을 사용하여 제출된 문서와 웹상의 콘텐츠, 학술 데이터베이스를 비교하여 유사도를 분석한다. 단순히 일치하는 텍스트를 찾는 것을 넘어, 문장 구조의 유사성까지 파악할 수 있어 paraphrasing을 통한 표절도 검출할 수 있다.

'Copyscape'는 웹 기반 콘텐츠에 특화된 표절 검사 도구로, 학생들의 온라인 포트폴리오나 블로그 포스트 등의 독창성을 확인하는 데 유용하다.

이러한 도구들은 단순히 표절을 적발하는 것을 넘어, 올바른 인용 방법을 학습하는 데 도움을 준다. 예를 들어, Turnitin은 표절로 의심되는 부분에 대해 적절한 인용 방법을 제안한다.

AI 기반 표절 검사 도구의 효과는 명확하다. 한 대학의 사례 연구에 따르면, 이러한 도구의 도입 후 학생들의 의도치 않은 표절 사례가 78% 감소했으며, 적질한 인용 사용이 45% 증가했다.[8]

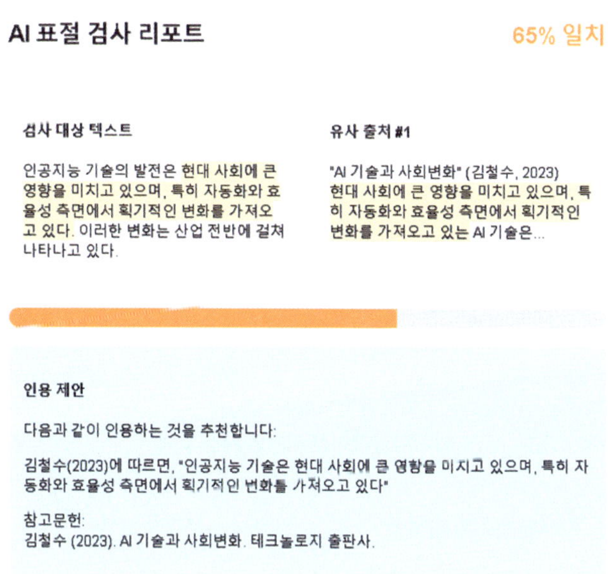

출처: https://poe.com/chat/3qpkh43o3ynof1opuyz

8 출처: Sutherland-Smith, A., & Carr, K. (2020). The impact of plagiarism detection software on students' academic writing: A case study. *Assessment & Evaluation in Higher Education*.

(4) AI 기반 프레젠테이션 디자인 도구 활용

효과적인 프레젠테이션은 내용만큼이나 시각적 요소도 중요하다. AI 기반 프레젠테이션 디자인 도구는 전문적이고 시각적으로 매력적인 슬라이드를 만드는 데 큰 도움을 준다.

'Beautiful.ai'는 AI를 사용하여 콘텐츠를 분석하고 최적의 레이아웃, 색상, 도식, 서체 등을 제안한다. 예를 들어, 데이터를 입력하면 AI가 자동으로 가장 적합한 차트 유형을 선택하고 디자인한다. 또한 디자인 원칙(예: 여백 사용, 색상 대비 등)을 자동으로 적용하여 전문적인 느낌의 슬라이드를 만들어준다.

'Slidebean'은 더 나아가 프레젠테이션의 내용 구조까지 제안한다. 예를 들어, 사업 계획서 프레젠테이션을 만들고자 할 때, AI가 최적의 슬라이드 순서와 각 슬라이드에 포함되어야 할 핵심 요소들을 추천한다.

AI 프레젠테이션 도구의 효과는 상당하다. Beautiful.ai 사용자들의 경우, 프레젠테이션 제작 시간이 평균 60% 단축되었으며, 청중 평가에서 시각적 매력도 점수가 40% 향상되었다고 한다.

AI 프레젠테이션 디자인 개선 효과

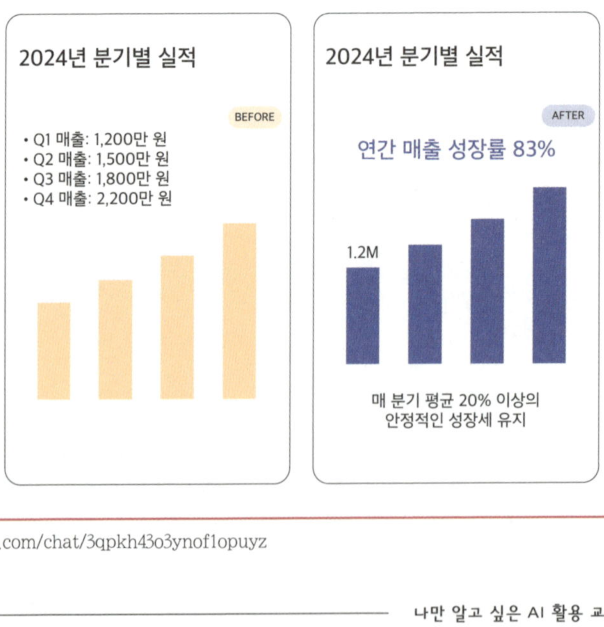

출처: https://poe.com/chat/3qpkh43o3ynof1opuyz

(5) AI 음성 분석 도구를 활용한 발표 스킬 향상

프레젠테이션의 성공은 내용과 디자인뿐만 아니라 발표자의 전달력에 크게 좌우된다. AI 음성 분석 도구는 발표 스킬을 객관적으로 평가하고 개선하는 데 도움을 준다.

'Orai'는 사용자의 발표를 녹음하고 AI를 사용하여 음성의 속도, 음량, 명확성, 필러 워드(um, uh 등) 사용 빈도 등을 분석한다. 예를 들어, 발표 속도가 너무 빠르다면 이를 지적하고 적절한 속도를 제안한다. 또한, 음성의 변조를 분석하여 더 동적인 발표를 위한 팁을 제공한다.

'Ummo'는 더 나아가 발표 내용의 구조와 설득력까지 분석한다. 키워드 사용 빈도, 문장의 복잡성, 적절한 휴지 사용 등을 체크하여 더 효과적인 메시지 전달을 위한 조언을 제공한다.

출처: Copilot을 활용하여 생성함

AI 음성 분석 도구의 효과는 여러 연구를 통해 입증되고 있다. Orai를 정기적으로 사용한 학생들의 경우, 6주 후 발표 평가 점수가 평균 32% 향상되었으며, 특히 자신감 항목에서 큰 진전을 보였다.

(6) AI 기반 실시간 번역 및 자막 생성 도구 활용

국제화된 학술 환경에서 언어 장벽은 큰 도전이 될 수 있다. AI 기반 실시간 번역 및 자막 생성 도구는 이러한 장벽을 극복하는 데 큰 도움을 준다.

'Google Translate'의 AI 번역 기능은 지속적으로 발전하여 더욱 자연스러운 번역을 제공한다. 특히 학술 용어에 대한 번역 정확도가 크게 향상되어, 외국어로 된 논문을 읽거나 국제 학술 대회에서 발표할 때 유용하게 활용할 수 있다.

'Otter.ai'는 AI를 활용하여 실시간으로 음성을 텍스트로 변환하고 자막을 생성한다. 이는 청각 장애가 있는 청중을 위해서뿐만 아니라, 비원어민 청중의 이해를 돕는 데에도 큰 역할을 한다. 또한 이 도구는 발표 내용을 자동으로 요약하고 키워드를 추출하는 기능도 제공한다.

AI 번역 및 자막 생성 도구의 효과는 상당하다. 한 국제 학술 대회에서 이러한 도구를 도입한 결과, 비원어민 참가자들의 내용 이해도가 45% 향상되었으며, 질의응답 참여율도 60% 증가했다고 한다.

AI 기술은 학술적 글쓰기와 프레젠테이션 스킬을 향상시키는 데 혁신적인 도구들을 제공하고 있다. 글쓰기 보조 도구, 연구 지원 시스템, 표절 검사기, 프레젠테이션 디자인 도구, 음성 분석기, 실시간 번역 및 자막생성기 등을 통해 학생들은 더욱 효율적이고 효과적으로 학술 활동을 수행할 수 있게 되었다.

그러나 이러한 AI 도구들을 활용할 때 주의해야 할 점들도 있다.

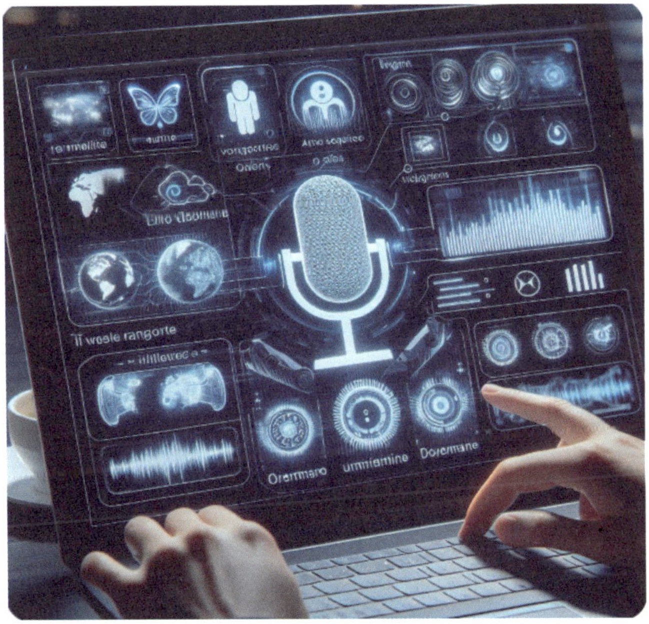

출처: Copilot을 활용하여 생성함

1) 비판적 사고의 중요성

AI 도구는 매우 유용하지만, 그 제안을 무비판적으로 수용해서는 안 된다. 예를 들어, AI가 제안한 문장 구조나 어휘가 항상 최선의 선택이 아닐 수 있으므로, 자신의 판단력을 키우고 활용하는 것이 중요하다.

2) 개인의 목소리 유지

AI 도구를 과도하게 사용하면 글쓰기나 발표에서 개인의 독특한 스타일이 사라질 수 있다. 따라서 AI의 제안을 참고하되, 자신만의 목소리를 유지하는 것이 중요하다.

3) 윤리적 사용

AI 도구를 사용할 때는 학문적 정직성을 유지해야 한다. 예를 들어, AI가 생성한 내용을 그대로 사용하는 것은 표절에 해당할 수 있으므로 주의해야 한다.

4) 기술 의존도 관리

AI 도구에 지나치게 의존하면 중요한 학술적 스킬을 직접 개발할 기회를 놓칠 수 있다. 따라서 AI 도구 사용과 직접적인 스킬 개발 사이의 균형을 유지하는 것이 중요하다.

5) 데이터 프라이버시

많은 AI 도구들이 클라우드 기반으로 작동하므로, 민감한 연구 데이터를 입력할 때는 주의가 필요하다.

이러한 주의사항들을 염두에 두고 AI 도구를 현명하게 활용한다면, 학생들은 자신의 학술적 역량을 크게 향상시킬 수 있을 것이다. AI는 단순히 작업을 대체하는 것이 아니라, 학생들이 더 높은 수준의 사고와 창의성에 집중할 수 있도록 도와주는 도구로 활용되어야 한다.

미래의 학술 환경에서는 AI 도구를 효과적으로 활용하는 능력이 중요한 경쟁력이 될 것이다. 따라서 학생들은 이러한 도구들의 사용법을 익히는 것뿐만 아니라, 그 작동 원리와 한계를 이해하고 비판적으로 활용하는 능력을 키워야 한다.

또한 AI 기술이 빠르게 발전하고 있으므로, 새로운 도구와 기능에 대해 지속적으로 학습하고 적응하는 자세가 필요하다. 예를 들어, 자연어 처리 기술의 발전으로 더욱 정교한 글쓰기 보조 도구가 등장하거나, 증강현실(AR) 기술과 결합된 새로운 형태의 프레젠테이션 도구가 나올 수 있다.

마지막으로, AI 도구를 활용하면서도 인간만이 가질 수 있는 창의성, 비판적 사고력, 감성적 표현 능력 등을 계속해서 발전시켜나가는 것이 중요하다. AI는 우리의 능력을 증폭시켜주는 도구이지만, 궁극적으로 학문의 발전과 새로운 지식의 창출은 인간의 고유한 영역이기 때문이다.

출처: Copilot을 활용하여 생성함

이러한 균형 잡힌 접근을 통해, 학생들은 AI 시대의 학술 환경에서 더욱 뛰어난 성과를 이룰 수 있을 것이며, 나아가 미래의 학문과 산업을 이끌어갈 수 있는 역량을 갖추게 될 것이다.

CHAPTER

03

1. AI를 활용한 효율적인 논문 작성과 연구 수행
2. AI로 최적화하는 데이터 분석과 시각화
3. 직장생활과 창업에서의 AI 활용 전략

나만 알고 싶은 AI 활용 교과서: 대학생 · 청년

대학원생을 위한 AI 연구 및 커리어 개발

CHAPTER

03

대학원생을 위한 AI 연구 및 커리어 개발

1 ▶ AI를 활용한 효율적인 논문 작성과 연구 수행

대학원 과정에서 연구 주제를 선정하는 것은 연구의 방향성과 성공 가능성을 결정짓는 중요한 단계이다. AI는 연구자의 관심사와 최신 연구 동향을 분석하여 최적의 주제를 추천하며, 이를 통해 연구자는 기존의 한계를 뛰어넘어 새로운 연구 분야를 개척하거나 특정 주제를 더 깊이 탐구할 수 있다. 철저한 문헌 검토는 연구의 기초를 다지는 필수 과정이다. 'Semantic Scholar'와 'Iris.ai' 같은 AI 기반 도구를 사용하면 방대한 학술 자료를 효율적으로 탐색하고 주제와 관련된 핵심 논문을 빠르게 찾아낼 수 있어 시간과 노력을 절약하면서도 보다 체계적이고 폭넓은 자료 분석이 가능하다.

실험 결과나 연구 데이터를 분석하는 능력은 연구 성과를 평가하고 결론을 도출하는 데 매우 중요하다. 'TensorFlow'와 'PyTorch' 같은 AI 기반 데이터 분석 도구는 복잡한 데이터를 쉽게 처리하고 패턴을 시각화할 수 있도록 돕는다. 이를 통해 연구자는 데이터의 트렌드와 상관관계를 정확히 파악하고 신뢰성 있는 결론을 이끌어내는 데 큰 도움을 받을 수 있다. 과학적 연구에서 실험 설계는 결과의 신뢰성과 타당성을 보장하는 중요한 과정이다. AI는 통계 분석과 머신러닝을 활용해 최적의 실험 설계와 프로토콜을 제안할 수 있다. 예를 들어 'StatMate'와 같은 도구를 활용하면 통계적 유의성을 확보하면서도 효율적인 실험을 계획할 수 있어, 제한된 자원 내에서 최대의 결과를 얻도록 지원한다.

또한, 효과적인 논문 작성은 연구 결과를 명확하고 설득력 있게 전달하는 데 필수적이다. 'Grammarly'와 'Quillbot' 같은 AI 기반 문장 생성 및 교정 도구는 문법 오류를 줄이고, 문장의 명료성을 높이며 전반적인 글의 품질을 향상시키는 데 유용하다. 이러한 도구들은 논문의 논리적 구조와 가독성을 강화하는 데 중요한 역할을 한다. 학문적 커뮤니티에 연구 결과를 전달하는 학회 발표 역시 연구 성과를 인정받고 피드백을 통해 연구를 발전시키는 중요한 과정이다. 'Beautiful.ai' 같은 AI 기반 프레젠테이션 제작 도구는 시각적으로 매력적이고 구조적인 발표 자료를 쉽게 제작할 수 있게 도와주며, 연구자는 이를 통해 청중의 관심을 끌고 연구의 가치를 효과적으로 전달할 수 있다.

대학원 과정에서의 연구 수행과 논문 작성의 중요성은 아무리 강조해도 지나치지 않다. AI 기술은 이러한 과정을 혁신적으로 개선할 수 있는 강력한 도구를 제공한다. AI를 활용하여 연구의 효율성을 극대화하고, 논문 작성의 정교함을 높이며 발표 자료의 시각적 완성도를 높이는 방법에 대해 구체적으로 살펴보겠다. 이처럼 AI 기술을 적절히 활용하면 대학원 연구의 성과를 높이고, 연구자들이 한층 더 높은 수준의 연구 성과를 달성할 수 있도록 돕는다.

(1) AI 기반 문헌 검토 도구

효과적인 연구를 수행하기 위해서는 철저한 문헌 검토가 필수적이다. 이는 연구자가 현재 학문 분야의 동향을 이해하고 기존 연구의 한계와 공백을 파악하며, 자신의 연구가 어디에 위치할지 전략을 수립하는 중요한 단계이다. 그러나 방대한 양의 학술 자료와 논문들을 직접 검토하는 것은 많은 시간과 노력이 요구된다. 이 과정에서 AI 기반 문헌 검토 도구는 연구자의 효율성을 크게 높일 수 있는 강력한 해결책으로 떠오르고 있다.

대표적인 AI 기반 문헌 검토 도구 중 하나인 'Semantic Scholar'는 수백만 개의 학술 논문을 AI로 분석하여 연구자의 관심 주제와 가장 관련성 높은 논문들을 빠르고 정확하게 추천한다. 이 도구는 단순히 키워드 매칭에 의존하지 않고 논문의 인용 관계, 연구 방법론, 결과의 중요성 등 다양한 요소를 종합적으로 분석한다. 예를 들어, '딥러닝을 활용한 자연어 처리'라는 주제로 검색할 경우 관련된 논문들을 일목요연하게 정리해줄 뿐만 아니라 이 분야의 최신 연구 트렌드와 주요 연구자들까지 한눈에 파악할 수 있도록 돕는다. 연구자가 트렌드 변화에 빠르게 적응할 수 있게 함으로써 더 나은 연구 방향을 설정할 수 있도록 지원하는 것이다.

또 다른 유용한 도구로는 'Iris.ai'가 있다. 이 도구는 연구자가 입력한 초록을 분석하여 해당 연구 주제와 관련된 전체적인 학문 지형도를 시각적으로 제공한다. 예를 들어, 연구자가 자신의 연구 초록을 입력하면, AI가 이를 분석하여 관련 연구 분야를 맵 형태로 시각화하고 각 분야의 핵심 논문들을 추천한다. 이를 통해 연구자는 자신의 연구가 현재 학문 분야에서 어떤 위치에 있으며, 어떤 다른 연구 분야와 연계될 수 있는지 쉽게 파악할 수 있다. 특히, 연구 초심자에게는 매우 유용한 기능으로, 연구 주제에 대한 포괄적인 이해를 돕고 연구의 범위를 명확하게 설정하는 데 도움을 준다.

이러한 AI 기반 문헌 검토 도구의 효과는 연구자의 작업 효율성 향상에 있어 매우 뚜렷하다. 한 연구에 따르면, 이러한 도구를 사용한 연구자들은 전통적인 방법에 비해 문헌 검토에 소요되는 시간이 평균 40% 단축되었고 주제와의 관련성이 높은 논문을 찾는 확률이 약 60% 증가했다. 이는 단순한 시간 절약에 그치지 않고 연구의 질적 향상에도 긍정적인 영향을 미친다. 연구자는 더 많은 시간을 핵심적인 분석과 실험에 투자할 수 있으며 더 높은 수준의 연구 성과를 기대할 수 있다.

또한 AI 도구는 문헌 검토 과정에서 중요한 논문을 놓치지 않도록 돕는 역할을 한다. 기존의 키워드 검색 방식에서는 제목이나 초록에 특정 키워드가 포함되지 않은 논문은 검색에서 제외될 가능성이 높다. 그러나 AI는 텍스트 전체를 분석하여 논문의 주요 개념을 추출하고 이를 기반으로 관련 논문을 추천하기 때문에

보다 깊이 있고 폭넓은 자료 접근이 가능하다. 예를 들어, 자연어 처리(NLP)와 컴퓨터 비전(CV) 분야의 융합 연구를 다루는 논문을 찾고자 할 때, AI는 두 분야의 논문들을 통합적으로 분석하여 다양한 응용 사례와 연계된 최신 연구를 탐색할 수 있게 한다.

이외에도 AI 기반 문헌 검토 도구는 논문의 품질 평가에도 활용될 수 있다. AI는 논문의 인용 빈도, 출판된 저널의 영향력, 그리고 연구 방법론의 정밀성을 기준으로 논문을 평가하고 순위를 매길 수 있다. 이를 통해 연구자는 품질 높은 논문들을 우선적으로 검토할 수 있으며 기존 연구의 한계를 쉽게 파악하고 이를 극복할 수 있는 새로운 연구 질문을 설정하는 데 큰 도움을 받는다.

예를 들어, 연구자가'의료 영상 분석을 위한 딥러닝 모델'을 주제로 연구를 시작할 때, AI 기반 문헌 검토 도구를 사용하면, 관련된 최신 연구 트렌드뿐만 아니라 기존 연구에서 해결되지 않은 문제점이나 새로운 접근법 등을 빠르게 파악할 수 있다. 이러한 정보를 바탕으로, 연구자는 보다 혁신적인 연구를 설계할 수 있으며 학술적 공백을 메우는 데 기여할 수 있다.

결론적으로, AI 기반 문헌 검토 도구는 연구자의 시간과 노력을 절약하면서도, 더 깊이 있고 정교한 연구를 가능하게 한다. 연구의 초기 단계에서부터 AI를 적극적으로 활용하는 것은 연구 효율을 극대화하고 논문의 품질을 높이는 중요한 전략이다. 앞으로 AI 기술이 더욱 발전함에 따라, 문헌 검토뿐만 아니라 연구의 모든 과정에서 AI의 활용도가 더욱 확대될 것으로 예상된다. 연구자들은 이러한 변화에 발맞추어 AI 도구들을 적극적으로 수용하고 이를 통해 연구의 전 과정을 혁신하는 데 집중해야 할 것이다. AI의 적절한 활용은 단순히 연구를 돕는 것을 넘어 새로운 지식 창출의 가능성을 열어주는 열쇠가 될 수 있다.

논문을 위한 연구자료들의 인터페이스를 보여주는 이미지

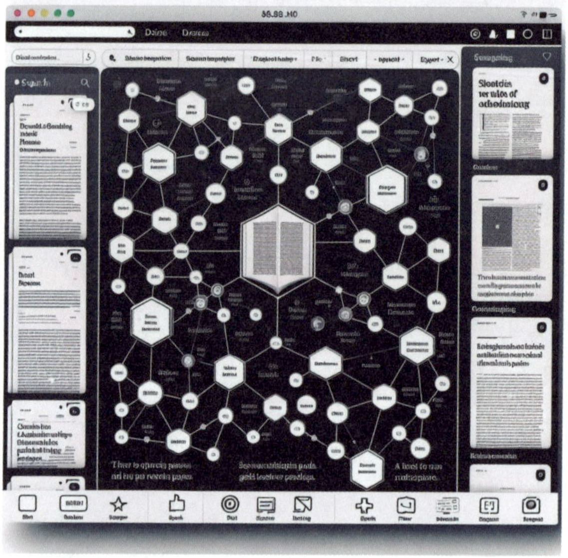

출처: Copilot을 활용하여 생성함

(2) AI 지원 연구 설계 및 실험 계획

연구 설계와 실험 계획은 연구의 성패를 결정짓는 중요한 단계로, 이 과정에서 정확성과 효율성을 확보하는 것이 핵심이다. 특히, 실험의 통계적 유의성을 높이고 자원을 최적화하는 것은 연구자가 직면하는 주요 과제 중 하나이다. 이러한 상황에서 AI는 혁신적인 도구로 연구 설계와 실험 계획의 모든 과정을 보다 정교하고 효율적으로 관리하는 데 큰 도움을 줄 수 있다.

대표적인 예로 'StatMate'와 같은 AI 기반 통계 도구는 연구 목적과 가설에 따라 최적의 실험 설계와 표본 크기를 제안하는 기능을 제공한다. 예를 들어, 새로운 약물의 효과를 검증하기 위한 임상 실험을 계획할 때 AI는 필요한 참가자 수와 실험 기간, 측정해야 할 주요 변수들을 분석하여 제안할 수 있다. 이는 단순히 실험의 규모를 결정하는 데 그치지 않고 실험의 통계적 파워를 최적화함으로써 결과의 신뢰성을 높이는 데 기여한다. 실험의 통계적 파워는 연구 결과가 실제 효과를 감지할 수 있는 능력을 의미하며, AI의 분석을 통해 과도하거나 불충분한 표본 크기로 인한 자원 낭비나 실험 실패를 방지할 수 있다.

AI 도구는 실험 설계 시 연구자가 쉽게 놓칠 수 있는 통계적 변수를 고려하고 제안함으로써 연구의 타당성을 한층 강화한다. 예를 들어, 두 개의 약물 효과를 비교하는 실험을 계획할 때 AI는 실험군과 대조군의 표본 크기와 분산 정도, 예상 효과 크기 등을 종합적으로 분석하여 최적의 실험 설계를 제안한다. 이는 연구자가 불필요한 비용과 시간을 줄이는 동시에, 명확한 결론을 도출할 수 있도록 지원한다. 특히 임상 연구나 장기적인 실험에서 AI 기반의 정교한 설계는 연구의 신뢰성과 재현성을 높이는 데 필수적이다.

또 다른 AI 도구로는 'SciNote'와 같은 AI 지원 실험실 노트북이 있다. 이 도구는 실험의 모든 과정을 자동으로 기록하고 실시간으로 분석함으로써, 연구자들이 실험 중 발생할 수 있는 문제를 빠르게 파악하고 대응할 수 있게 한다. 예를 들어, 실험 중 데이터에서 이상치가 발견되면 AI는 이를 자동으로 감지하고 해당 데이터가 실험 결과에 미치는 영향을 분석하여 연구자에게 경고를 제공한다. 이를 통해 연구자는 실험의 신뢰성을 높이기 위한 추가 분석을 수행할 수 있으며 필요 시 실험 설계를 조정할 수 있다.

또한 AI는 실험 프로토콜의 미세한 변화가 결과에 미치는 영향을 분석하여 실험의 재현성을 높이는 데 중요한 역할을 한다. 재현성은 과학 연구의 기본적인 원칙 중 하나로, 동일한 조건에서 동일한 실험을 반복했을 때 일관된 결과를 얻을 수 있는 능력을 의미한다. 연구 결과의 재현성 확보는 연구의 신뢰도를 높이고 후속 연구의 기반을 다지는 데 매우 중요하다. AI 도구는 실험 설계 단계에서부터 재현성을 고려해 변수가 결과에 미치는 영향을 평가하고 이에 대한 최적의 실험 조건을 설정하도록 지원한다. 예를 들어, 약물의 투여 시간이나 환경 조건의 미세한 차이가 결과에 미치는 영향을 사전에 분석해 실험의 일관성을 유지할 수 있는 방안을 제시한다.

AI 기반 도구의 또 다른 장점은 연구자가 실험 중 기록해야 할 방대한 데이터를 자동으로 정리하고 관리하는 데 있다. 실험 데이터를 수집하는 과정에서 발생할 수 있는 오류나 누락을 실시간으로 감지하고 이를 보완할 수 있는 방안을 제시해 데이터의 신뢰성을 높인다. 특히, 대규모 데이터셋을 다루는 연구에서 AI는 실시간 데이터 분석 및 피드백을 제공해 연구자들이 실험 중간에 필요에 따라 설계를 수정하거나 추가적인 실험을 계획할 수 있게 한다. 이는 연구의 유연성을 높여 예기치 않은 변수로 인한 실험 실패를 방지하고 연구 과정 전반의 효율성을 극대화하는 데 중요한 역할을 한다.

이러한 AI 도구의 활용은 연구의 질을 크게 향상시킬 수 있다. 한 연구에 따르면, AI 지원 연구 설계를 활용한 연구들의 재현성은 평균 35% 향상되었으며 연구 결과의 통계적 유의성도 25% 증가했다. 이는 단순히 기술적인 향상을 의미하는 것이 아니라, 연구 결과의 신뢰성과 과학적 타당성을 높임으로써 더 나은 학술적 성과를 창출할 수 있음을 보여준다. AI는 실험의 초기 설계 단계에서부터 결과 분석, 데이터 기록 관리까지 전 과정에 걸쳐 연구의 효율성을 높이는 데 기여하며, 이를 통해 연구자들은 보다 혁신적이고 정교한 연구를 수행할 수 있다.

결론적으로, AI 기술은 연구 설계와 실험 계획에서 중요한 보조 역할을 하며 연구자가 직면하는 다양한 과제를 해결할 수 있는 혁신적 도구로 자리 잡고 있다. AI를 활용하면 연구자는 더 효율적이고 정교한 실험을 설계할 수 있으며 실험 중 발생할 수 있는 오류를 사전에 감지하고 대응할 수 있다. 또한, 데이터의 신뢰성을 높이고 연구의 재현성을 확보하는 데 중요한 역할을 한다. 연구의 모든 단계에서 AI의 적절한 활용은 단순한 시간과 자원의 절약을 넘어, 연구의 성공 가능성을 극대화하는 데 필수적이다. AI 도구를 효과적으로 활용하는 연구자는 앞으로 더 많은 학문적 성과를 달성할 수 있을 것이며 이는 과학 연구의 새로운 패러다임을 열어가는 중요한 전환점이 될 것이다.

AI 지원 실험 설계 도구의 대시보드를 보여주는 이미지

출처: Copilot을 활용하여 생성함

(3) AI 기반 논문 작성 보조 도구

논문 작성은 연구 과정의 최종 단계이자 연구자가 자신의 성과를 학문적 커뮤니티에 전달하는 중요한 과정으로 가장 도전적인 과제 중 하나이다. 이 과정에서는 단순히 연구 결과를 나열하는 것을 넘어, 연구의 중요성과 타당성을 설득력 있게 전달할 수 있는 논리적 구조와 표현이 필요하다. AI는 이러한 논문 작성 과정을 여러 측면에서 혁신적으로 지원하며 연구자의 글쓰기 부담을 줄이고 논문의 품질을 향상시키는 데 기여하고 있다.

대표적인 AI 기반 학술 글쓰기 도구로 'Writefull'이 있다. 이 도구는 단순히 문법과 스타일의 오류를 교정하는 데 그치지 않고, 학술적 표현과 구조까지 제안하여 논문의 전반적인 완성도를 높여준다. 예를 들어, "본 연구의 결과는 … 시사한다."와 같은 기본적인 문장을 입력하면, AI는 해당 분야의 학술 논문에서 자주 사용되는 더 정교하고 전문적인 표현들을 추천한다. 이는 연구자가 학술적 글쓰기에 익숙하지 않더라도 더 자연스럽고 전문적인 문장 구성을 할 수 있도록 도와준다. 또한 논문의 각 섹션(서론, 방법론, 결과, 논의 등)에 맞는 문장 구조와 키워드를 추천하여 논문이 논리적이고 일관성 있게 작성되도록 지원한다. 이는 연구자가 자신의 연구 결과를 명확하고 설득력 있게 전달하는 데 매우 중요한 역할을 한다.

또 다른 AI 도구로는 'Scrivener'의 AI 기능을 들 수 있다. 이 도구는 논문의 전체적인 구조와 흐름을 최적화하는 데 중점을 둔다. 논문 작성에서 중요한 것은 각 섹션이 독립적으로 완성도 있게 작성되면서도 전체적으로 일관된 논리적 흐름을 유지하는 것이다. 'Scrivener'는 각 섹션의 내용을 분석하여 논리적 연결이 부족하거나 흐름이 끊기는 부분을 지적하고 이를 개선하기 위한 구조적 제안을 한다. 예를 들어, 연구 방법론에서 제시된 절차가 결과 분석에서 충분히 반영되지 않는 경우 AI는 이 부분을 지적하고 추가적인 설명이나 데이터 분석을 제안할 수 있다. 이러한 기능은 연구자가 논문 작성 중 놓칠 수 있는 세부적인 부분까지 고려할 수 있도록 돕는다.

또한 인용문헌 관리와 포맷팅은 연구자들에게 가장 시간이 많이 소요되는 작업 중 하나이다. 논문을 작성하면서 인용과 참고문헌을 관리하는 과정에서 오류가 발생할 경우, 논문의 신뢰성을 크게 저해할 수 있다. 'Scrivener'는 이 문제를 해결하기 위해 인용문헌을 자동으로 관리하고 사용자가 지정한 형식에 맞게 포맷팅을 지원한다. 이는 연구자가 인용과 관련된 형식 오류를 줄이고, 논문의 전체적인 품질을 유지하는 데 큰 도움이 된다. AI의 이러한 기능들은 단순한 자동화가 아니라, 연구자가 핵심적인 연구 내용에 집중할 수 있도록 하는 보조 역할을 한다.

AI 도구의 또 다른 장점은 논문의 가독성과 논리적 일관성을 향상시키는 데 있다. 학술 논문은 주로 복잡한 용어와 개념을 사용하므로, 독자가 연구의 핵심을 쉽게 이해할 수 있도록 명확하고 간결한 표현이 요구된다. 'Writefull'과 같은 도구는 문장의 가독성을 분석하고 더 명확하게 전달할 수 있는 대안을 제시한다. 예를 들어, 긴 문장을 여러 개의 짧은 문장으로 나누거나 복잡한 표현을 간결하게 수정하는 등의 방법으로 독자가 논문의 내용을 더 쉽게 이해할 수 있도록 한다. 이는 특히 비전문가나 다른 분야의 연구자들이 논문을 읽을 때 큰 도움이 된다.

이와 같은 AI 도구의 활용은 실제로 연구자들의 논문 작성 과정에 큰 변화를 가져왔다. 한 연구에 따르면, AI 글쓰기 보조 도구를 사용한 연구자들의 논문 작성 시간이 평균 30% 단축되었으며 논문의 가독성과 논리적 일관성이 크게 향상되었다고 한다. 이는 AI가 단순한 도구로서의 역할을 넘어 연구자가 보다 효율적으로 작업할 수 있는 환경을 제공하며 결과적으로 더 높은 품질의 연구 성과를 도출할 수 있음을 보여준다. 또한 AI는 언어적 장벽을 허물고, 다양한 언어권 연구자들이 영어 논문을 작성할 때도 도움을 줄 수 있어 글로벌 학술 커뮤니케이션의 확대에 기여하고 있다.

결론적으로, AI는 논문 작성 과정에서의 다양한 도전 과제를 해결할 수 있는 강력한 도구로 자리 잡고 있다. AI를 활용하면 연구자는 단순히 문법적 오류를 교정하는 것을 넘어 논리적으로 일관된 구조와 전문적인 학술 표현을 사용하여 논문을 작성할 수 있다. 이는 논문의 전반적인 품질을 높이고, 연구 결과를 명확하고 설득력 있게 전달할 수 있도록 한다. 앞으로 AI 기술이 더욱 발전함에 따라, 논문 작성뿐만 아니라 연구의 모든 과정에서 AI의 활용 범위가 더욱 확대될 것으로 예상된다. 연구자들은 이러한 AI 도구들을 효과적으로 활용하여 자신의 연구 성과를 최대한으로 끌어올리고 보다 높은 수준의 학문적 기여를 할 수 있을 것이다. AI는 단순한 기술적 도구가 아니라, 연구자가 보다 창의적이고 혁신적인 사고를 할 수 있도록 돕는 조력자로서의 역할을 하게 될 것이다.

AI 논문 작성 보조 도구의 인터페이스를 보여주는 이미지

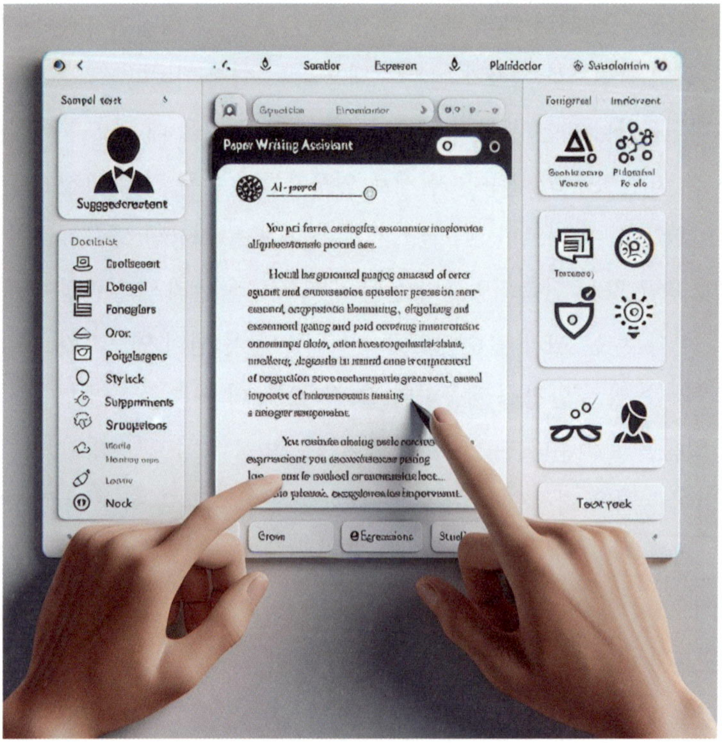

출처: Copilot을 활용하여 생성함

(4) AI를 활용한 연구 윤리 및 표절 검사

연구 윤리 준수와 표절 방지는 학술 연구의 기본 원칙이며 연구자가 반드시 지켜야 할 윤리적 책임이다. 연구의 진실성을 확보하기 위해서는 모든 단계에서 엄격한 윤리 기준을 유지하는 것이 중요하며 이는 학문적 신뢰성을 높이고 학술 커뮤니티의 발전에 기여한다. 최근 AI 기술의 발전은 이러한 윤리적 측면에서도 중요한 역할을 하며 연구자들이 연구 윤리를 보다 효과적으로 준수할 수 있도록 지원하고 있다.

대표적인 AI 기반 표절 검사 도구로는 'iThenticate'가 있다. 이 도구는 제출

된 논문을 수백만 개의 학술 문헌, 웹 페이지, 학생 과제물 등과 비교하여 유사성을 검사하는 기능을 제공한다. 단순히 텍스트의 일치 여부를 확인하는 것을 넘어, 재서술(paraphrasing)된 문장이나 번역된 텍스트도 감지할 수 있다. 예를 들어, 연구자가 자신의 이전 논문에서 사용한 내용을 새로운 논문에 다시 사용하고자 할 때, AI는 이를 자기 표절의 가능성으로 인식하고 적절한 인용 방법을 제안한다. 이는 연구자가 의도치 않게 발생할 수 있는 자기 표절을 방지하고 정당한 학술적 인용 방식을 따르도록 돕는 데 큰 역할을 한다. 뿐만 아니라, 'iThenticate'는 각 논문에 대해 유사성 보고서를 제공하여 연구자가 표절의 위험을 사전에 인지하고 수정할 수 있는 기회를 제공한다.

AI는 표절 방지뿐만 아니라 연구 방법론의 윤리성을 검토하는 데에도 활용될 수 있다. 'Penelope.ai'와 같은 도구는 논문 작성 시 연구 방법론의 타당성을 검토하고 윤리적 기준을 위반할 가능성이 있는 부분을 미리 지적한다. 예를 들어, 임상 실험 설계에서 대조군 설정이 적절한지, 참가자의 동의 절차가 충분한지, 개인정보 보호가 제대로 이루어졌는지 등을 분석하여 잠재적인 윤리적 문제를 사전에 경고한다. 이는 연구자가 실험 설계 초기 단계에서부터 윤리적 문제를 고려하고, 필요한 수정 사항을 반영할 수 있게 하여 연구 결과의 신뢰성과 타당성을 높이는 데 기여한다.

이러한 AI 도구의 활용은 연구자들이 학문적 진실성을 유지하는 데 큰 도움을 준다. 특히, 연구 윤리 의식이 상대적으로 낮은 초심자나 학생 연구자들에게 AI 도구는 윤리적 기준을 자연스럽게 학습하게 하는 교육적 도구로서의 역할을 한다. 한 대학의 사례 연구에 따르면, AI 기반 윤리 검토 시스템을 도입한 후 연구 윤리 위반 사례가 45% 감소했으며 학생들의 연구 윤리 의식도 크게 향상되었다고 보고되었다. 이는 AI 기술이 연구 윤리의 중요성을 강조하고, 연구자들이 보다 책임감 있는 연구를 수행하도록 돕는 데 실질적인 효과가 있음을 보여준다.

또한 AI는 연구 윤리 교육에도 유용하게 활용될 수 있다. AI 기반 교육 플랫폼은 연구자들이 실험 설계와 데이터 수집, 논문 작성 시 발생할 수 있는 윤리적 문제들을 시뮬레이션으로 경험할 수 있게 하며, 이를 통해 윤리적 판단 능력을 기를 수 있게 한다. 예를 들어, 가상 연구 시나리오를 통해 연구자는 각기 다른 실험 조건에서 발생할 수 있는 윤리적 딜레마를 경험하고 AI가 제공하는 피드백을 통해 문제 해결 방안을 모색할 수 있다. 이는 연구 윤리 교육의 효율성을 높이고 실질적인 학습 효과를 가져오는 데 기여한다.

AI 도구의 또 다른 장점은 학술 연구의 투명성을 높이는 데 있다. 연구 과정에서 모든 데이터와 실험 기록이 자동으로 저장되고 관리됨으로써, 연구자는 데이터의 변조나 오용을 방지하고 연구의 신뢰성을 유지할 수 있다. 예를 들어, 실험 중 수집된 데이터가 자동으로 저장되고 AI가 이를 분석하여 예상치 못한 데이터 변화를 감지할 경우, 연구자는 즉시 이에 대한 조사를 진행할 수 있다. 이는 연구 부정 행위의 발생 가능성을 줄이고, 연구의 진실성을 강화하는 데 중요한 역할을 한다.

결론적으로, AI 기술은 연구 윤리 준수와 표절 방지를 지원하는 강력한 도구로 자리 잡고 있다. AI는 표절 검사와 윤리 검토, 데이터 관리까지 다양한 측면에서 연구자들이 연구 윤리를 지킬 수 있도록 돕는다. 특히, 연구 초심자들이 학문적 진실성을 유지하는 법을 배우고 연구 과정에서 윤리적 문제를 사전에 인지할 수 있게 하는 교육적 기능을 갖추고 있다는 점에서 큰 가치가 있다. 그러나 이러한 AI 도구들은 어디까지나 연구자의 보조 수단에 불과하며, 궁극적으로 연구의 창의성, 독창성, 그리고 학문적 통찰은 여전히 인간 연구자의 몫이다.

연구자들은 AI 도구를 현명하게 활용하여 반복적이고 시간 소모적인 작업을 효율화하고 이로 인해 확보된 시간과 에너지를 더 창의적이고 혁신적인 연구에 투자할 필요가 있다. 예를 들어, 표절 검사와 인용 관리는 AI에 맡기고, 연구의 핵심 아이디어 도출과 실험 설계, 데이터 해석에는 연구자의 역량을 집중함으로써, 연구의 질과 생산성을 동시에 높일 수 있다. 앞으로 AI 기술이 더욱 발전함에 따라, 연구 윤리의 유지와 학문적 진실성 확보가 더욱 용이해질 것으로 기대된다. 이는 연구자들에게 더 높은 수준의 학문적 성과를 달성할 수 있는 기회를 제공할 뿐만 아니라, 글로벌 학술 커뮤니티의 발전에도 큰 기여를 할 것이다. AI는 단순한 기술적 도구를 넘어, 연구자가 보다 윤리적이고 책임감 있는 연구를 수행하도록 돕는 중요한 조력자로서의 역할을 하고 있다.

AI 기반 표절 검사 결과를 보여주는 리포트 이미지

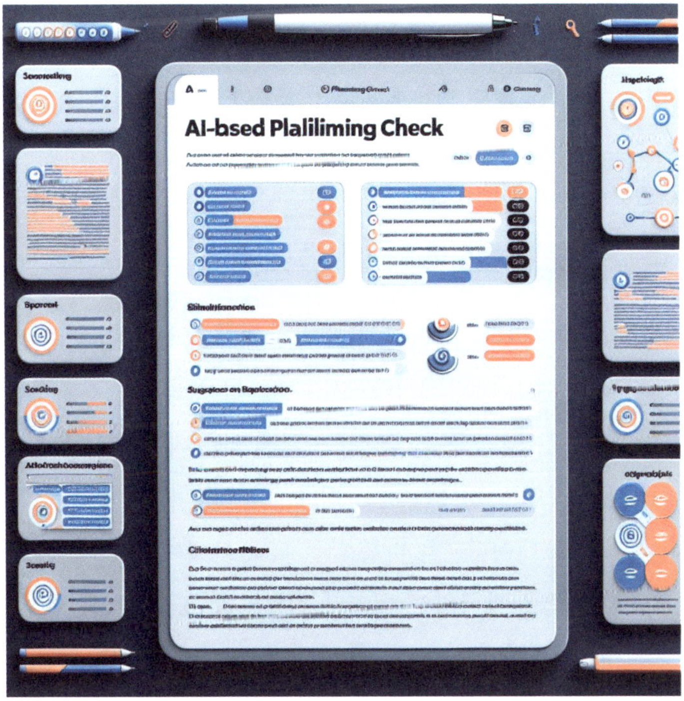

출처: Copilot을 활용하여 생성함

결론적으로, AI 기술은 대학원생들의 연구 수행과 논문 작성 과정을 획기적으로 개선할 수 있는 잠재력을 가지고 있다. 문헌 검토부터 연구 설계, 논문 작성, 윤리 검토에 이르기까지 연구의 전 과정에서 AI의 지원을 받을 수 있다. 그러나 이러한 도구들은 어디까지나 연구자의 보조 수단임을 명심해야 한다. 궁극적으로 연구의 창의성, 독창성, 그리고 학문적 통찰은 여전히 인간 연구자의 몫이다. AI 도구를 현명하게 활용하여 반복적이고 시간 소모적인 작업을 효율화하고 이로 인해 확보된 시간과 에너지를 더 창의적이고 혁신적인 연구에 투자한다면 연구의 질과 생산성을 동시에 높일 수 있을 것이다.

2 ▸ AI로 최적화하는 데이터 분석과 시각화

데이터 분석과 시각화는 현대 연구의 핵심 요소로 복잡한 정보를 이해하고 의미 있는 통찰을 얻는 데 필수적이다. AI 기술은 이 과정을 더욱 효율적이고 정확하게 만들어주고 있다.

(1) AI 기반 데이터 전처리 및 정제

데이터 분석의 첫 단계인 데이터 전처리와 정제 과정은 전체 분석의 성패를 좌우할 수 있는 매우 중요한 단계이다. 분석 결과의 신뢰성과 정확성을 보장하기 위해서는 데이터의 품질이 필수적이며, 이 단계에서 데이터를 정제하고 필요한 형식으로 가공하는 작업이 필요하다. 그러나 이러한 과정은 많은 시간과 노력이 요구되며 특히 대규모 데이터셋을 다룰 때는 더욱 복잡해질 수 있다. 이 과정에서 AI는 혁신적인 해결책을 제공하며 데이터 전처리의 효율성과 정확성을 크게 향상시킨다.

대표적인 AI 기반 데이터 준비 플랫폼으로는 'Trifacta'가 있다. 이 도구는 대규모 데이터셋을 자동으로 분석하여 이상치, 결측값, 중복 데이터를 식별하고 처리하는 기능을 제공한다. 예를 들어, 센서 데이터를 분석하는 경우 다양한 외부 요인으로 인해 비정상적인 값이 발생할 수 있는데, 'Trifacta'는 이러한 비정상 값을 자동으로 감지하고 이를 제거하거나 보정할지에 대한 추천을 제시한다. 이를 통해 데이터 과학자는 데이터 품질을 높이고 분석 과정에서 발생할 수 있는 오류를 줄일 수 있다. 'Trifacta'의 강력한 시각화 도구는 데이터의 구조와 문제점을 직관적으로 파악할 수 있게 하여 연구자가 보다 빠르고 정확하게 데이터를 정제하도록 지원한다.

데이터 전처리 과정에서 중요한 또 다른 단계는 피처 엔지니어링이다. 피처 엔지니어링은 원본 데이터에서 분석에 유용한 특성을 추출하고 이를 통해 모델의 성능을 극대화하는 작업이다. 전통적으로는 데이터 과학자의 경험과 도메인 지식을 바탕으로 수행되지만, AI 기반 도구는 이 과정을 자동화하여 효율성을 높일 수 있다. 'DataRobot'의 자동화된 피처 엔지니어링 기능은 원본 데이터에서 의미 있는 특성을 자동으로 추출하고 생성한다. 예를 들어, 시계열 데이터를 분석할 때, AI가 데이터의 계절성, 트렌드, 주기성 등의 특성을 자동으로 식별하여 분석에 활용할 수 있게 한다. 이는 복잡한 데이터 구조를 가진 시계열 데이터에서 특히 유용하며 데이터 과학자가 일일이 특성을 정의하지 않아도 중요한 정보를 빠르게 도출할 수 있도록 돕는다.

AI 기반 데이터 전처리 도구의 가장 큰 장점은 시간 절약과 정확성의 향상이다. 전통적인 방법으로는 대규모 데이터셋을 수작업으로 정제하고 분석하기 위해 많은 시간이 소요되며 실수의 가능성도 높아진다. 그러나 AI 도구를 사용하면 데이터 준비 시간이 크게 단축되며 데이터를 보다 체계적이고 일관성 있게 처리할 수 있다. 한 연구에 따르면, AI 기반 데이터 전처리 도구를 사용한 데이터 과학자들의 데이터 준비 시간이 평균 60% 감소했으며 데이터 품질도 35% 향상된 것으로 나타났다. 이는 단순한 시간 절약을 넘어, 분석의 정확성과 신뢰성을 높이는 데 중요한 역할을 한다.

AI는 데이터 전처리 과정에서 단순히 이상치를 제거하거나 결측값을 보완하는 데 그치지 않고 데이터를 분석할 수 있는 최적의 형식으로 변환하는 데에도 도움을 준다. 예를 들어, 다양한 출처에서 수집된 데이터는 형식이 서로 다를 수 있으며 이를 통일하는 작업이 필요하다. AI는 이러한 데이터를 자동으로 표준화하여 서로 다른 데이터셋을 결합할 수 있게 해 준다. 또한, 텍스트 데이터와 같은 비정형 데이터를 정형 데이터로 변환하는 데에도 AI의 자연어 처리 기술이 유용하게 사용된다. 텍스트 데이터에서 키워드를 추출하거나 감정 분석을 수행하여 이를 수치 데이터와 결합할 수 있게 하는 것이다. 이는 특히 고객 리뷰 분석, 소셜 미디어 데이터 분석 등에서 강력한 효과를 발휘한다.

데이터 전처리 과정에서 중요한 또 하나의 요소는 데이터 정규화와 스케일링이다. 데이터의 값이 서로 다른 범위를 가질 때, 이는 분석 모델의 성능에 영향을 줄 수 있다. AI는 데이터를 정규화하고 스케일링하는 과정에서도 자동으로 최적의 방식을 제안하며 분석 결과의 일관성과 정확성을 보장한다. 예를 들어, 머신러닝 모델에서 중요한 변수의 값이 다른 변수보다 훨씬 큰 범위를 가질 경우, 모델의 학습 과정에서 특정 변수의 중요성이 과대평가될 수 있다. AI는 이러한 문제를 사전에 인지하고 데이터 정규화를 통해 각 변수의 영향을 균등하게 맞추도록 돕는다.

AI 도구의 또 다른 유용한 기능은 데이터 시각화와 탐색적 데이터 분석(EDA)이다. 데이터 과학자는 분석을 시작하기 전에 데이터의 분포, 상관관계, 이상치 등을 파악해야 하며 이를 위해 EDA를 수행한다. AI는 데이터 시각화 도구와 결합하여 자동으로 데이터를 시각화하고 중요한 패턴을 발견할 수 있게 한다. 예를 들어, 데이터셋의 각 변수 간 상관관계를 시각적으로 표시하거나 데이터의 분포를 그래프로 보여주어 데이터 과학자가 데이터의 특성을 빠르게 이해하고 분석의 방향성을 설정할 수 있게 한다. 이는 데이터 분석의 초기 단계에서 매우 중요한 작업으로, 데이터의 특징을 파악하는 데 드는 시간을 크게 절약할 수 있다.

결론적으로, AI 기반 데이터 전처리와 정제 도구는 데이터 과학자가 효율적이고 정확하게 데이터를 준비할 수 있도록 지원하는 강력한 도구이다. AI는 데이터 준비 과정에서 발생할 수 있는 오류를 최소화하고 데이터의 품질을 높이며, 분석에 필요한 다양한 형식으로 데이터를 변환하는 데 유용하게 사용된다. 또한, 자동화된 피처 엔지니어링과 데이터 시각화 기능을 통해 데이터 과학자의 작업 효율성을 극대화하고 복잡한 데이터셋에서 중요한 정보를 빠르게 도출할 수 있게 한다. 이러한 AI 도구의 활용은 단순한 시간 절약을 넘어, 데이터 분석의 정확성과 신뢰성을 높이는 데 중요한 역할을 한다.

앞으로 AI 기술이 더욱 발전함에 따라, 데이터 전처리와 정제 과정에서 AI의 역할은 더욱 커질 것이다. 데이터 과학자는 AI 도구를 현명하게 활용하여, 반복적이고 시간이 많이 소요되는 작업을 효율화하고 이로 인해 확보된 시간과 에너지를 데이터 분석의 더 높은 가치 창출에 투자해야 한다. AI는 단순히 데이터를 정제하는 도구가 아니라, 데이터 과학자가 보다 창의적이고 혁신적인 분석을 수행할 수 있도록 돕는 중요한 조력자로서 자리 잡고 있다.

AI 기반 데이터 전처리 도구의 대시보드 이미지

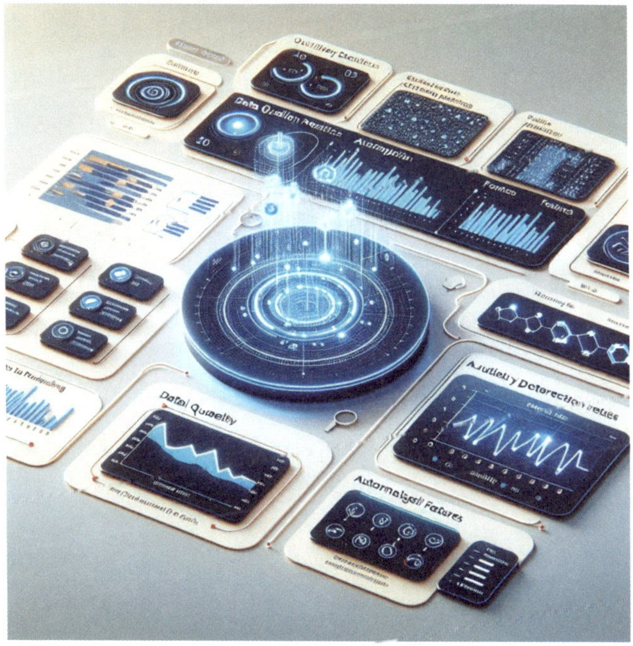

출처: Copilot을 활용하여 생성함

(2) AI 지원 고급 통계 분석

AI는 복잡한 통계 분석을 수행하는 데 있어 연구자들에게 강력한 지원을 제공하며 데이터의 복잡성을 효과적으로 다루고 분석의 정확성을 높이는 중요한 도구로 자리 잡고 있다. 전통적인 통계 분석 방법은 연구자의 경험과 지식에 의존하는 경우가 많아 올바른 분석 방법을 선택하는 데 있어 시간과 노력이 많이 소요된다. 그러나 AI는 이러한 과정을 자동화하고 최적화함으로써 연구자들이 보다 효율적으로 데이터를 분석할 수 있도록 돕는다.

대표적인 AI 기반 통계 분석 도구 중 하나로 'IBM SPSS'가 있다. 이 도구는 AI 기능을 활용하여 데이터의 특성을 자동으로 분석하고 가장 적합한 통계 기법을 추천한다. 예를 들어, 연구자가 분석하려는 데이터셋에 대해 종속변수의 유형, 독립변수의 수와 유형, 데이터의 분포를 분석하여, 회귀분석, 분산분석, 요인분석, 또는 다른 고급 통계 기법 중 어떤 방법이 가장 적절한지 제안한다. 이는 연구자가 데이터의 특성에 맞는 최적의 분석 방법을 선택하는 데 도움을 주며 불필요한 시도와 오류를 줄여준다. 특히, 복잡한 다변량 분석이나 상관분석의 경우 AI의 추천 기능은 분석의 정확성과 효율성을 크게 향상시킨다.

AI 기반 통계 분석의 또 다른 예로 'RapidMiner'의 Auto ML(Automated Machine Learning) 기능이 있다. 이 기능은 연구자가 여러 머신러닝 모델을 자동으로 학습하고 비교하여 최적의 모델을 선택할 수 있도록 돕는다. 전통적으로는 연구자가 다양한 알고리즘을 일일이 시도하고 그 성능을 비교해야 했지만, Auto ML 기능은 이 과정을 자동화하여 분석 시간을 크게 단축시킨다. 예를 들어, 대규모 데이터를 다루는 연구에서 AI는 데이터를 자동으로 분할하고 여러 모델을 학습한 후, 성능이 가장 우수한 모델을 추천한다. 이는 모델 선택 과정에서 발생할 수 있는 주관적 판단의 개입을 최소화하고, 분석의 신뢰성을 높인다.

AI는 단순히 분석 방법을 제안하는 데 그치지 않고 데이터의 전처리 단계부터 결과 해석까지 통합적인 지원을 제공한다. 예를 들어, 데이터셋에 결측값이 존재할 경우, AI는 결측값의 패턴을 분석하여 적절한 대체 방법을 제안한다. 또한, 데이터의 이상치를 자동으로 감지하고 이를 처리하기 위한 다양한 옵션을 제공함으로써 연구자가 더 깨끗하고 일관성 있는 데이터를 가지고 분석을 수행할 수 있게 돕는다. AI는 데이터의 분포를 분석하고 변수 간의 상관관계를 시각적으로 표현하는 등의 작업도 자동화하여 연구자가 데이터의 패턴과 특징을 쉽게 파악할 수 있도록 한다. 이러한 기능은 복잡한 데이터를 다루는 연구에서 매우 유용하며 데이터 분석의 초기 단계에서 중요한 인사이트를 얻는 데 기여한다.

또한, AI는 데이터 분석의 결과를 해석하고 그 의미를 연구자가 이해하기 쉽게 설명하는 데도 큰 도움을 준다. 예를 들어, 'Explainable AI(XAI)' 기술을 활용하여 분석 결과가 도출된 이유와 모델이 특정 결론에 도달한 과정을 상세히 설명한다. 이는 연구자가 단순히 분석 결과를 얻는 것에서 나아가, 그 결과를 더 깊이 이해하고 이를 바탕으로 새로운 연구 질문을 도출하는 데 유용하다. AI는 복잡한 회귀모델이나 신경망 모델의 작동 원리를 시각화하여, 결과의 해석이 쉽도록 돕는다. 예를 들어, 변수 간의 영향력이나 상호작용을 그래프로 표현하거나 중요한 특성을 강조함으로써 연구자가 데이터의 동향을 명확하게 파악할 수 있도록 한다.

AI 지원 통계 분석 도구의 효과는 실질적인 연구 성과에서도 뚜렷하게 나타난다. 한 연구에 따르면, AI 추천 기능을 활용한 연구자들의 분석 결과의 정확도가 평균 25% 향상되었으며 분석 시간도 40% 단축된 것으로 보고되었다. 이는 연구자가 데이터 분석의 핵심에 집중할 수 있도록 하고 복잡한 계산 과정이나 모델 선택의 부담을 줄여주기 때문에 가능하다. AI는 데이터 분석의 효율성을 높이는 동시에, 연구자가 보다 창의적이고 혁신적인 연구를 수행할 수 있는 환경을 조성하는 데 기여한다.

더 나아가, AI는 분석 과정에서 발생할 수 있는 오류를 자동으로 감지하고 수정할 수 있는 기능도 제공한다. 예를 들어, 분석 중 변수 선택 과정에서 중요한 변수가 누락되었거나, 분석 모델이 데이터의 특정 패턴을 충분히 반영하지 못한 경우, AI는 이를 감지하여 연구자에게 경고를 제공한다. 이는 분석 결과의 신뢰성을 높이고 연구자가 실수로 인해 발생할 수 있는 분석 오류를 사전에 방지하는 데 큰 도움이 된다.

결론적으로, AI는 통계 분석의 전 과정에서 연구자들에게 강력한 도구로 작용하며 데이터의 특성에 맞는 최적의 분석 방법을 제안하고 다양한 머신러닝 모델을 비교하여 최적의 성능을 가진 모델을 선택하도록 돕는다. 또한, 데이터의 전처리와 결과 해석까지 통합적으로 지원하여 연구자의 작업 효율성을 극대화한다. 이러한 AI 도구의 활용은 단순한 시간 절약을 넘어, 분석의 정확성과 신뢰성을 높이고 연구자가 새로운 인사이트를 도출할 수 있는 기회를 제공한다. 앞으로 AI 기술이 더욱 발전함에 따라, 통계 분석에서의 AI 활용도는 더욱 확대될 것이며 이는 연구의 생산성과 실적 성장을 동시에 이끌어낼 것이다. AI는 단순히 분석을 보조하는 도구가 아니라, 연구자가 복잡한 데이터 문제를 해결하고 새로운 가설을 탐구하는 데 필요한 창의적 사고를 지원하는 중요한 조력자로서의 역할을 수행하고 있다.

AI 지원 통계 분석 도구의 결과 화면을 보여주는 이미지

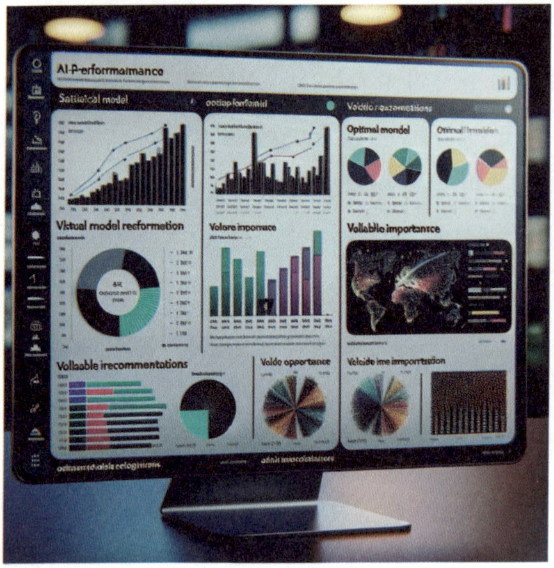

출처: Copilot을 활용하여 생성함

(3) AI 기반 데이터 시각화

데이터 시각화는 복잡한 정보를 직관적으로 이해하고 전달하는 데 필수적인 과정으로 데이터를 효과적으로 분석하고 통찰을 도출하기 위해 매우 중요한 역할을 한다. 데이터 시각화는 단순한 그래프나 차트를 넘어서 데이터의 패턴과 관계를 명확하게 보여주고 이를 통해 데이터 기반 의사결정을 더욱 신속하고 정확하게 할 수 있도록 돕는다. 최근 AI 기술의 발전은 데이터 시각화의 효율성을 크게 향상시켜 연구자와 데이터 분석가들이 복잡한 데이터를 보다 쉽게 해석하고 전달할 수 있는 새로운 가능성을 열어주고 있다.

대표적인 AI 기반 데이터 시각화 도구로 'Tableau'의 'Ask Data' 기능이 있다. 이 기능은 자연어 처리(NLP) 기술을 활용하여 사용자의 질문에 맞는 최적의 시각화를 자동으로 생성한다. 기존의 데이터 시각화 작업은 분석가가 직접 데이터를 탐색하고 차트를 선택하여 시각화를 설정하는 과정이 필요했으나 'Ask Data'는

이러한 과정을 자동화하여 사용자 친화적인 인터페이스를 제공한다. 예를 들어, 사용자가 "지난 5년간 부서별 매출 추이를 보여줘."라는 자연어 요청을 입력하면, AI는 데이터를 자동으로 분석하여 적절한 라인 차트를 생성한다. 이 과정에서 AI는 데이터를 이해하고 각 변수 간의 관계를 파악하여 가장 적합한 시각화를 제안함으로써 사용자가 복잡한 쿼리 언어를 배우지 않아도 데이터를 손쉽게 시각화할 수 있게 한다. 이는 비전문가도 데이터 분석을 직관적으로 수행할 수 있도록 돕는 강력한 기능이다.

또 다른 AI 기반 시각화 도구로는 'Power BI'의 'Quick Insights' 기능이 있다. 이 기능은 데이터셋을 자동으로 분석하여 숨겨진 패턴과 관계를 발견하고 이를 다양한 차트와 그래프로 시각화한다. 예를 들어, 특정 제품의 판매 데이터를 분석할 때, 'Quick Insights'는 데이터에 내재된 트렌드나 특이점을 자동으로 감지하고 이를 시각화하여 연구자가 데이터의 중요한 패턴을 한눈에 이해할 수 있도록 한다. 이러한 기능은 연구자가 미처 생각하지 못했던 새로운 관점에서 데이터를 바라볼 수 있게 해주며 새로운 가설을 수립하거나 추가적인 연구 방향을 제시하는 데 유용하다. AI는 데이터 분석에서 발생할 수 있는 인간의 주관적 편견을 줄여주고 데이터를 보다 객관적으로 분석할 수 있도록 지원한다.

AI 기반 시각화 도구의 또 다른 장점은 시각화의 효율성을 극대화한다는 점이다. 전통적인 데이터 시각화는 사용자가 각 차트의 설정을 일일이 구성해야 하며, 데이터의 복잡성에 따라 이 과정은 매우 시간이 많이 소요될 수 있다. 그러나 AI는 데이터를 자동으로 스캔하고 가장 적합한 시각화 유형을 추천하거나 직접 생성하여 시간 소모적인 작업을 줄여준다. 이는 데이터 과학자들이 더 중요한 분석 작업에 집중할 수 있도록 하며 데이터 시각화의 반복적인 작업을 최소화하여 작업의 효율성을 높인다. 예를 들어, 대규모 데이터셋을 다룰 때 AI는 데이터의 분포와 변동성을 자동으로 분석하여 적합한 히스토그램이나 상자 그림(box plot)을 제안할 수 있으며 이는 데이터의 이상치나 특정 패턴을 빠르게 파악할 수 있도록 돕는다.

AI는 또한 실시간 데이터 시각화의 가능성도 확대하고 있다. 전통적인 시각화 도구는 정적 데이터를 기반으로 시각화를 제공하는 경우가 많았으나, AI는 실시간 데이터 스트림을 분석하고 이를 실시간으로 업데이트된 그래프와 차트로 시각화할 수 있다. 이는 특히 금융, 제조, 물류 등 빠른 의사결정이 요구되는 분야에서 매우 유용하다. 예를 들어, 제조 공정에서 센서 데이터를 실시간으로 시각화하면, AI가 즉각적으로 이상 징후를 감지하고 이를 시각적으로 경고하여 문제 해결을 신속하게 할 수 있다. 이러한 실시간 시각화는 데이터의 흐름을 시각적으로 추적하고 모니터링하는 데 강력한 도구가 된다.

AI 시각화 도구의 효과는 실제 데이터 분석 작업에서 매우 긍정적인 영향을 미친다. 한 사례 연구에 따르면, AI 시각화 도구를 활용한 팀의 데이터 분석 보고서 작성 시간이 평균 50% 단축되었으며 청중의 이해도와 만족도도 30% 향상된 것으로 나타났다. 이는 AI가 데이터의 복잡한 패턴을 빠르게 파악하고 이를 시각적으로 명확하게 표현함으로써 가능해진 결과이다. 또한, AI 시각화 도구는 데이터 분석의 투명성을 높여주어 분석 결과를 이해하기 쉽게 전달할 수 있도록 한다. 이는 연구자가 데이터를 해석하는 과정을 간소화하고 결과를 보다 설득력 있게 전달할 수 있는 강력한 수단이 된다.

더 나아가, AI 기반 시각화 도구는 사용자가 데이터를 탐색하고 분석할 수 있는 새로운 방식을 제안한다. AI는 단순히 차트를 생성하는 것을 넘어서, 데이터 간의 복잡한 관계를 이해하고 이를 시각적으로 표현함으로써 연구자들이 더 깊이 있는 분석을 수행할 수 있도록 돕는다. 예를 들어, 네트워크 분석에서 노드 간의 상호작용을 시각적으로 표현하거나 지리적 데이터의 클러스터링 결과를 지도 위에 오버레이하여 보여주는 등의 기능은 복잡한 데이터를 쉽게 이해할 수 있게 한다. 이러한 시각화는 데이터 분석의 초기 단계에서 중요한 인사이트를 제공하며 추가적인 분석 방향을 설정하는 데 큰 도움이 된다.

결론적으로, AI는 데이터 시각화의 복잡성을 줄이고 효율성을 극대화하는 데 중요한 역할을 하고 있다. AI 기반 시각화 도구는 데이터를 자동으로 분석하고 적합한 시각화를 제안하거나 생성하여 사용자가 더 직관적으로 데이터를 이해할 수 있도록 돕는다. 이러한 도구들은 단순한 시각화 도구를 넘어, 데이터를 해석하고 통찰을 도출하는 데 있어 강력한 지원 수단이 된다. 앞으로 AI 기술이 더욱 발전함에 따라, 데이터 시각화의 가능성은 더욱 확장될 것이며 이는 데이터 분석과 의사결정 과정에서의 혁신을 이끌어 낼 것이다. AI는 단순히 데이터를 시각화하는 도구가 아니라, 데이터를 통해 숨겨진 패턴과 통찰을 드러내는 중요한 조력자로 자리 잡고 있다. 연구자와 데이터 분석가들은 이러한 AI 시각화 도구를 적극 활용하여 복잡한 데이터를 쉽게 이해하고 이를 바탕으로 보다 전략적인 결정을 내릴 수 있을 것이다.

AI 기반 데이터 시각화 도구의 결과물을 보여주는 대시보드 이미지

출처: Copilot을 활용하여 생성함

(4) AI를 활용한 예측 모델링

예측 모델링은 데이터 분석의 핵심으로 미래의 결과를 예측하고 의사결정을 지원하는 중요한 역할을 한다. 다양한 연구 분야에서 예측 모델링은 복잡한 문제

를 해결하고 전략적인 인사이트를 도출하는 데 필수적이며, 특히 대규모 데이터셋을 다룰 때 그 중요성이 더욱 부각된다. AI는 이러한 예측 모델링 과정을 혁신적으로 변화시켜 더욱 정확하고 효율적인 모델을 구축할 수 있도록 돕는다.

대표적인 AI 기반 예측 모델링 도구로는 'H2O.ai'의 자동화된 머신러닝(AutoML) 플랫폼이 있다. 이 플랫폼은 다양한 예측 모델을 자동으로 학습하고 최적화하며, 연구자가 직접 모델을 개발하는 데 소요되는 시간과 노력을 크게 줄여준다. 예를 들어, 의료 연구에서 환자의 생체 지표 데이터를 기반으로 특정 질병의 발병 가능성을 예측하려 할 때, 'H2O.ai'는 다양한 알고리즘을 사용하여 최적의 모델을 자동으로 생성한다. 이 과정에서 AI는 여러 종류의 데이터를 통합하고 각 변수 간의 상관관계를 분석하여 최적의 예측 결과를 도출할 수 있는 모델을 제공한다. 기존에는 연구자가 개별적으로 여러 알고리즘을 실험하고 최적화하는 과정이 필요했지만 AI는 이 모든 과정을 자동화하여 정확한 예측 결과를 빠르게 얻을 수 있게 한다.

'H2O.ai'의 AutoML 기능은 단순히 모델을 생성하는 데 그치지 않고 다양한 모델의 성능을 비교하고 최적화하는 작업도 자동으로 처리한다. 이를 통해 연구자는 하이퍼파라미터 튜닝, 피처 엔지니어링, 교차 검증 등 복잡한 작업을 AI에 맡기고 더 중요한 분석에 집중할 수 있다. 예를 들어, 신약 개발 과정에서 약물의 효과를 예측하거나 금융 시장에서 주가의 변동성을 예측할 때, AI는 데이터를 자동으로 분석하고 최적의 예측 모델을 구축하여 연구자의 작업 효율성을 극대화한다. 이는 특히 복잡한 데이터셋을 다루는 연구에서 큰 이점을 제공하며 모델의 정확성과 신뢰성을 높이는 데 중요한 역할을 한다.

또 다른 AI 기반 예측 도구로는 Facebook이 개발한 시계열 예측 도구인 'Prophet'이 있다. 시계열 데이터는 시간에 따라 수집된 데이터로 복잡한 패턴을 가지며 미래의 값을 예측하는 데 있어 도전적인 과제이다. 'Prophet'은 이러한 시계열 데이터에서 트렌드, 계절성, 휴일 효과 등을 자동으로 식별하고 이를 기반으로 미래의 값을 예측한다. 예를 들어, 경제 데이터를 분석할 때 계절적 요인이나 특정 이벤트가 경제 지표에 미치는 영향을 고려해야 하는 경우, 'Prophet'

은 이러한 변동성을 자동으로 반영하여 보다 정확한 예측을 가능하게 한다. 이 도구는 경제, 기후, 에너지 소비, 공급망 관리 등 다양한 분야에서 활용될 수 있으며 시계열 데이터의 특성을 효과적으로 분석하여 정확한 예측을 제공한다.

시계열 예측에서 AI의 장점은 데이터를 단순히 분석하는 것을 넘어, 데이터의 복잡한 패턴을 학습하고 이를 기반으로 미래의 변화까지 예측할 수 있다는 점이다. 예를 들어, 기후 변화 연구에서 AI는 과거 수십 년간의 기후 데이터를 학습하여 미래의 기후 변화를 예측할 수 있으며 이는 농업, 재난 관리, 도시 계획 등 다양한 분야에 중요한 정보를 제공한다. AI는 기존의 통계적 방법론이 다루기 어려운 비선형적 패턴이나 복잡한 상호작용을 모델링할 수 있어 더 높은 수준의 정확성을 자랑한다.

AI 기반 예측 모델링의 효과는 다양한 연구 사례를 통해 증명되고 있다. 한 연구에 따르면, AI 자동화 도구를 활용한 예측 모델의 정확도가 수동으로 만든 모델에 비해 평균 20% 더 높았으며 모델 개발 시간은 70% 단축된 것으로 나타났다. 이는 AI가 예측 모델의 개발 과정에서 발생할 수 있는 오류를 줄이고 데이터를 보다 신속하게 처리할 수 있기 때문이다. 예측 모델링에서 가장 중요한 것은 데이터의 품질과 모델의 성능이며 AI는 데이터 전처리부터 모델 학습, 성능 평가까지의 전 과정을 자동화하여 연구자가 고품질의 예측 모델을 쉽게 구축할 수 있게 한다.

AI는 또한 다양한 데이터셋을 동시에 분석하고 이를 기반으로 복합적인 예측 모델을 구축할 수 있는 기능도 제공한다. 예를 들어, 헬스케어 분야에서 환자의 전자의료기록(EMR) 데이터와 유전자 데이터, 생활 습관 데이터를 통합하여 질병의 발병 위험을 예측하는 복합 모델을 개발할 수 있다. AI는 각 데이터셋의 특성을 자동으로 분석하고 이를 통합하여 최적의 예측 결과를 도출한다. 이러한 통합 분석은 개별 데이터를 독립적으로 분석하는 것보다 더 높은 정확성을 제공하며 다양한 데이터 소스 간의 관계를 이해하는 데에도 유용하다.

결론적으로, AI는 예측 모델링의 정확성과 효율성을 극대화하는 강력한 도구로 자리 잡고 있다. AI 기반 예측 모델링 도구는 데이터를 자동으로 분석하고 최적의 예측 모델을 구축함으로써 연구자가 복잡한 데이터 분석 작업에 소요되는 시간을 줄여준다. 이는 단순한 시간 절약을 넘어, 연구의 정확성을 높이고 더 나은 의사결정을 내릴 수 있는 기회를 제공한다. AI는 특히 비선형적이고 복잡한 패턴을 가진 데이터에서도 뛰어난 성능을 발휘하며 기존의 통계적 방법으로는 해결하기 어려운 문제를 효과적으로 해결할 수 있다.

앞으로 AI 기술이 더욱 발전함에 따라 예측 모델링에서의 AI 활용도는 더욱 확대될 것이며, 이는 다양한 분야에서 혁신을 이끌어낼 것이다. 예측 모델링은 금융, 의료, 제조, 에너지 등 모든 산업에 걸쳐 중요한 역할을 하며, AI는 이를 보다 효율적이고 정교하게 만들고 있다. 연구자와 데이터 과학자들은 이러한 AI 도구를 적극 활용하여, 예측 모델의 정확성을 높이고 새로운 인사이트를 도출하는 데 집중할 필요가 있다. AI는 단순한 도구가 아니라, 예측 모델링의 전 과정을 지원하고 강화하는 중요한 조력자로서 미래의 데이터 기반 연구와 의사결정에 핵심적인 역할을 할 것이다.

(5) AI를 활용한 텍스트 및 이미지 데이터 분석

구조화되지 않은 데이터, 특히 텍스트와 이미지 데이터의 분석은 다양한 연구 분야에서 점점 더 중요해지고 있다. 전통적으로 분석하기 어려웠던 이러한 비정형 데이터는 그 양과 다양성이 급증함에 따라, 이를 효과적으로 처리하고 의미를 추출하는 능력이 연구의 성패를 좌우하는 핵심 요소로 부각되고 있다. AI는 이러한 복잡한 데이터를 처리하고 분석할 수 있는 강력한 도구를 제공하며 연구자들이 새로운 인사이트를 도출할 수 있도록 돕고 있다.

텍스트 데이터의 경우, 'NLTK(Natural Language Toolkit)'와 'spaCy'와 같은 자연어 처리(NLP) 라이브러리가 대표적이다. 이들 도구는 대량의 텍스트 데이터를 자동으로 처리하여 주요 주제, 감성, 엔티티 등을 추출하는 작업을 수행할 수 있다. 예를 들어, 소셜 미디어 데이터를 분석하여 특정 제품이나 정책에 대한 대중의 반응을 파악할 수 있다. NLTK는 텍스트의 전처리 과정에서 토큰화, 스테밍, 정규화 등을 통해 텍스트를 분석 가능한 형태로 변환하며 감성 분석이나 주제 모델링과 같은 고급 분석 작업도 지원한다. spaCy는 더 나아가 빠르고 효율적인 자연어 처리를 통해, 대규모 데이터셋에서도 높은 성능을 유지하면서 엔티티 인식, 관계 추출, 구문 분석 등을 가능하게 한다. 이러한 기능은 뉴스 기사, 고객 리뷰, 학술 논문 등 다양한 텍스트 데이터에서 중요한 정보를 빠르고 정확하게 추출할 수 있도록 한다.

이미지 데이터 분석에서도 AI의 역할은 점점 더 커지고 있다. 'TensorFlow'와 'PyTorch'는 딥러닝 모델을 이용해 이미지 데이터의 객체 인식, 세그멘테이션, 분류 등의 작업을 수행할 수 있는 강력한 도구이다. 예를 들어, 의료 영상에서 종양을 자동으로 감지하거나 위성 이미지에서 토지 이용 패턴을 분석하는 작업이 가능하다. 이러한 작업은 전통적으로 사람이 수동으로 분석하던 것을 AI가 자동화하여 시간과 비용을 절약할 뿐만 아니라, 정확도도 높일 수 있다. 특히, 컨볼루션 신경망(CNN)과 같은 딥러닝 기술은 이미지의 복잡한 패턴을 학습하고 이를 바탕으로 고해상도의 이미지를 분석하는 데 탁월한 성능을 보여준다. 예를 들어, 의료 영상 분석에서는 AI가 작은 크기의 종양을 초기 단계에서 발견함으로써 조기 진단을 가능하게 하거나 위성 이미지를 분석하여 농작물의 상태를 실시간으로 모니터링하는 등의 응용이 가능하다.

이러한 AI 기반 비정형 데이터 분석 도구의 효과는 매우 크다. 한 연구에 따르면, AI를 활용한 텍스트 분석은 전통적인 수동 코딩 방식에 비해 10배 이상 빠르면서도 일관성이 30% 더 높았다. 이는 수동으로 텍스트를 읽고 태그를 지정하는 과정에서 발생할 수 있는 주관적 편견을 줄여주기 때문이다. 또한, AI 기반 이미지 분석은 전문가의 수동 분석에 비해 정확도가 15% 높고 분석 시간은 95% 단축된 것으로 보고되었다. 이는 특히 대규모 이미지 데이터셋을 처리해야 하는 분야에서 매우 유용하다. 예를 들어, 대규모 임상 연구에서 수천 개의 MRI 영상을 빠르게 분석하여 종양의 크기나 위치를 자동으로 측정하는 것은 AI 없이는 불가능한 작업이다. AI는 이러한 과정에서 인간의 오류 가능성을 줄이고 일관된 기준으로 데이터를 처리함으로써 연구의 신뢰성을 높여준다.

또한 AI는 비정형 데이터 분석을 위해 강력한 시각화 도구를 제공한다. 예를 들어, 텍스트 데이터의 주제 모델링 결과를 워드 클라우드나 네트워크 그래프로 시각화함으로써 데이터의 주요 패턴과 트렌드를 직관적으로 이해할 수 있게 한다. 이미지 데이터의 경우 객체 인식 결과를 시각화하여, AI가 식별한 객체가 실제로 어떻게 분포하고 있는지를 보여줄 수 있다. 이는 연구자뿐만 아니라, 일반 사용자들에게도 데이터의 복잡한 정보를 쉽게 전달하는 데 유용하다.

AI 기반 데이터 분석 도구의 활용은 단순한 시간 절약을 넘어, 데이터에서 더 깊은 통찰을 얻을 수 있게 해 준다. AI는 대량의 데이터를 자동으로 처리하여 패턴을 인식하고 기존에는 발견하지 못했던 숨겨진 관계를 도출할 수 있다. 이는 연구자들이 데이터의 복잡성에 얽매이지 않고 더 전략적인 연구 질문을 설정하는 데 도움을 준다. 예를 들어, 자연어 처리를 통해 다양한 고객 리뷰에서 특정 제품에 대한 감성 변화를 추적하거나 이미지 분석을 통해 도시에 있는 다양한 구조물의 상태를 모니터링하는 등의 작업이 가능하다. 이러한 통찰은 연구와 실무에서 모두 중요한 가치로 작용하며 데이터 기반 의사결정을 보다 신속하고 정확하게 할 수 있도록 한다.

그러나 AI 도구를 사용할 때 몇 가지 주의해야 할 점이 있다. 첫째, AI의 결과를 맹목적으로 신뢰하지 않고 항상 비판적으로 검토해야 한다. AI도 편향될 수 있으며, 잘못된 학습 데이터를 기반으로 분석을 수행할 경우 부정확한 결과를 제시할 수 있다. 예를 들어, 감성 분석 모델이 특정 언어의 문맥을 오해하거나 이미지 분류 모델이 특정 상황에서 비정상적인 결과를 도출할 수 있다. 이러한 상황을 방지하기 위해서는 AI의 결과를 검토하고 필요할 경우 추가적인 피드백 루프를 통해 모델을 개선해야 한다. 둘째, 데이터의 특성과 연구 목적에 맞는 적절한 AI 도구를 선택해야 한다. 모든 상황에 완벽한 단일 도구는 존재하지 않으며 각 도구의 장단점을 이해하고 상황에 맞게 사용하는 것이 중요하다. 예를 들어, 텍스트 데이터 분석에는 자연어 처리 도구가, 이미지 분석에는 딥러닝 프레임워크가 적합할 수 있으며 이러한 도구들을 효과적으로 조합하여 사용해야 최상의 결과를 얻을 수 있다. 셋째, AI 도구를 사용하더라도 데이터와 분석 과정에 대한 깊은 이해가 필요하다. AI는 강력한 도구이지만, 연구자의 도메인 지식과 통찰력을 대체할 수 없다. 이는 연구자가 AI가 제공하는 결과를 바탕으로 새로운 가설을 도출하거나 예기치 않은 발견을 하는 데 있어 매우 중요하다.

결론적으로, AI는 구조화되지 않은 데이터, 특히 텍스트와 이미지 데이터의 분석에서 혁신적인 변화를 이끌어내고 있다. AI 기반의 데이터 분석과 시각화는 연구의 효율성과 정확성을 크게 향상시킬 수 있으며 대규모 데이터셋에서도 중요한 인사이트를 빠르게 도출할 수 있게 한다. 그러나 AI는 어디까지나 연구자의 도구이며 인간의 창의성과 비판적 사고를 보조하는 역할을 한다. AI의 힘을 현명하게 활용하면서도 연구자가 독창적인 관점과 통찰력을 지속적으로 발전시켜 나가는 것이 중요하다. 이를 통해 연구자들은 데이터로부터 더 깊고 의미 있는 통찰을 얻어내고 학문과 사회의 발전에 기여할 수 있을 것이다.

3 ▶ 직장생활과 창업에서의 AI 활용 전략

AI와 협업을 통해 전략을 세우는 모습 시각화

출처: DALL·E 3을 활용하여 생성함

대학원 과정을 마친 후, 많은 이들은 직장 생활을 시작하거나 창업을 선택한다. 이 두 경로 모두에서 AI는 중요한 역할을 하며 이를 효과적으로 활용하는 능력은 큰 경쟁력이 될 수 있다.

(1) 직장생활에서의 AI 활용

1) 업무 효율성 향상

AI 기술은 다양한 방식으로 업무의 효율성을 극대화하며 기업의 생산성과 협업 능력을 크게 향상시킨다. 특히 AI는 프로젝트 관리, 일정 관리, 리소스 할당 등에서 중요한 역할을 한다.

예를 들어, 'Asana'나 'Monday.com'과 같은 AI 기반 프로젝트 관리 도구는 팀의 작업 흐름을 최적화하는 데 도움을 준다. 이 도구들은 AI 알고리즘을 사용해 작업의 우선순위를 자동으로 설정하고 팀원들의 작업량을 최적화하며 프로젝트의 진행 상황을 실시간으로 추적하고 예측한다. 특정 작업이 지연될 가능성이 있으면 AI가 이를 감지하고 자동으로 일정을 조정하거나 추가 리소스를 할당할 것을 제안해 프로젝트가 계획대로 진행되도록 한다. 이는 팀의 작업 효율성을 높여줄 뿐만 아니라, 예기치 못한 문제를 사전에 식별하고 대응할 수 있도록 해 준다. 예를 들어, 대규모 프로젝트에서 여러 팀이 협력하는 경우 AI는 각 팀의 작업량을 분석하여 적절한 작업 배분과 자원 할당을 수행한다.

또한 'x.ai'와 같은 AI 스케줄링 도구는 시간 관리에 혁신적인 변화를 가져왔다. 이 도구는 사용자의 이메일을 분석하여 회의 일정을 자동으로 설정하고, 참석자들의 일정을 확인한 후 모두에게 적합한 시간을 찾아 회의를 예약한다. 여러 부서나 외부 파트너와의 회의 조율이 필요한 경우 AI는 일일이 시간을 맞추는 데 들이는 노력을 덜어주고 중요한 업무에 더 많은 시간을 할애할 수 있게 해 준다. 이는 단순한 스케줄 관리 도구를 넘어서 조직 내 커뮤니케이션과 협업을 최적화하는 중요한 역할을 한다.

AI 기반 프로젝트 관리 도구의 도입 효과는 상당하다. 한 연구에 따르면, 이러한 도구를 도입한 기업의 프로젝트 완료율이 25% 향상되었으며 직원들의 업무 만족도도 20% 증가한 것으로 나타났다. 이는 AI가 작업을 자동화하고 최적화하는 기능을 통해 팀원들이 반복적이고 비효율적인 업무에서 벗어나 더 창의적이고 고부가가치 업무에 집중할 수 있도록 해주기 때문이다.

2) 의사결정 지원

AI는 데이터 기반 의사결정을 지원하여 더 나은 비즈니스 결정을 내릴 수 있도록 돕는다. 방대한 데이터에서 유의미한 인사이트를 도출하고 이를 시각적으로 표현함으로써 의사결정자들이 복잡한 정보를 쉽게 이해하고 활용할 수 있게 한다.

'Tableau'와 'Power BI'와 같은 AI 강화 비즈니스 인텔리전스(BI) 도구는 방대한 양의 비즈니스 데이터를 분석하고 시각화하여 중요한 트렌드와 패턴을 쉽게 파악할 수 있게 한다. 예를 들어, 판매 데이터를 분석하면 어떤 제품이 특정 지역에서 잘 팔리는지, 특정 마케팅 전략이 얼마나 효과적인지 등을 한눈에 볼 수 있다. 이러한 도구는 데이터의 변동성과 상관관계를 시각적으로 표현하여, 의사결정자들이 중요한 정보를 놓치지 않도록 도와준다.

더 나아가 'IBM Watson'과 같은 AI 플랫폼은 예측 분석 기능을 통해 미래의 상황을 예측하는 데 중요한 역할을 한다. AI는 과거 데이터를 학습하여, 고객 이탈 가능성이 높은 세그먼트를 식별하거나 시장의 트렌드를 예측함으로써 선제적인 전략 수립을 가능하게 한다. 예를 들어, 소매업체는 AI를 통해 고객의 구매 패턴을 분석하고 특정 시기에 판매량이 급증할 제품을 미리 예측하여 재고 관리를 최적화할 수 있다. 이를 통해 기업은 변화하는 시장 상황에 민첩하게 대응할 수 있으며 비즈니스 경쟁력을 유지할 수 있다.

AI 기반 의사결정 지원 시스템의 효과는 매우 크다. 한 연구에 따르면, 이러한 시스템을 도입한 기업의 의사결정 속도가 50% 향상되었으며 결정의 정확성도 35% 증가한 것으로 나타났다. 이는 AI가 단순히 데이터를 분석하는 것을 넘어, 데이터를 바탕으로 의미 있는 예측과 인사이트를 제공하기 때문이다.

3) 고객 서비스 개선

AI 챗봇과 자연어 처리(NLP) 기술은 고객 서비스를 크게 개선할 수 있다. 특히, 고객 문의에 대한 실시간 대응을 가능하게 하여 고객 경험을 향상시키고 기업의 고객 지원 효율성을 높이는 데 기여한다.

'Intercom'이나 'Zendesk'의 AI 챗봇은 고객의 질문을 이해하고 즉각적인 응답을 제공하는 데 탁월한 성능을 발휘한다. 간단한 문의에 대해서는 AI가 자동으로 해결하고 복잡한 문제는 적절한 담당자에게 연결해주는 시스템을 갖추고 있다. 이러한 AI 시스템은 24/7 고객 지원을 가능하게 하며 고객이 언제든지 필요한 도움을 받을 수 있게 해 준다. 예를 들어, 고객이 특정 제품에 대한 정보를 요청하면 AI는 자동으로 관련 정보를 제공하고, 구매 과정을 안내할 수도 있다. 이는 고객의 문제를 신속하게 해결할 뿐만 아니라, 고객 만족도를 높이는 데 큰 도움이 된다.

또한 'Salesforce Einstein'과 같은 AI 기반 CRM 시스템은 고객 데이터를 분석하여 개인화된 서비스를 제공한다. AI는 고객의 구매 이력, 선호도, 행동 패턴 등을 분석하여 가장 적합한 제품을 추천하거나, 이탈 가능성이 높은 고객을 식별하여 선제적으로 대응할 수 있도록 돕는다. 예를 들어, 특정 고객이 반복적으로 특정 제품을 구매하지 않는 경우 AI는 이를 감지하고 할인 쿠폰을 제안함으로써 고객의 재구매를 유도할 수 있다.

4) 인재 관리 및 개발

AI는 인재 채용, 교육, 성과 관리 등 인적 자원 관리의 여러 측면을 혁신적으로 개선하고 있다. AI는 대규모 데이터 분석을 통해 지원자 및 직원의 역량을 평가하고 조직의 인재 개발을 체계적으로 지원할 수 있다.

'HireVue'와 같은 AI 기반 채용 도구는 지원자의 이력서를 분석하고, 화상 면접을 통해 후보자의 적합성을 평가한다. AI는 후보자의 언어 사용, 얼굴 표정, 음성 톤 등을 분석하여 직무 적합성을 객관적으로 평가함으로써, 채용 과정의 효율성과 공정성을 높인다. 특히, AI는 과거 데이터를 학습하여 특정 직무에서 성공할 가능성이 높은 지원자를 예측할 수 있어, 적합한 인재를 빠르게 찾아낼 수 있게 한다. 이는 인사 담당자가 일일이 지원자를 평가하는 데 소요되는 시간을 줄여주고 더 나은 채용 결정을 내릴 수 있도록 돕는다.

또한 'Degreed'나 'Coursera for Business'와 같은 AI 기반 학습 플랫폼은 직원들의 스킬 갭을 분석하고 개인화된 학습 경로를 제안한다. AI는 각 직원의 현재 스킬셋과 목표 직무 사이의 차이를 파악하고 이를 메우기 위한 최적의 학습 콘텐츠를 추천한다. 이를 통해 조직은 지원들의 역량을 체계적으로 관리하고 식부 성과를 높일 수 있다.

결론적으로, AI 기술은 비즈니스의 다양한 측면에서 업무 효율성과 성과를 높이는 데 필수적인 도구로 자리매김하고 있다. AI를 현명하게 활용하면, 기업은 더 나은 의사결정을 내리고 고객 경험을 향상시키며 직원들의 역량을 효과적으로 개발할 수 있다. 그러나 이는 어디까지나 도구에 불과하며 그 도구를 어떻게 활용하느냐에 따라 결과가 달라진다. AI의 힘을 최대한 활용하면서도 인간이 가진 독창성과 창의성을 유지하고 발전시키는 것이 성공적인 AI 도입의 핵심이다. 이를 통해 우리는 데이터 중심의 사회에서 더 나은 결과를 창출하고 지속 가능한 성장을 이끌어낼 수 있을 것이다.

AI는 반복적이고 시간 소모적인 작업을 자동화하여 직원들이 더 창의적이고 고부가가치 있는 업무에 집중할 수 있게 한다. 프로젝트 관리, 의사결정 지원, 고객 서비스, 인재 관리 등에서의 AI 도입은 기업의 효율성과 경쟁력을 높이는 중요한 요소로 작용하고 있으며 앞으로도 그 중요성은 계속 확대될 것이다. 예를 들어, AI 기반 분석 도구는 복잡한 데이터에서 새로운 인사이트를 빠르게 도출할 수 있게 하여 변화하는 시장 상황에 신속하게 대응할 수 있게 해 준다. 또한 AI는 직원 교육과 성과 평가에서도 개인화된 접근을 가능하게 하여 기업의 인적 자원 개발을 체계적이고 효율적으로 할 수 있도록 돕는다.

그러나 AI 기술을 성공적으로 활용하기 위해서는 몇 가지 유의점도 있다. 먼저, AI의 결과를 맹목적으로 신뢰하기보다는 항상 비판적이고 분석적인 태도로 검토해야 한다. 잘못된 데이터나 편향된 알고리즘은 부정확한 결과를 초래할 수 있기 때문에, 지속적인 데이터 품질 관리와 AI 모델의 개선이 필요하다. 둘째, 모든 비즈니스 상황에 딱 맞는 단일 AI 도구는 없으므로 각 상황에 적합한 도구를 신중히 선택하고 조합해 사용하는 것이 중요하다. 마지막으로, AI는 사람의 통찰력과 창의성을 대체할 수 없다는 점을 명심해야 한다. AI는 강력한 도구이지만 복잡한 문제를 해결하거나 혁신적인 아이디어를 제안하는 데 있어서는 인간의 역할이 필수적이다.

결론적으로, AI는 기업의 다양한 측면에서 혁신적인 변화를 가져오고 있으며 업무 효율성과 성과를 극대화하는 중요한 도구로 자리 잡고 있다. 기업은 AI의 잠재력을 최대한 활용해 더 나은 비즈니스 결정을 내리고, 새로운 기회를 포착하며, 지속 가능한 성장을 도모할 수 있다. AI 기술의 발전은 앞으로도 계속될 것이며 이를 통해 우리는 데이터 기반 사회에서 더 나은 결과를 창출하고, 경쟁력을 유지할 수 있을 것이다. AI의 도입은 단순히 기술적인 변화를 넘어, 업무 방식과 조직의 문화를 혁신하는 계기가 될 것이며 이를 현명하게 활용하는 기업은 미래의 성공을 거머쥘 수 있을 것이다.

(2) 창업에서의AI 활용

1) 시장 분석 및 사업 기회 발굴

AI는 방대한 데이터를 빠르게 분석하여 시장의 흐름을 파악하고 유망한 사업 기회를 발굴하는 데 중요한 역할을 한다. 전통적인 방법으로는 감지하기 어려운 숨겨진 트렌드와 기회를 찾아내어 기업이 빠르게 시장에 대응할 수 있도록 돕는다.

대표적인 예로 'CBInsights'의 AI 플랫폼이 있다. 이 플랫폼은 스타트업 생태계, 투자 트렌드, 기술 혁신 등을 종합적으로 분석하여 새로운 시장 기회를 식별한다. 예를 들어, 특정 산업에서 빠르게 성장하는 스타트업의 공통된 기술이나 비즈니스 모델을 분석하여 해당 산업의 유망 분야를 예측할 수 있다. 또한, 전 세계의 투자 데이터를 분석해 어느 지역에서 어떤 기술이 급성장하고 있는지 파악할 수 있으며 이는 투자자와 기업이 새롭게 부상하는 분야에 대한 선제적인 대응 전략을 세우는 데 도움이 된다.

또한, 'Crayon'과 같은 AI 기반 경쟁 정보 플랫폼은 경쟁사의 웹사이트, 소셜 미디어, 구직 공고 등을 실시간으로 모니터링하여 시장 동향을 파악한다. AI는 수집된 데이터를 분석하여 경쟁사의 전략 변화나 신제품 출시 계획을 조기에 감지하고 이를 바탕으로 기업이 더 나은 경쟁 전략을 수립할 수 있도록 돕는다. 예를 들어, 경쟁사가 새롭게 출시하는 제품이 어떤 기능과 특장점을 가지고 있는지를 빠르게 파악하고 이에 대응하는 자사의 제품 개발 방향을 조정할 수 있다. 이는 시장의 흐름을 정확하게 읽고 민첩하게 반응할 수 있도록 하여 경쟁 우위를 유지하는 데 중요한 역할을 한다.

이러한 AI 도구의 효과는 매우 크다. 한 연구에 따르면, AI 기반 시장 분석 도구를 사용한 스타트업의 첫 해 생존율이 30% 높았으며 시장 진입 속도도 25% 빨라졌다. 이는 AI가 기업이 신속하고 정확하게 시장 상황을 분석하여 전략적 결정을 내리는 데 도움을 주기 때문이다.

2) 제품 개발 및 최적화

AI는 제품 개발 과정에서도 혁신적인 변화를 이끌고 있다. 기존의 수작업 중심의 설계 및 개발 프로세스를 자동화하고 최적화함으로써 보다 빠르고 효율적인 제품 개발을 가능하게 한다.

'Autodesk'의 생성적 디자인(Generative Design) AI는 설계자가 입력한 제약 조건과 목표를 바탕으로 수많은 디자인 옵션을 자동으로 생성한다. 이 기술은 제품의 재료, 크기, 기능 등의 제약 조건을 바탕으로 최적화된 디자인을 제안하며 설계자는 이를 통해 더 혁신적이고 효율적인 제품 디자인을 빠르게 탐색할 수 있다. 예를 들어, 자동차 부품 설계에서 AI는 기존의 설계보다 가벼우면서도 강도를 유지할 수 있는 디자인을 제시할 수 있다. 이러한 디자인은 기존에는 사람이 상상할 수 없었던 형태로 AI의 알고리즘이 제시한 다양한 옵션을 기반으로 최적의 솔루션을 찾을 수 있다.

또한, 'Optimizely'와 같은 AI 기반 A/B 테스팅 도구는 제품의 다양한 버전을 자동으로 검토하고 최적화한다. 예를 들어, 웹사이트의 여러 디자인 요소를 동시에 검토하여 전환율을 최대화하는 최적의 조합을 찾아내는 것이다. AI는 다양한 변수의 조합을 검토하면서 실시간으로 성과를 분석하고 가장 효과적인 디자인을 자동으로 선정한다. 이는 마케팅과 제품 개선의 전략을 세우는 데 있어 매우 유용하다.

AI를 활용한 제품 개발의 효과는 상당하다. 한 연구에 따르면, 생성적 디자인 AI를 사용한 기업의 제품 개발 시간이 50% 단축되었으며 제품의 성능도 평균 20% 향상되었다. 이는 AI가 설계와 검토 과정을 자동화함으로써 더 빠르고 정확하게 제품을 최적화할 수 있기 때문이다.

3) 마케팅 및 고객 획득

AI는 마케팅 전략을 최적화하고 고객 획득을 효율화하는 데 중요한 역할을 한다. AI는 대량의 데이터를 분석하여 고객의 행동 패턴을 파악하고 이를 바탕으로 개인화된 마케팅 전략을 설계함으로써 마케팅의 ROI를 높인다.

'Albert'와 같은 AI 마케팅 플랫폼은 다양한 마케팅 채널(소셜 미디어, 검색 광고, 디스플레이 광고 등)의 성과를 실시간으로 분석하고 최적화한다. AI는 각 채널의 ROI를 계산하여 가장 효과적인 채널에 예산을 자동으로 재분배하며 이는 광고 비용 대비 성과를 극대화하는 데 기여한다. 예를 들어, 특정 캠페인의 성과가 좋지 않다면, AI는 이를 감지하고 자동으로 예산을 더 효과적인 캠페인으로 전환해 준다. 이는 마케팅 팀이 일일이 분석할 필요 없이 자동으로 효율적인 캠페인 운영이 가능하게 해 준다.

또한 'Persado'의 AI는 마케팅 카피를 자동으로 생성하고 최적화한다.

이 AI는 수백만 개의 단어와 구문을 분석하여 특정 대상에게 가장 효과적인 메시지를 만들어낸다. 예를 들어, 이메일 제목, 광고 문구, 웹사이트 CTA(Call-to-Action) 등을 타겟 고객층에 맞춰 최적화하여 고객의 관심을 끌고 구매 전환을 유도할 수 있다. AI는 실시간으로 성과를 분석하고 더 나은 결과를 위한 문구를 생성해 마케팅의 효과를 극대화한다.

4) 재무 관리 및 예측

AI는 스타트업의 재무 관리와 예측을 더욱 정확하고 효율적으로 만들어 준다. AI는 금융 데이터를 분석하여 현금 흐름을 예측하고, 재무 리스크를 미리 감지하여 기업이 안정적으로 성장할 수 있도록 돕는다.

'Xero'나 'QuickBooks'와 같은 AI 강화 회계 소프트웨어는 금융 거래를 자동으로 분류하고 비정상적인 지출을 감지하며 현금 흐름을 예측한다. 예를 들어, AI는 과거의 수입과 지출 패턴을 분석하여 향후 6개월간의 현금 흐름을 예측하고, 잠재적인 자금 부족 상황을 미리 경고할 수 있다. 이는 스타트업이 자금 관리에서 발생할 수 있는 리스크를 줄이고 보다 안정적인 재무 관리를 가능하게 한다.

'Anaplan'과 같은 AI 기반 재무 계획 도구는 다양한 비즈니스 시나리오를 시뮬레이션하고 최적의 재무 전략을 제안한다. 예를 들어, 시장 상황의 변화, 새로운 제품 출시, 인력 확장 등이 재무 상태에 미치는 영향을 예측하고, 이에 따른 최적의 자원 할당 전략을 제시할 수 있다. 이를 통해 기업은 예측하지 못한 재정적 문제에 미리 대비하고 더 나은 재무 계획을 수립할 수 있다.

AI를 활용한 재무 관리의 효과는 매우 크다. 한 연구에 따르면, AI 기반 재무 관리 도구를 도입한 스타트업의 현금 흐름 예측 정확도가 40% 향상되었으며 재무 의사결정 시간이 60% 단축되었다. 이는 AI가 방대한 데이터를 신속하게 분석하여 중요한 재무 인사이트를 제공하기 때문이다.

5) 운영 최적화

AI는 스타트업의 일상적인 운영을 최적화하고 효율성을 극대화하는 데 중요한 역할을 한다. AI는 기업의 내부 프로세스를 분석하고 비효율적인 부분을 찾아내어 개선할 수 있는 방안을 제안하며 공급망 관리부터 주문 처리, 재고 관리 등 다양한 운영 측면에서 기업이 보다 효율적으로 운영될 수 있도록 돕는다.

대표적인 예로, 'Celonis'와 같은 AI 기반 프로세스 마이닝 도구가 있다. 이 도구는 기업의 업무 프로세스를 자동으로 분석하고 불필요한 지연이나 병목 현상과 같은 비효율적인 부분을 식별한다. 예를 들어, 주문 처리 과정에서 특정 단계에서 반복적으로 발생하는 지연을 감지하면 AI는 해당 프로세스를 재구성하거나 자동화를 통해 개선할 방안을 제안할 수 있다. 이를 통해 기업은 운영 효율성을 높이고 고객에게 더 나은 서비스를 제공할 수 있다. 이러한 AI 도구는 실시간 데이터를 사용하여 운영 상황을 모니터링하고, 예기치 않은 문제를 신속하게 해결할 수 있도록 지원한다.

또한 'Blue Yonder'의 AI는 공급망을 최적화하는 데 있어 강력한 도구로 작용한다. AI는 과거의 판매 데이터와 현재 시장 트렌드를 분석하여 수요를 예측하고 이를 바탕으로 재고를 최적화한다. 예를 들어, 특정 제품의 수요가 급증할 것으로 예상될 경우, AI는 사전에 이를 감지하고 재고를 조정함으로써 제품이 부족하지 않도록 한다. 반대로 수요가 줄어들 경우에는 불필요한 재고를 줄여 비용을 절감할 수 있다. 이는 공급망 전반의 운영 효율성을 높여 기업의 비용을 절감하고 고객 만족도를 향상시키는 데 기여한다.

AI를 활용한 운영 최적화의 효과는 크다. 한 연구에 따르면, AI 프로세스 마이닝 도구를 도입한 기업의 운영 효율성이 평균 30% 향상되었으며, 비용 절감 효과는 25%에 달했다. 이는 AI가 운영 과정의 모든 단계를 실시간으로 모니터링하고 문제를 조기에 식별하며 최적의 해결책을 자동으로 제안할 수 있기 때문이다.

AI 기술은 현대 비즈니스 환경에서 다양한 영역에 혁신적인 변화를 가져오고 있다. 시장 분석, 제품 개발, 마케팅, 재무 관리, 운영 최적화 등 여러 분야에서 AI는 단순한 자동화를 넘어 복잡한 문제 해결과 정교한 전략적 의사결정을 가능하게 한다. 이러한 기술은 기업이 경쟁력을 유지하고 변화하는 시장 환경에 신속하게 적응할 수 있도록 돕는다.

특히, AI 기반의 시장 분석 도구와 경쟁 정보 플랫폼은 기업이 시장의 흐름을 정확하게 파악하고 경쟁사의 전략을 조기에 감지하여 빠르게 대응할 수 있게 한다. AI는 방대한 데이터 속에서 유의미한 패턴을 찾아내어 새로운 사업 기회를 발굴하고 경쟁력 있는 전략을 수립하는 데 중요한 역할을 한다. 예를 들어, 특정 산업에서 급성장하는 기술이나 스타트업의 특성을 분석하여 향후 투자 방향을 예측하거나 경쟁사의 웹사이트와 소셜 미디어를 실시간으로 모니터링하여 신제품 출시 움직임을 감지할 수 있다. 이는 기업이 새로운 시장 진입 기회를 포착하거나 경쟁 우위를 확보하는 데 크게 기여한다.

AI는 제품 개발 분야에서도 그 활용도가 높다. 생성적 디자인(Generative Design)과 같은 기술을 통해 AI는 설계자가 설정한 조건을 기반으로 수많은 디자인 옵션을 자동으로 생성하며 혁신적이고 효율적인 제품을 개발할 수 있도록 한다. 예를 들어, 차량 부품이나 전자기기의 디자인을 최적화할 때 AI는 기존의 수작업 방식보다 훨씬 더 다양하고 창의적인 디자인을 빠르게 제시한다. 또한 AI 기반의 A/B 테스팅 도구는 제품의 다양한 요소를 테스트하여 최적의 조합을 자동으로 찾아냄으로써 웹사이트나 애플리케이션의 사용자 경험을 극대화할 수 있다. AI의 이러한 기능은 제품 개발 시간을 단축하고 시장에 빠르게 제품을 출시할 수 있게 하며 동시에 제품의 성능을 개선하는 데 기여한다.

마케팅 분야에서도 AI의 역할은 매우 중요하다. AI는 소비자의 행동 데이터를 분석하여 개인화된 마케팅 전략을 제시하며 이를 통해 타겟 고객층에 적합한 메시지를 전달할 수 있다. 'Albert'와 같은 AI 마케팅 플랫폼은 다양한 마케팅 채널의 성과를 실시간으로 분석하고 가장 효과적인 채널에 예산을 자동으로 재분배한다. 또한 'Persado'의 AI는 수백만 개의 마케팅 메시지를 학습하여 가장 효과적인 카피를 생성하고 최적화한다. 이는 기업이 각 고객에게 맞춤형 메시지를 제공함으로써 고객 획득 비용을 줄이고 마케팅의 ROI를 높이는 데 큰 도움이 된다.

AI는 재무 관리와 예측 분야에서도 중요한 역할을 한다. AI 기반 회계 소프트웨어는 금융 거래를 자동으로 분류하고 비정상적인 지출을 감지하며, 현금 흐름을 예측한다. 과거의 수입과 지출 패턴을 분석해 향후 몇 개월간의 현금 흐름을 예측하거나 비정상적인 지출이 발생할 경우 이를 자동으로 경고하는 등의 기능을 제공함으로써, 기업의 재정 상태를 안정적으로 관리할 수 있도록 돕는다. 또한, AI는 다양한 비즈니스 시나리오를 시뮬레이션하고 최적의 재무 전략을 제안하여 변화하는 시장 환경에서 기업이 재정적인 유연성을 유지하도록 지원한다.

운영 최적화 분야에서도 AI는 빛을 발하고 있다. 'Celonis'와 같은 AI 기반 프로세스 마이닝 도구는 기업의 업무 프로세스를 분석하고 비효율적인 부분을 찾아내어 개선 방안을 제안한다. 예를 들어, 주문 처리 과정에서 특정 단계에서 병목 현상이 발생하는 경우 AI는 이를 감지하고, 프로세스를 자동화하거나 재구성하여 문제를 해결할 수 있는 방안을 제시한다. 이외에도 공급망 관리에서 AI는 수요 예측, 재고 최적화, 물류 관리 등 복잡한 작업을 효율적으로 처리함으로써 운영 비용을 절감하고 고객에게 더 나은 서비스를 제공한다.

AI 기술을 도입할 때는 그 활용 방법을 명확하게 이해하는 것이 중요하다. AI는 강력한 도구지만, 그 자체로는 완벽한 해결책이 될 수 없다. AI가 효과적으로 작동하기 위해서는 양질의 데이터와 지속적인 학습, 그리고 해당 분야에 대한 도메인 지식이 필요하다. 데이터의 질이 낮거나 편향되어 있다면 AI가 도출하는 결과 역시 부정확할 수 있다. 따라서 기업이 AI를 도입할 때는 데이터 관리와 AI 모델의 학습 품질을 지속적으로 개선해야 한다.

AI 도구를 사용할 때 주의해야 하는 몇 가지 핵심 요소가 있다. 첫째, AI의 결과를 맹목적으로 신뢰하기보다는 비판적으로 검토해야 한다. AI는 데이터에 기반하여 결론을 도출하기 때문에, 잘못된 데이터를 학습하면 잘못된 결과를 제시할 수 있다. 따라서 AI가 제공하는 인사이트를 검토하고, 필요한 경우 인간의 판단을 더해 최종 결정을 내리는 것이 중요하다. 둘째, 각 비즈니스 상황에 맞는 적절한 AI 도구를 선택해야 한다. AI 솔루션은 매우 다양하며 각 도구마다 강점이 다르기 때문에 상황에 맞는 최적의 도구를 선택하는 것이 중요하다. 필요에 따라 여러 AI 도구를 조합하여 사용하는 것도 좋은 방법이다. 마지막으로, AI 기술을 활용하더라도 인간의 창의성과 통찰력은 여전히 필수적이다. AI는 반복적이고 규칙적인 작업을 자동화하는 데 탁월하지만 새로운 문제를 해결하거나 전략을 수립하는 데는 인간의 역할이 중요하다. AI가 제공하는 데이터를 기반으로 창의적인 아이디어를 도출하고 전략적인 결정을 내리는 것은 여전히 인간의 몫이다.

AI는 비즈니스의 다양한 측면에서 업무 효율성과 성과를 극대화하는 중요한 도구로 자리매김하고 있다. 이를 통해 기업은 보다 나은 의사결정을 내리고, 고객 경험을 개선하며 직원의 역량을 효과적으로 개발할 수 있다. 그러나 AI의 도입과 활용은 어디까지나 도구적 측면에 불과하며 이를 어떻게 효과적으로 활용하느냐에 따라 그 결과가 달라진다. AI의 힘을 최대한 활용하면서도 인간이 가진 독창성과 창의성을 유지하고 발전시키는 것이 성공적인 AI 도입의 핵심이다. 이는 단순히 효율성을 높이는 데 그치지 않고 지속 가능한 성장을 이루기 위한 필수적인 요소다. AI와 인간이 각자의 강점을 결합하여 시너지를 발휘할 때, 비즈니스 환경에서 진정한 혁신과 성장이 가능하다.

AI와 인간의 협업을 상징적으로 표현한 일러스트레이션

출처: Copilot을 활용하여 생성함

CHAPTER

04

1. AI로 즐기는 음악 창작(작사, 작곡, 편곡)
2. AI와 함께하는 영상 제작(영화, 광고, 유튜브)
3. AI로 만드는 매력적인 SNS 콘텐츠
4. AI가 제안하는 스마트한 연애와 관계 관리

청년들의 AI 생활

CHAPTER

04

청년들의 AI 생활

1 ▶ AI로 즐기는 음악 창작(작사, 작곡, 편곡)

AI 기술의 발전은 음악 창작 분야에도 혁명적인 변화를 가져오고 있다. 전문적인 음악 교육을 받지 않은 청년들도 AI의 도움을 받아 자신만의 음악을 만들 수 있게 되었다. 본 절에서는 AI를 활용한 작사, 작곡, 편곡의 과정을 상세히 살펴보겠다.

AI를 활용한 음악 창작은 작사, 작곡, 편곡 등 다양한 분야에서 혁신적인 변화를 가져오고 있다. AI는 자연어 처리 기술을 통해 가사를 생성할 수 있으며, 사용자가 특정 키워드나 주제를 입력하면 AI가 이를 바탕으로 가사를 작성해 준다. 이를 통해 작사가들은 새로운 아이디어를 탐색하고 영감을 얻을 수 있다.

또한, AI는 다양한 알고리즘과 머신러닝 기술을 활용해 음악을 작곡할 수 있다. 예를 들어, AIVA는 심층 신경망을 이용해 클래식 음악을 작곡하며, 바흐, 모차르트, 베토벤 등의 작곡가들의 악보 데이터를 학습하여 새로운 곡을 만들어낸다. 구글의 Magenta 프로젝트와 소니의 Flow Machines 프로젝트도 AI를 활용한 음악 작곡 연구를 진행하고 있다.

AI는 기존 음악을 분석하고, 이를 바탕으로 새로운 편곡을 제안할 수 있다. OpenAI의 MuseNet은 다양한 음악 스타일을 학습하여 특정 스타일로 편곡된 음악을 생성할 수 있다. 이를 통해 음악가들은 다양한 스타일의 편곡을 시도해볼 수 있으며, 창작 과정에서 새로운 영감을 얻을 수도 있다.

AI는 인간 음악가와 협업하여 음악을 창작할 수 있다. 예를 들어, AI 듀엣은 사용자가 피아노 멜로디를 입력하면 AI가 이를 바탕으로 새로운 멜로디를 생성하여 함께 연주한다. 이를 통해 음악가들은 AI와 함께 창작의 즐거움을 느낄 수 있다.

또한 AI 기반 음악 생성 도구는 누구나 쉽게 음악을 창작할 수 있도록 도와준다. OpenAI의 Jukebox는 120만 곡 이상의 음악과 가사를 학습하여 다양한 장르와 아티스트의 스타일을 모방하여 새로운 음악을 창작한다. 이를 통해 음악 이론이나 작곡에 대한 지식이 없어도 누구나 쉽게 음악을 만들 수 있다.

AI를 활용한 음악 창작은 창작의 진입 장벽을 낮추고, 새로운 아이디어와 영감을 제공하여 음악 산업에 혁신을 가져오고 있다. 앞으로도 AI와 인간의 협업을 통해 더욱 다양한 음악이 탄생할 것이 기대되고 있다.

본 절에서는 AI를 활용한 작사, 작곡, 편곡의 과정에 대해 상세히 살펴보겠다.

(1) AI 작사 도구

AI 작사 도구는 자연어 처리(NLP) 기술을 바탕으로 가사를 생성하거나 기존 가사를 개선하는 데 도움을 준다.

'Lyrics Generator', 'Suno'와 같은 AI 도구는 사용자가 제공한 키워드나 주제를 바탕으로 완전한 가사를 생성한다. 예를 들어, "사랑", "이별", "도시"와 같은 키워드를 입력하면, AI가 이를 바탕으로 키워드의 주제에 알맞은 가사를 만들어 낸다.

사용 예시

프롬프트: "첫사랑의 추억과 그리움을 표현하는 가사를 만들어줘. 계절은 가을이고, 분위기는 서정적이어야 해."

AI 생성 가사

"낙엽 위를 걷던 그날
네 손잡던 따스함이 아직도
가을 바람에 실려 내게 온다
시간은 흘러도 그 순간만은
영원히 내 맘속에 남아 있네"

'Masterwriter'는 더 나아가 라임, 동의어, 유의어 등을 제안하여 가사의 질을 높인다. 이 도구는 기존 가사의 특정 단어나 구절을 대체할 수 있는 다양한 옵션을 제공하여 작사가의 창의성을 자극한다.

AI 작사 도구의 효과는 상당하다. 한 설문 조사에 따르면, AI 작사 도구를 사용한 아마추어 음악가의 80%가 작사 시간이 평균 50% 단축되었다고 응답했으며, 70%는 가사의 질이 향상되었다고 답했다.

Suno의 경우 무료 사용은 50크레딧만 제공하여 10곡 정도 작사·작곡이 가능하며, 유료 사용은 월 8$에 50곡이 가능하다.[1]

1단계: 노래 주제 설명란에 노래의 내용을 간단히 적는다.

1 출처: https://press.dittomusic.com/60-of-musicians-are-already-using-ai-to-make-music

2단계: '만들다'를 클릭하면 새로 만든 가사가 나오고, 노래가 생성 및 재생된다.

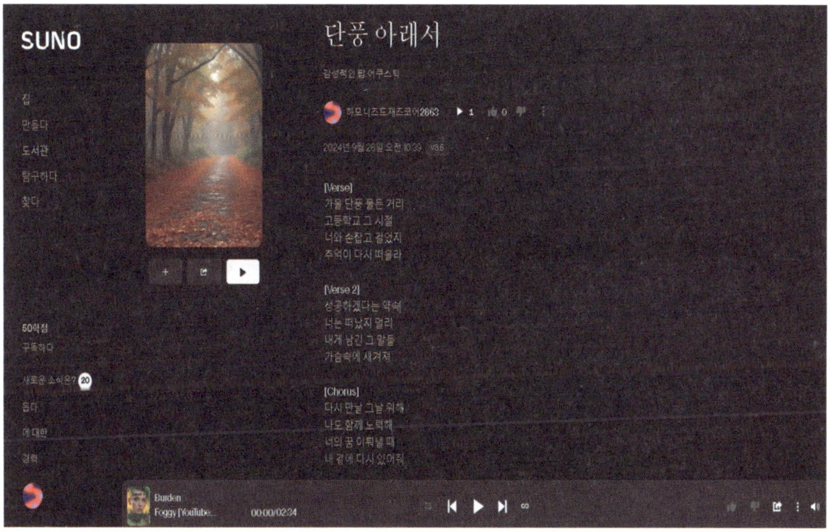

출처: https://suno.com/song/d49b6469-f187-4f76-8d82-89d90a5ea43b

(2) AI 작곡 도구

AI 작곡 도구는 머신러닝 알고리즘을 사용하여 멜로디, 화성, 리듬 등을 생성한다.

'AIVA(Artificial Intelligence Virtual Artist)'는 클래식 음악부터 현대 팝까지 다양한 장르의 음악을 작곡할 수 있는 AI 플랫폼이다. 사용자는 원하는 장르, 템포, 악기 구성 등을 선택하면, AI가 이에 맞는 완전한 곡을 생성한다.

사용 예시

프롬프트: "피아노와 바이올린이 주를 이루는 감성적인 발라드 곡을 작곡해 줘. 템포는 느리고 분위기는 서정적이어야 해."

AI는 이러한 지시에 따라 멜로디, 화성 진행, 리듬 패턴을 생성하고, 이를 MIDI 파일이나 악보 형태로 내보낸다.

'Amper Music'은 영상 제작자나 게임 개발자를 위한 AI 작곡 도구로, 영상의 분위기나 장면의 특성에 맞는 배경 음악을 자동으로 생성한다. 사용자는 영상의 길이, 장르, 감정 등을 입력하면, AI가 이에 맞는 음악을 실시간으로 작곡한다.

AI 작곡 도구의 효과는 놀랍다. 한 연구에 따르면, AI 작곡 도구를 사용한 음악 제작자의 90%가 작곡 시간이 70% 이상 단축되었다고 보고했으며, 60%는 AI의 도움으로 새로운 음악적 아이디어를 얻었다고 답했다.[2]

무료 사용자는 작곡 횟수에 제한이 있으며, 유료 사용자는 구독 금액에 따라 더 많은 작곡을 할 수 있다.

<AIVA에서 트랙 생성을 선택하고 스타일 지정>

1단계: AIVA다운로드

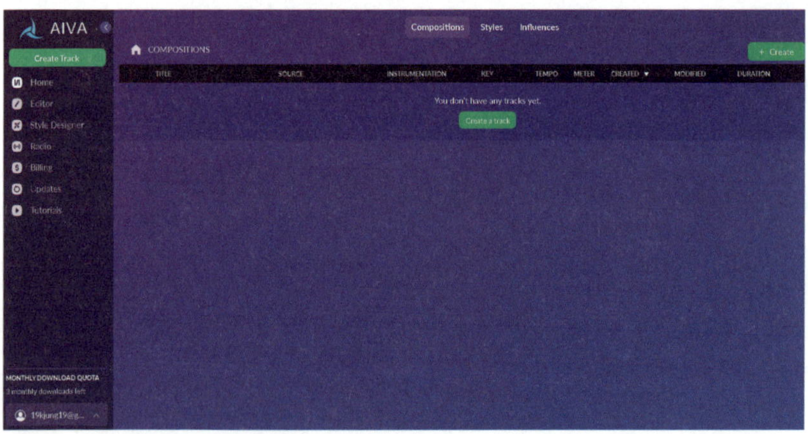

출처: https://creators.aiva.ai/

2 출처: MIT Technology Review. (2023, May 10). AI is changing how music is made. *MIT Technology Review*. https://www.technologyreview.com/2023/05/10/1072489/ai-music-composition-tools/

2단계: 음악 스타일 지정

출처: https://creators.aiva.ai/

3단계: 음악 생성 감상 및 다운로드

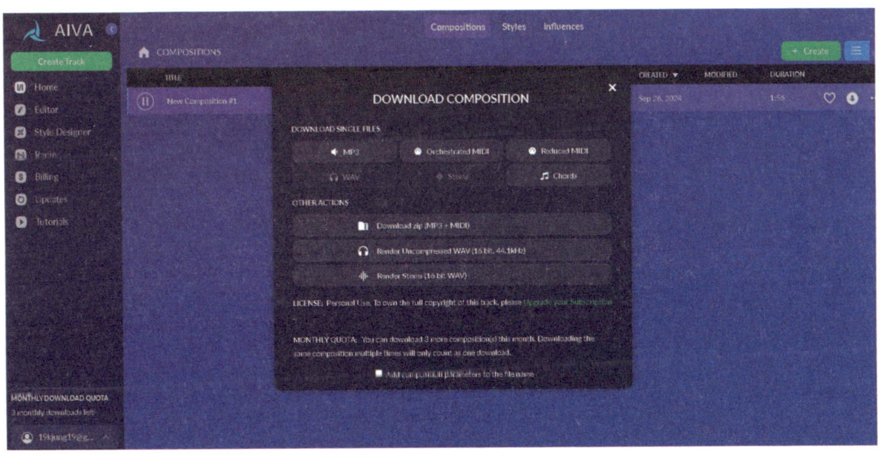

출처: https://creators.aiva.ai/

4단계: 음악 편집

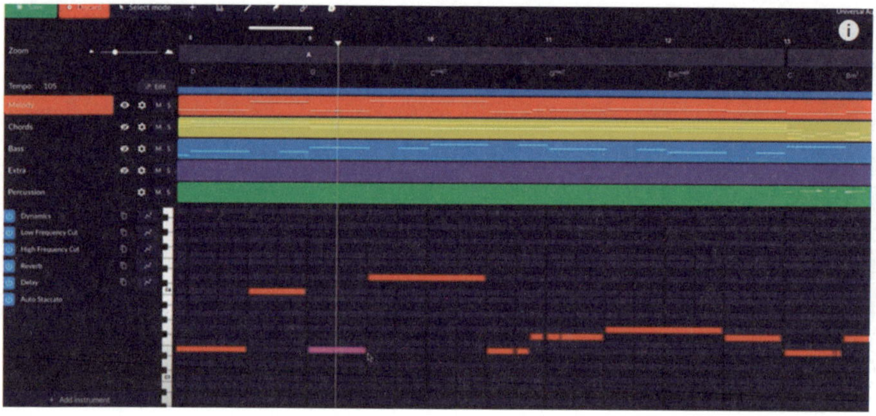

출처: https://creators.aiva.ai/

(3) AI 편곡 도구

AI 편곡 도구는 기존의 멜로디나 코드 진행을 바탕으로 다양한 악기 편성과 음악적 변주를 만들어낸다.

'Orb Composer'는 사용자가 입력한 기본 멜로디나 코드 진행을 바탕으로 완전한 오케스트라 편성의 음악을 만들어낸다. 예를 들어, 간단한 피아노 멜로디를 입력하면, AI가 이를 바탕으로 현악기, 관악기, 타악기 등의 파트를 자동으로 생성하여 풍성한 오케스트라 사운드를 만들어낸다.

'Amadeus Code'는 인공지능 작곡가와 인간 작곡가의 협업을 지원한다. 이 도구는 사용자가 제공한 멜로디나 코드 진행을 분석하고, 이에 맞는 다양한 편곡 옵션을 제안한다. 예를 들어, 팝 스타일의 곡을 재즈나 일렉트로닉 스타일로 재해석하는 등의 작업이 가능하다.

AI 편곡 도구의 효과는 음악 제작 과정을 크게 변화시키고 있다. 한 설문 조사에 따르면, AI 편곡 도구를 사용한 음악가의 85%가 새로운 음악적 아이디어를 얻었다고 답했으며, 75%는 이전에는 시도하지 못했던 복잡한 편곡을 할 수 있게 되었다고 응답했다.

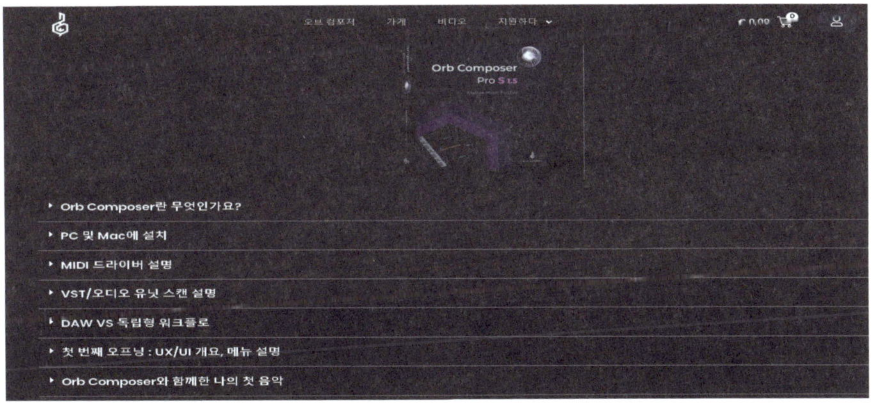

출처: https://www.hexachords.com/orb-composer-1-5/

출처: https://amadeuscode.com/en/

출처: https://apps.apple.com/us/app/amadeus-topline-by-evoke-music/id132377

AI 기술은 음악 창작의 민주화를 가속화하고 있다. 전문적인 음악 교육을 받지 않은 청년들도 AI의 도움을 받아 자신의 음악적 아이디어를 실현할 수 있게 되었다. 이제는 음악 창작이 전문가의 전유물이라기보다는 누구나 AI를 활용하여 조금만 노력하면 자신만의 음악을 창작할 수 있게 되었다. 그러나 이러한 도구들을 효과적으로 활용하기 위해서는 몇 가지 주의해야 할 점이 있다.

① AI는 도구일 뿐, 창의성의 원천은 여전히 인간이다. AI의 제안을 무비판적으로 수용하기보다는, 이를 자신의 창의적 영감을 자극하는 수단으로 활용해야 한다.

② 저작권 문제에 주의해야 한다. AI가 생성한 음악의 저작권 문제는 아직 명확히 정립되지 않았으므로, 상업적 이용 시 주의가 필요하다.

③ AI 도구의 한계를 이해해야 한다. AI는 기존 데이터를 바탕으로 학습하므로, 완전히 새로운 음악적 혁신을 만들어내기는 어렵다.

④ 기본적으로 음악의 기본 이론과 구조에 대한 이해는 여전히 중요하다. AI 도구를 더 효과적으로 활용하기 위해서는 기본적인 음악 지식이 필요하다.

AI와 인간의 협업을 통해 우리는 더욱 다양하고 풍부한 음악적 경험을 만들어 낼 수 있을 것이다. AI는 음악 창작의 진입 장벽을 낮추고, 더 많은 사람들이 자신의 음악적 표현을 실현할 수 있게 해주고 있다. 이는 음악 산업과 문화의 새로운 르네상스를 열어갈 수 있는 큰 기회가 될 것이다.

출처: Bing을 활용하여 생성함

2 AI와 함께하는 영상 제작(영화, 광고, 유튜브)

AI 기술은 영상 제작 과정을 혁신적으로 변화시키고 있다. 전문적인 영상 제작 경험이 없는 청년들도 AI의 도움을 받아 고품질의 영상 콘텐츠를 만들 수 있게 되었다. 본 절에서는 AI를 활용한 영화, 광고, 유튜브 콘텐츠 제작 과정을 상세히 살펴보겠다.

(1) AI를 활용한 시나리오 작성

AI는 시나리오 작성 과정에서 아이디어 발상부터 구조화, 대사 작성까지 다양한 도움을 줄 수 있다.

'GPT-4o'나 'Script Hook'과 같은 AI 언어 모델은 시나리오 아이디어 생성과 발전에 활용될 수 있다. 예를 들어, 특정 장르나 테마를 입력하면 AI가 관련된 시나리오 개요를 제안한다.

사용 예시

프롬프트: "근미래 도시를 배경으로 한 로맨틱 코미디 영화의 시나리오 개요를 만들어줘. 주인공은 AI 로봇과 인간 사이의 사랑에 빠진다."

AI 생성 개요

"2045년, 서울. AI 감정 인식 기술자인 지수(28)는 완벽한 연인을 찾지 못해 좌절한다. 어느 날, 그녀는 최신형 감정 인식 AI 로봇 Alex와 작업하게 된다. 처음엔 Alex를 단순한 기계로 여기지만, 점차 그의 세심함과 유머 감각에 호감을 느낀다. 그러나 AI와 인간의 사랑을 금지하는 사회적 편견과 법적 제약에 부딪힌다. 지수와 Alex는 이 장벽을 극복하고 진정한 사랑의 의미를 찾아갈 수 있을까?"

'Final Draft'의 AI 기능은 시나리오의 구조와 페이스를 분석하여 개선점을 제안한다. 예를 들어, 특정 캐릭터의 대사가 너무 길거나, 중요한 플롯 포인트가 너무 늦게 등장하는 경우 이를 지적하고 수정을 제안한다.

AI 시나리오 작성 도구의 효과는 상당하다. 한 설문 조사에 따르면, AI를 활용한 시나리오 작가의 70%가 초고 완성 시간이 40% 단축되었다고 응답했으며, 65%는 AI의 제안으로 새로운 창의적 아이디어를 얻었다고 답했다.[3]

출처: https://dramatica.com/demo

시나리오 제작 예시

너는 영화 시나리오 작가야. 다음 내용에 맞게 시나리오를 작성해 줘.
모든 것은 Chain of Thought를 고려해 줘.
등장인물은 남자 1명, 여자 2명이야.
여자 두 명은 친구로 남자를 사랑했어. 남자는 첫 번째 여자와 더 친했는데 두 번째 여자가 아프면서 돌보기 시작했어.
이어서 전개될 임팩트 있는 영화 시나리오를 작성해 줘.

3 출처: 미래엔(2023). 중학교 국어 3; 비상교육(2024). 진로와 직업

제목: 사랑의 갈림길

등장인물: 남자(민준), 여자 1(수진), 여자 2(혜진)

장면 1: (카페 내부, 오후) 민준과 수진이 카페에서 웃으며 대화를 나누고 있다. 두 사람은 오랜 친구로, 서로에게 깊은 신뢰를 가지고 있다.

수진: (웃으며) 민준아, 너 정말 그때 그랬어?
민준: (웃음) 응, 그랬지. 너도 기억나지?

장면 2: (혜진의 집, 저녁) 혜진이 침대에 누워 있다. 그녀는 최근에 병을 앓고 있어 힘들어하고 있다. 민준이 혜진의 집에 찾아와 그녀를 돌본다.
혜진: (약하게) 민준아, 이렇게 와줘서 고마워.
민준: (따뜻하게) 당연하지, 혜진아. 네가 힘들 때 내가 옆에 있어야지.

장면 3: (공원, 아침) 수진이 공원에서 혼자 산책을 하고 있다. 그녀는 민준과 혜진의 관계를 생각하며 복잡한 감정을 느낀다.
수진: (혼잣말) 민준이 혜진을 돌보는 걸 보니 마음이 아프네. 하지만 그가 행복하다면 ….

장면 4: (혜진의 집, 밤) 민준이 혜진의 곁에서 그녀를 돌보고 있다. 혜진은 민준에게 자신의 마음을 고백한다.
혜진: (눈물을 흘리며) 민준아, 사실 나 너를 좋아했어. 오랫동안 ….
민준: (놀라며) 혜진아 ….

장면 5: (수진의 집, 다음날 아침) 수진이 민준에게 전화를 건다. 그녀는 민준에게 자신의 감정을 솔직하게 말하기로 결심한다.
수진: (전화로) 민준아, 나 할 말이 있어. 우리 만나서 이야기할 수 있을까?
민준: (전화로) 그래, 수진아. 어디서 만날까?

장면 6: (카페, 오후) 민준과 수진이 다시 카페에서 만난다. 수진은 민준에게 자신의 감정을 고백한다.
수진: (진지하게) 민준아, 나도 너를 좋아해. 오랫동안 숨겨왔지만 이제는 말해야 할 것 같아.
민준: (깊은 생각에 잠기며) 수진아, 나도 너를 좋아해. 하지만 혜진이 아프고, 그녀를 돌보는 것도 중요해.

클라이맥스: 민준은 두 여인 사이에서 갈등을 겪는다. 그는 수진과 혜진 모두를 소중히 여기지만, 결국 한 사람을 선택해야 하는 상황에 놓인다. 그의 선택은 무엇일까?

이 시나리오는 감정의 갈등과 인간 관계의 복잡성을 다루며, 관객들에게 깊은 인상을 남길 수 있을 것이다.

출처: Bing을 활용하여 생성함

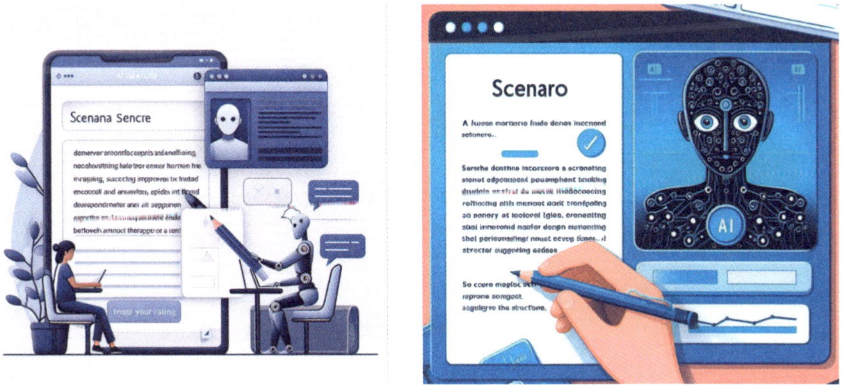

출처: Bing을 활용하여 생성함

(2) AI 기반 영상 편집

AI는 영상 편집 과정을 자동화하고 최적화하여 전문가 수준의 결과물을 만들어낼 수 있도록 돕는다.

'Adobe Premiere Pro'의 AI 기능 'Auto Reframe'은 영상의 주요 피사체를 자동으로 인식하고 다양한 화면 비율(예: 16:9, 9:16, 1:1 등)에 맞게 재구성한다. 이는 같은 영상을 TV, 모바일, 소셜 미디어 등 다양한 플랫폼에 최적화하여 업로드해야 하는 현대 영상 제작 환경에 매우 유용하다.

'Runway ML'은 AI를 활용하여 영상에서 특정 객체를 제거하거나 배경을 변경하는 등의 고급 편집 기능을 제공한다. 예를 들어, 영상에서 움직이는 차량을 자동으로 지우거나, 흐린 하늘을 맑은 하늘로 바꾸는 작업을 AI가 수행한다.

AI 영상 편집 도구의 효과는 놀랍다. 한 연구에 따르면, AI 편집 도구를 사용한 영상 제작자의 85%가 편집 시간이 60% 이상 단축되었다고 보고했으며, 75%는 이전에는 기술적 한계로 시도하지 못했던 고급 편집 효과를 구현할 수 있었다고 답했다.[4]

4 출처: 국가지식재산위원회(2024). 초거대 인공지능 등장에 따른 지식재산 쟁점 대응방안 연구

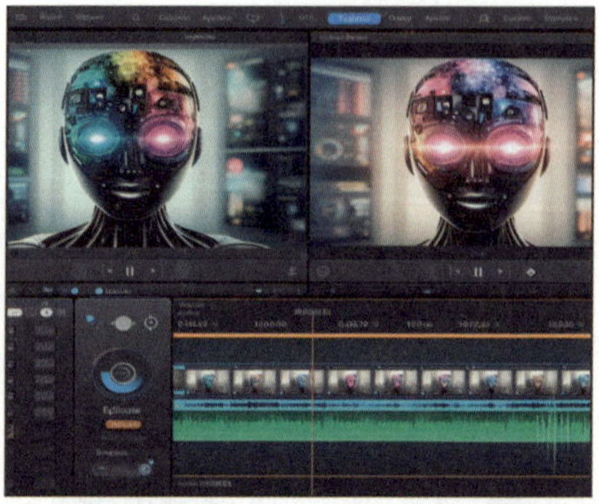

출처: Bing을 활용하여 생성함

Sora는 OpenAI에서 개발한 혁신적인 AI 모델로, 텍스트 프롬프트를 기반으로 영상을 생성할 수 있다. 이 모델은 사용자가 입력한 텍스트를 바탕으로 최대 1분 길이의 영상을 만들 수 있으며, 다양한 스타일과 장면을 재현할 수 있다.

주요 특징은 다음과 같다.

- 텍스트 기반 영상 제작: 사용자가 원하는 장면, 분위기, 캐릭터 등을 텍스트로 입력하면 Sora가 자동으로 영상을 제작한다.
- 다양한 장면 재현 능력: 현실적인 장면부터 애니메이션, SF 영화 같은 복잡한 장면까지 다양한 스타일의 영상을 생성할 수 있다.
- 간편한 사용: 전문적인 영상 편집 지식 없이도 누구나 쉽게 사용할 수 있다.
- 고품질 결과물: 최첨단 AI 기술을 사용하여 고품질의 영상을 제작한다.

예를 들어, "도쿄의 네온 빛나는 밤거리를 걷는 스타일리시한 여성"이라는 프롬프트를 입력하면, Sora는 해당 장면을 아래와 같이 실제 영상처럼 만들어준다.

도쿄 거리를 걷는 스타일리시한 여성

출처: https://www.hankyung.com/article/2024021677561

(3) AI 생성 비주얼 이펙트(VFX)

AI는 복잡하고 비용이 많이 드는 VFX 작업을 간소화하고 민주화하고 있다.

'Deepfake' 기술을 활용한 AI 도구들은 배우의 얼굴을 다른 사람의 얼굴로 자연스럽게 바꾸거나, 나이 들거나 젊어 보이게 하는 등의 작업을 가능하게 한다. 이는 역사적 인물을 다루는 영화나, 한 배우가 여러 역할을 소화해야 하는 경우에 유용하게 활용될 수 있다.

'Unreal Engine'의 AI 기반 'MetaHuman Creator'는 사실적인 디지털 휴먼을 빠르게 생성할 수 있게 해 준다. 이는 대규모 군중 장면이나 위험한 스턴트 장면을 안전하고 효율적으로 제작하는 데 활용될 수 있다.

AI VFX 도구의 영향력은 매우 크다. 한 업계 보고서에 따르면, AI VFX 도구를 도입한 영화 스튜디오의 VFX 제작 비용이 평균 40% 감소했으며, 제작 기간도 30% 단축되었다고 한다.

1. 프롬프트: 당신은 VFX AI이다. AI 생성 비주얼 이펙트(VFX)란 무엇인가?

2. Copilot AI 답: AI 생성 비주얼 이펙트(VFX)는 AI 기술을 활용하여 시각적 효과를 생성하고 개선하는 과정을 말한다. 이 기술은 영화, 게임, 광고 등 다양한 분야에서 사용되며, 복잡한 시각적 효과를 보다 효율적으로 구현할 수 있게 해 준다.

① 데이터 수집 및 준비

AI 모델을 훈련시키기 위해서는 대량의 데이터가 필요합니다. 이 데이터는 다양한 이미지, 비디오 클립, 3D 모델 등을 포함하며, AI가 학습할 수 있도록 준비되어야 한다.

② 모델 훈련

수집된 데이터를 바탕으로 AI 모델을 훈련시킨다. 이 과정에서는 딥러닝 알고리즘을 사용하여 AI가 시각적 패턴을 인식하고 학습할 수 있도록 한다. 예를 들어, 특정 효과를 구현하기 위해 필요한 패턴을 학습한다.

③ 효과 생성

훈련된 AI 모델을 사용하여 시각적 효과를 생성한다. 이 단계에서는 AI가 자동으로 로토스코핑, 모션 캡처, 화질 향상 등의 작업을 수행하여 시각적 효과를 구현한다.

④ 결과 검토 및 수정

생성된 시각적 효과를 검토하고 필요한 경우 수정을 한다. AI가 생성한 결과물을 인간 전문가가 검토하여 최종 품질을 보장하게 된다.

⑤ 최종 렌더링

모든 수정이 완료되면 최종 렌더링을 통해 완성된 시각적 효과를 출력한다. 이 과정에서는 AI 기반 노이즈 제거 및 업스케일링 기술을 사용하여 고품질의 이미지를 얻을 수 있다.

⑥ 적용 및 배포

완성된 시각적 효과를 영화, 게임, 광고 등 다양한 매체에 적용하고 배포한다. AI 기술을 활용하면 복잡한 장면을 보다 생생하고 몰입감 있게 구현할 수 있다.

AI 생성 비주얼 이펙트는 시각적 스토리텔링의 새로운 가능성을 열어주며, 창의성과 효율성을 동시에 향상시킬 수 있는 강력한 도구이다.

출처: Bing을 활용하여 생성함

(4) AI 기반 마케팅 및 배포 전략

AI는 영상 콘텐츠의 마케팅과 배포 전략을 최적화하는 데에도 큰 역할을 한다. 'Netflix'의 추천 알고리즘은 사용자의 시청 이력을 분석하여 개인화된 콘텐츠를 추천한다. 이와 유사한 AI 기술을 활용하여, 유튜브 크리에이터들은 자신의 콘텐츠를 가장 관심 있어 할 시청자 그룹을 타겟팅할 수 있다.

'VidIQ'와 같은 AI 기반 유튜브 최적화 도구는 영상의 제목, 설명, 태그 등을 분석하고 SEO를 최적화하여 노출도를 높인다. 예를 들어, 특정 키워드의 검색 볼륨과 경쟁도를 분석하여 최적의 태그를 추천한다.

AI 마케팅 도구의 효과는 상당하다. 한 연구에 따르면, AI 기반 콘텐츠 최적화 도구를 사용한 유튜브 채널의 평균 조회수가 50% 증가했으며, 구독자 증가율도 30% 향상되었다.[5]

5 출처: https://seo.ai/blog/best-seo-tools-for-youtube

1. **프롬프트:** 당신은 AI 마케팅 전문가이다. AI 기반 마케팅 및 배포 전략을 단계적으로 자세히 설명해 줘.

2. **Copilot 답변:** AI 기반 마케팅 및 배포 전략을 단계적으로 설명하면 다음과 같다.

① 데이터 수집 및 분석

먼저, 마케팅 전략의 기초가 되는 데이터를 수집하고 분석한다. 즉 고객의 행동, 선호도, 구매 패턴 등을 파악하기 위해 다양한 소스에서 데이터를 수집해야 한다. 이 자료를 통해 고객 세그먼트를 정의하고, 각 세그먼트에 맞는 맞춤형 전략을 수립해야 한다.

② 예측 모델링

수집된 데이터를 기반으로 예측 모델을 구축한다. 머신 러닝, 딥러닝 알고리즘을 사용하여 고객의 미래 행동을 예측하고, 이를 통해 마케팅 캠페인의 효과를 극대화할 수 있다. 예를 들어, 특정 제품을 구매할 가능성이 높은 고객을 식별하여 타겟팅할 수 있다.

③ 개인화된 콘텐츠 생성

AI를 활용하여 고객 맞춤형 콘텐츠를 생성한다. 생성형 AI를 사용하면 고객의 관심사와 선호도에 맞춘 개인화된 메시지, 이미지, 비디오 등을 자동으로 생성할 수 있다. 이를 통해 고객의 참여도를 높이고, 브랜드 인지도를 강화할 수 있게 된다.

④ 실시간 최적화

AI 기반의 실시간 최적화 엔진을 사용하여 마케팅 캠페인을 지속적으로 조정한다. 광고의 성과를 실시간으로 모니터링하고, 데이터를 분석하여 최적의 광고를 자동으로 선택한다. 이를 통해 광고 비용을 절감하고, ROI를 극대화할 수 있다.

⑤ 성과 측정 및 인사이트 도출

마지막으로, 마케팅 캠페인의 성과를 측정하고 인사이트를 도출한다. AI를 활용하여 데이터를 분석하고, 캠페인의 성공 여부를 평가한다. 이를 통해 향후 마케팅 전략을 개선하고, 더 나은 결과를 도출할 수 있다.

이와 같은 단계들을 통해 AI 기반 마케팅 전략을 효과적으로 수립하고 실행할 수 있다.

출처: https://www.adriel.com/ko/templates-dashboards-and-reports/channel-performance-dashboard

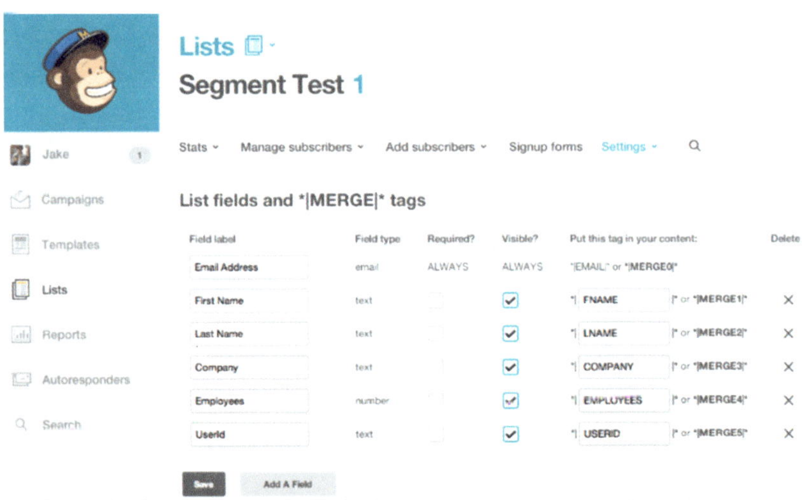

출처: https://www.ranktracker.com/ko/blog/ai-and-data-analytics-enhancing-content-marketing-strategies/

출처: https://www.thinkwithgoogle.com/intl/ko-kr/marketing-strategies/automation/how-to-use-ai-for-marketing/

AI 기술은 영상 제작의 모든 단계를 혁신적으로 변화시키고 있다. 시나리오 작성부터 편집, VFX, 마케팅에 이르기까지 AI는 전문가 수준의 결과물을 만들어 내는 데 큰 도움을 주고 있다. 이는 영상 제작의 진입 장벽을 크게 낮추어, 창의적인 아이디어만 있다면 누구나 고품질의 영상 콘텐츠를 제작할 수 있는 시대를 열고 있다.

그러나 이러한 AI 도구들을 효과적으로 활용하기 위해서는 몇 가지 주의해야 할 점이 있다.

① AI는 도구일 뿐, 창의성과 스토리텔링의 핵심은 여전히 인간의 영역이다. AI의 제안을 비판적으로 평가하고 자신의 창의성과 결합하는 능력이 중요하다.

② 윤리적 사용에 주의해야 한다. 특히 딥페이크 기술과 같은 AI VFX는 오용

될 경우 심각한 문제를 일으킬 수 있다.

③ 기본적인 영상 제작 원리와 스토리텔링 기법에 대한 이해는 여전히 중요하다. AI 도구를 더 효과적으로 활용하기 위해서는 이러한 기본기가 필요하다.

④ AI 기술은 빠르게 발전하고 있으므로, 지속적인 학습과 새로운 도구 탐색이 필요하다.

AI와 인간 창작자의 시너지를 통해 우리는 더욱 다양하고 혁신적인 영상 콘텐츠를 만날 수 있을 것이다. AI는 기술적 한계를 극복하고 창의적 아이디어를 실현하는 데 큰 도움을 줄 것이며, 이는 영상 미디어의 새로운 황금기를 열어갈 수 있는 기회가 될 것이다.

3 AI로 만드는 매력적인 SNS 콘텐츠

AI를 활용한 매력적인 SNS 콘텐츠 제작은 매우 효과적이다. AI는 사용자 데이터를 분석하여 맞춤형 콘텐츠를 생성하고, 트렌드를 예측하여 최신 유행을 반영할 수 있기 때문이다. 예를 들어, AI는 사용자의 관심사와 행동 패턴을 분석하여 개인화된 콘텐츠를 제공할 수 있을 뿐만 아니라 또한, AI 기반 이미지 및 영상 편집 도구를 사용하면 시각적으로 뛰어난 콘텐츠를 쉽게 제작할 수 있다.

이러한 도구는 자동으로 배경을 제거하거나, 필터를 적용하거나, 심지어는 영상의 특정 부분을 강조하는 등의 작업을 수행할 수 있다.

AI는 또한 자동으로 해시태그를 추천하고, 게시물의 최적화된 업로드 시간을 제안하여 더 많은 참여를 유도할 수 있다. 예를 들어, AI는 특정 시간대에 사용자가 가장 활발하게 활동하는지를 분석하여 그 시간에 맞춰 게시물을 업로드하도록 도와준다. 이러한 AI 기술을 활용하면 SNS에서 더 많은 팔로워와 높은 참여율을 얻을 수 있을 것이다. 결과적으로, AI는 SNS 콘텐츠 제작 과정에서 시간과 노력을 절약하면서도 더 나은 결과를 얻을 수 있도록 도와줄 것이다.

소셜 미디어는 현대 청년들의 일상과 불가분의 관계에 있으며, 많은 이들에게 자기표현과 커뮤니케이션의 주요 수단이 되고 있다. AI 기술은 이러한 SNS 콘텐츠 제작을 더욱 쉽고 효과적으로 만들어주고 있다. 본 절에서는 AI를 활용한 매력적인 SNS 콘텐츠 제작 방법에 대해 상세히 살펴보겠다.

(1) AI 기반 이미지 생성 및 편집

AI는 고품질의 이미지를 생성하고 편집하는 데 혁명적인 변화를 가져오고 있다.

'DALL-E 3'나 'Midjourney'와 같은 AI 이미지 생성 도구는 텍스트 설명만으로 독특하고 창의적인 이미지를 만들어낸다.

사용 예시

프롬프트: "A cyberpunk cafe in Seoul with neon lights and robotic baristas, photorealistic style"

이러한 프롬프트를 입력하면, AI는 설명에 맞는 독특하고 시각적으로 매력적인 이미지를 생성한다. 이는 브랜드 홍보, 제품 컨셉 시각화, 또는 단순히 흥미로운 SNS 포스트 제작에 활용될 수 있다.

'Photoshop'의 AI 기능인 'Neural Filters'는 인물 사진의 표정, 나이, 헤어스타일 등을 간단하게 변경할 수 있게 해 준다. 예를 들어, 웃는 표정을 진지한 표정으로 바꾸거나, 머리 색상을 변경하는 등의 작업을 AI가 자연스럽게 수행한다.

AI 이미지 도구의 영향력은 상당하다. 한 설문 조사에 따르면, AI 이미지 생성 도구를 사용한 SNS 콘텐츠 제작자의 85%가 콘텐츠 제작 시간이 60% 이상 단축되었다고 응답했으며, 78%는 이전에는 기술적 한계로 만들지 못했던 독특한 비주얼을 구현할 수 있게 되었다고 답했다.

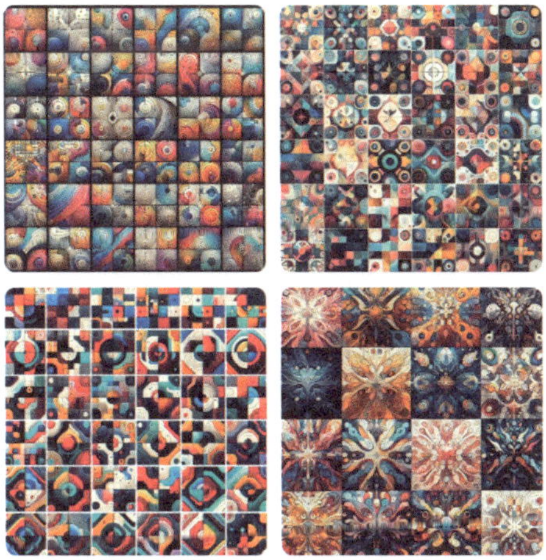

"AI generated image grid"

출처: Bing을 활용하여 생성함

"A turtle with wings and a rabbit with deer antlers running on clouds."

출처: Bing을 활용하여 생성함

(2) AI 동영상 제작 및 편집

짧은 형식의 동영상 콘텐츠가 인기를 끌면서, AI 기반 동영상 제작 도구의 중요성도 커지고 있다.

'Lumen5'는 텍스트 입력을 기반으로 자동으로 동영상을 생성한다. 블로그 포스트나 뉴스 기사를 입력하면, AI가 핵심 내용을 추출하고 관련 이미지와 영상을 매칭하여 짧은 동영상을 만들어준다. 이는 복잡한 정보를 쉽게 전달하거나, 블로그 콘텐츠를 동영상 형식으로 변환하는 데 유용하다.

'Magisto'의 AI 편집 기능은 사용자가 업로드한 여러 영상 클립을 분석하여 가장 흥미로운 부분을 자동으로 선별하고 편집한다. 배경 음악, 전환 효과, 텍스트 오버레이 등을 자동으로 적용하여 전문가 수준의 영상을 만들어낸다.

AI 동영상 제작 도구의 효과는 놀랍다. 한 연구에 따르면, AI 동영상 도구를 사용한 마케터의 90%가 동영상 콘텐츠 제작 속도가 3배 이상 빨라졌다고 보고했으며, 70%는 동영상 콘텐츠의 참여율(engagement rate)이 평균 40% 향상되었다고 답했다.

AI 비디오 편집도구 인터페이스

출처: Bing을 활용하여 생성함

(3) AI 기반 캡션 및 해시태그 생성

효과적인 캡션과 해시태그는 SNS 콘텐츠의 도달범위와 참여도를 크게 높일 수 있다. AI는 이 과정을 최적화하는 데 도움을 준다.

'Jasper'와 같은 AI 글쓰기 도구는 이미지나 동영상의 내용을 분석하여 적절한 캡션을 자동으로 생성한다. 예를 들어, 해변에서 찍은 일몰 사진을 업로드하면, AI가 "황금빛 하늘이 바다와 만나는 순간, 오늘 하루의 아름다운 마무리"와 같은 캡션을 제안할 수 있다.

'Flick'의 AI 해시태그 제안 기능은 콘텐츠의 내용과 사용자의 팔로워 특성을 분석하여 최적의 해시태그 조합을 추천한다. 이는 콘텐츠의 검색 노출을 높이고 타겟 오디언스에게 더 효과적으로 도달하는 데 도움을 준다.

AI 캡션 및 해시태그 도구의 효과는 상당하다. 한 연구에 따르면, AI 추천 해시태그를 사용한 인스타그램 포스트의 평균 도달범위가 45% 증가했으며, 참여율도 30% 향상되었다.

스마트폰 화면에서 AI가 생성한 캡션과 해시태그

출처: Bing을 활용하여 생성함

(4) AI 기반 콘텐츠 전략 및 성과 분석

AI는 SNS 콘텐츠의 성과를 분석하고 최적의 전략을 수립하는 데에도 큰 도움을 준다.

'Hootsuite Insights'의 AI 기능은 소셜 미디어 트렌드를 실시간으로 분석하고, 브랜드 관련 대화를 모니터링한다. 이를 통해 사용자는 어떤 주제가 현재 인기 있는지, 자신의 브랜드에 대한 감성이 어떤지 등을 파악할 수 있다.

'Sprout Social'의 AI 기반 최적 포스팅 시간 추천 기능은 팔로워들의 활동 패턴을 분석하여 참여도가 가장 높을 시간대를 예측한다. 이를 통해 콘텐츠의 노출과 참여를 최대화할 수 있다.

AI 콘텐츠 전략 도구의 효과는 크다. 한 보고서에 따르면, AI 기반 콘텐츠 전략을 도입한 기업의 소셜 미디어 참여율이 평균 55% 향상되었으며, 팔로워 증가율도 40% 증가하였다.

1. **프롬프트**: AI는 SNS 콘텐츠의 성과를 분석하고 최적의 전략을 수립하는 데에도 큰 도움을 줄 수 있다. 이것을 설명할 수 있는 내용을 단계적으로 자세히 설명해 줘.
2. **Copilot 답변**: AI를 활용하여 SNS 콘텐츠의 성과를 분석하고 최적의 전략을 수립하는 과정은 다음과 같은 단계로 이루어진다.

① 데이터 수집

AI 도구는 다양한 소셜 미디어 플랫폼에서 데이터를 수집한다. 여기에는 게시물에 나타난 좋아요, 댓글, 공유 수, 도달 범위, 클릭 수 등이 포함됩니다. 이러한 데이터를 통해 각 콘텐츠의 성과를 평가할 수 있다.

② 데이터 분석

수집된 데이터를 AI 알고리즘이 분석한다. 이 과정에서 다음과 같은 분석이 이루어진다.

- 감정 분석: 댓글과 반응을 분석하여 사용자들의 감정을 파악한다.
- 트렌드 분석: 어떤 주제나 해시태그가 인기를 끌고 있는지 파악한다.
- 사용자 행동 분석: 어떤 콘텐츠가 사용자들의 참여를 이끌어내는지 분석한다.

③ 인사이트 도출

분석 결과를 바탕으로 유의미한 인사이트를 도출한다. 예를 들어, 특정 시간대에 게시된 콘텐츠가 더 많은 참여를 이끌어낸다면, 그 시간대를 중심으로 게시 일정을 조정할 수 있다.

④ 전략 수립

도출된 인사이트를 바탕으로 최적의 소셜 미디어 전략을 수립한다. 여기에는 다음과 같은 요소가 포함될 수 있다.

- 콘텐츠 유형: 어떤 유형의 콘텐츠가 가장 효과적인지 결정한다. (예: 이미지, 동영상, 텍스트)
- 게시 일정: 가장 효과적인 게시 시간과 빈도를 설정한다.
- 타겟팅: 특정 사용자 그룹을 대상으로 한 맞춤형 콘텐츠 전략을 수립한다.

⑤ 실시간 모니터링 및 조정

AI 도구는 실시간으로 성과를 모니터링하고, 필요에 따라 전략을 조정할 수 있도록 지원한다. 이를 통해 빠르게 변화하는 소셜 미디어 환경에 적응할 수 있게 한다.

이러한 단계들을 통해 AI는 소셜 미디어 콘텐츠의 성과를 극대화하고, 보다 효과적인 마케팅 전략을 수립하는 데 큰 도움을 줄 수 있다.

출처: Bing을 활용하여 생성함

AI 기술은 SNS 콘텐츠 제작의 모든 단계를 혁신적으로 변화시키고 있다. 이미지 생성, 동영상 편집, 캡션 작성, 해시태그 선정, 성과 분석에 이르기까지 AI는 더욱 효과적이고 매력적인 콘텐츠를 만들어내는 데 큰 도움을 주고 있다. 이는 개인 크리에이터부터 대기업 마케팅 팀까지 모든 규모의 SNS 사용자에게 혜택을 주고 있다.

그러나 AI를 활용한 SNS 콘텐츠 제작에도 주의해야 할 점이 있다.

① 진정성 유지: AI의 도움을 받되, 자신만의 고유한 목소리와 스타일을 잃지 않는 것이 중요하다.

② 과도한 자동화 경계: 모든 것을 AI에 맡기기보다는, AI의 제안을 참고하여 인간의 창의성과 판단을 더하는 것이 좋다.

③ 윤리적 사용: 특히 AI 이미지 생성 시 저작권이나 개인정보 침해 문제에 주의해야 한다.

④ 플랫폼별 특성 이해: 각 SNS 플랫폼의 고유한 문화와 규칙을 이해하고, 이에 맞게 AI 도구를 활용해야 한다.

AI와 인간 크리에이터의 시너지를 통해 우리는 더욱 다양하고 매력적인 SNS 콘텐츠를 만나게 될 것이다. AI는 기술적 제약을 극복하고 창의적 아이디어를 실현하는 데 도움을 주며, 이는 소셜 미디어 생태계를 더욱 풍부하고 흥미롭게 만들 것이다. 결국, AI는 우리의 창의성을 증폭시키는 도구이며, 이를 통해 우리는 더욱 효과적으로 자신을 표현하고 다른 이들과 소통할 수 있게 될 것이다.

출처: Bing을 활용하여 생성함

4 ▸ AI가 제안하는 스마트한 연애와 관계 관리

스마트한 연애와 인간관계 관리를 위해 AI가 제안하는 도구들은 현대 사회에서 점점 더 중요해지고 있다. 이러한 도구들은 개인의 성격, 취향, 행동 패턴 등을 분석하여 맞춤형 조언을 제공함으로써 더 나은 관계를 형성하는 데 도움을 줄 수 있다.

첫째, AI 기반 연애 앱은 사용자의 프로필과 선호도를 분석하여 이상적인 파트너를 추천해 준다. 예를 들어, 사용자의 대화 스타일, 관심사, 가치관 등을 고려하여 가장 잘 맞는 상대를 찾아줄 수 있다. 또한 AI는 대화 분석을 통해 사용자가 더 효과적으로 소통할 수 있도록 도와준다. 즉, 대화 중에 발생할 수 있는 오해를 미리 감지하고 이를 해결할 수 있는 방법을 제안해 줄 수 있다.

둘째, AI는 인간관계 관리에도 큰 도움을 준다. 예를 들어, AI 기반 일정 관리 도구는 중요한 기념일이나 약속을 잊지 않도록 기억을 상기시킨다. 또한 AI는 사용자의 감정 상태를 분석하여 스트레스나 불안감을 줄이는 방법을 제안할 수 있다. 예를 들어, 명상 앱이나 운동 앱과 연동하여 사용자가 더 건강한 정신 상태를 유지할 수 있도록 도울 수 있다.

마지막으로, AI는 소셜 미디어 상호작용을 개선하는 데에도 활용될 수 있다. 예를 들어, AI는 사용자가 게시물에 대한 반응을 분석하여 더 긍정적인 상호작용을 유도할 수 있는 방법을 제안할 수 도 있다. 이를 통해 사용자는 더 많은 지지와 공감을 받을 수 있을 것이다.

이처럼 AI는 연애와 인간관계 관리에 있어 스마트하고 효율적인 도구로 자리 잡고 있으며, 이를 통해 더 건강하고 행복한 관계를 형성할 수 있다.

AI 기술은 우리의 일상 생활 모든 영역에 영향을 미치고 있으며, 연애와 인간관계도 예외는 아니다. 본 절에서는 AI가 어떻게 현대 청년들의 연애와 관계 관리를 지원하고 개선할 수 있는지 살펴보겠다.

(1) AI 기반 데이팅 앱과 매칭 알고리즘

AI는 온라인 데이팅의 효율성과 정확성을 크게 향상시키고 있다.

'Hinge'의 "Most Compatible" 기능은 머신러닝 알고리즘을 사용하여 사용자의 선호도, 과거 매칭 패턴, 대화 내용 등을 분석하여 가장 잘 맞는 파트너를 추천한다. 이 알고리즘은 단순히 외모나 기본 정보 매칭을 넘어, 실제 대화의 질과 상호작용 패턴까지 고려한다.

'eHarmony'의 AI 매칭 시스템은 사용자의 성격, 가치관, 생활 방식 등을 깊이 있게 분석하여 장기적인 관계 가능성이 높은 파트너를 추천한다. 예를 들어, 취미, 인생 목표, 스트레스 대처 방식 등의 요소를 종합적으로 고려하여 매칭을 제안한다.

AI 데이팅 앱의 효과는 상당하다. 한 연구에 따르면, AI 매칭 알고리즘을 사용한 데이팅 앱 사용자의 성공적인 첫 데이트 확률이 전통적인 방식에 비해 40% 높았으며, 장기 관계로 발전할 확률도 25% 증가했다고 한다.

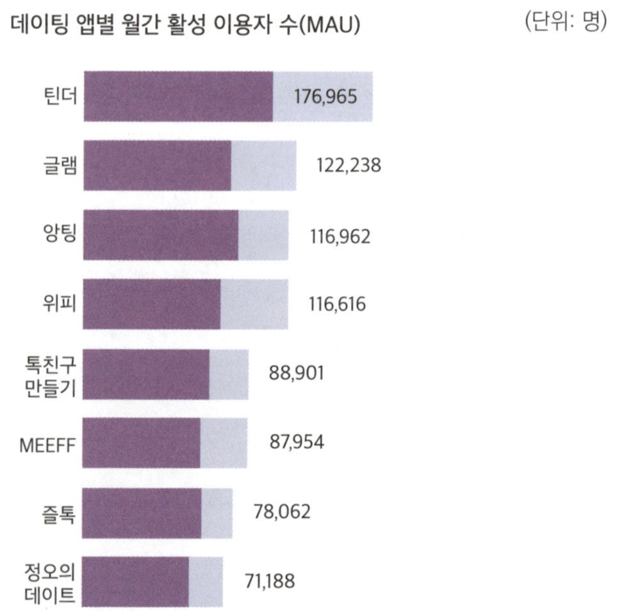

출처: https://www.mk.co.kr/economy/view.php?sc=50000001&year=2024&no=63682

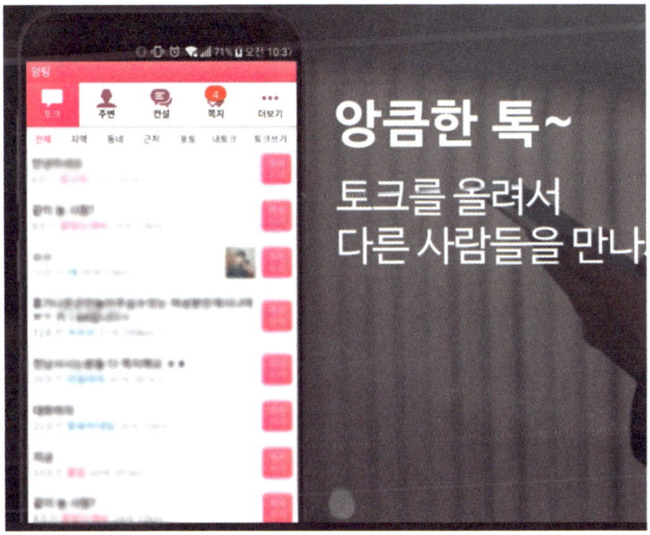

출처: https://m.onestore.co.kr/mobilepoc/apps/appsDetail.omp?prodId=0000734355

본 AI 데이팅 앱의 호환성 점수는 일반적인 호환성 분석 요소를 기반으로 AI가 분석하여 만든 것임

요소	평균 점수(0~100)	설명
성격 분석	85	사용자의 성격 특성을 분석하여 호환성을 평가
행동 패턴	78	사용자의 앱 내 행동 패턴을 분석하여 매칭
외모 분석	82	얼굴 인식 기술을 사용하여 신체적 매력을 평가
DNA 프로파일링	75	유전적 호환성을 평가하여 화학적 결합 가능성 예측
가짜 계정 필터링	95	가짜 계정 및 부적절한 콘텐츠를 필터링

출처: Bing을 활용하여 생성함

(2) AI 채팅봇을 활용한 관계 조언

AI 채팅봇은 관계에 대한 즉각적이고 객관적인 조언을 제공할 수 있다.

'Replika'와 같은 AI 대화 파트너는 사용자의 감정 상태를 분석하고 공감적인 응답을 제공한다. 예를 들어, 연인과의 갈등 상황에 대해 상담을 요청하면, AI는 사용자의 감정을 인지하고 상황을 객관적으로 분석하여 건설적인 해결 방안을 제시할 수 있다.

'Relationship Coach' AI 앱은 커플 간의 대화 패턴, 갈등 해결 방식, 감정 표현 등을 분석하여 관계 개선을 위한 맞춤형 조언을 제공한다. 예를 들어, 대화 중 부정적인 패턴이 감지되면 이를 지적하고 더 효과적인 의사소통 방법을 제안한다.

AI 관계 조언 도구의 효과는 긍정적이다. 한 설문 조사에 따르면, AI 채팅봇을 활용한 사용자의 80%가 관계에 대한 새로운 통찰을 얻었다고 응답했으며, 65%는 실제로 관계가 개선되었다고 보고했다.

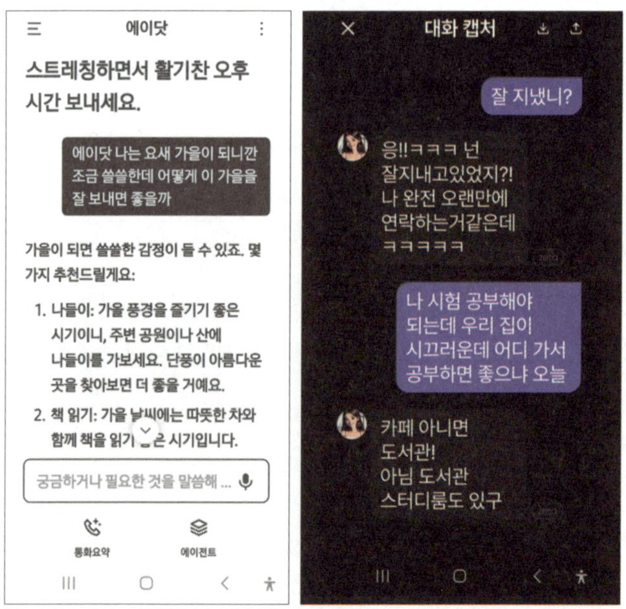

출처: 이루다, 에이닷

(3) AI를 활용한 기념일 및 선물 관리

AI는 중요한 날짜를 기억하고 적절한 선물을 추천하는 데 도움을 줄 수 있다.

'Giftster'의 AI 기능은 사용자의 취향, 과거 선물 이력, 소셜 미디어 활동 등을 분석하여 개인화된 선물 추천을 제공한다. 예를 들어, 파트너의 최근 Pinterest 핀을 분석하여 관심사를 파악하고, 이에 맞는 선물을 추천할 수 있다.

'EasilyDo'와 같은 AI 개인 비서 앱은 캘린더, 이메일, 메시지 등을 분석하여 중요한 기념일을 자동으로 식별하고 알림을 제공한다. 또한 과거 기념일 축하 방식을 학습하여 비슷한 수준의 축하 방법을 제안할 수 있다.

AI 기반 기념일 및 선물 관리 도구의 효과는 크다. 한 조사에 따르면, 이러한 도구를 사용한 커플의 90%가 중요한 날짜를 놓치는 일이 줄었다고 응답했으며, 75%는 파트너가 선물에 더 만족해했다고 보고했다.

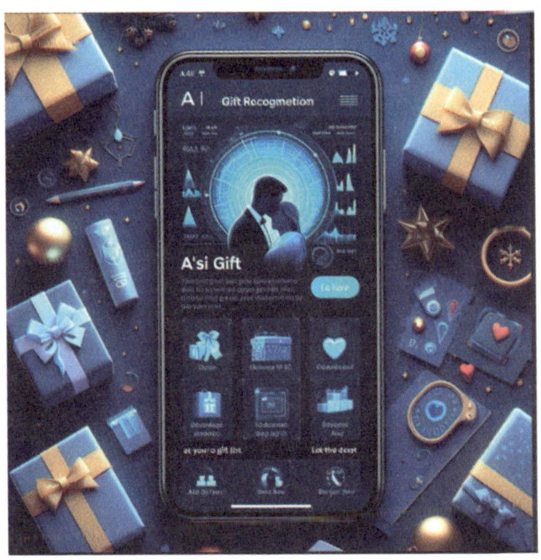

출처: Bing을 활용하여 생성함

(4) AI를 활용한 감정 분석 및 관계 건강도 체크

AI는 커플 간의 상호작용을 분석하여 관계의 건강 상태를 모니터링하고 개선점을 제안할 수 있다.

'Lasting'이라는 커플 테라피 앱은 AI를 사용하여 커플의 대화 패턴, 감정 표현, 갈등 해결 방식 등을 분석한다. 이를 통해 관계의 강점과 개선이 필요한 영역을 식별하고, 맞춤형 관계 개선 과제를 제안한다.

'Affectiva'의 감정 인식 AI 기술을 활용하면, 화상 통화 중 파트너의 표정과 목소리 톤을 분석하여 실시간으로 감정 상태를 파악할 수 있다. 이는 장거리 연애 커플이 서로의 감정을 더 잘 이해하고 소통하는 데 도움을 줄 수 있다.

AI 감정 분석 및 관계 건강도 체크 도구의 효과는 놀랍다. 한 연구에 따르면, 이러한 도구를 정기적으로 사용한 커플의 85%가 의사소통 능력이 향상되었다고 느꼈으며, 70%는 전반적인 관계 만족도가 증가했다고 보고했다.

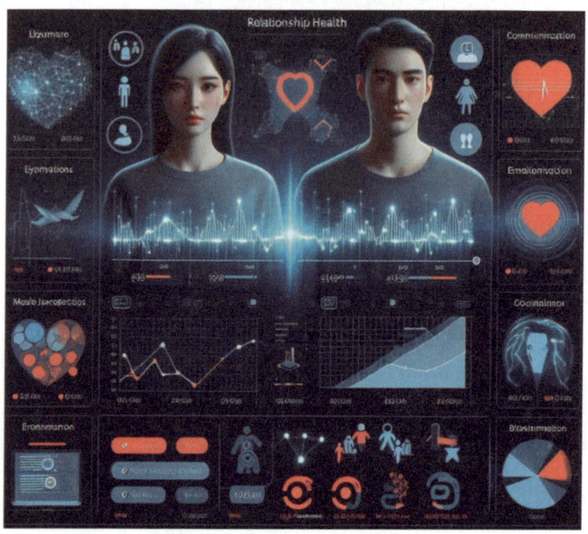

출처: Bing을 활용하여 생성함

1. **프롬프트**: AI 채팅앱을 사용할 때의 주의점을 단계적 사고를 통하여 자세히 설명해 줘.
2. **Copilot 답변:** AI 채팅앱을 사용할 때 주의해야 할 점들을 단계적으로 설명하면 다음과 같다.

① 앱 선택 시 주의점

- 신뢰성 확인: 앱의 평판과 리뷰를 확인하여 신뢰할 수 있는 앱인지 확인이 필요하다. 유명한 개발사나 플랫폼에서 제공하는 앱을 선택하는 것이 더 안전하다.
- 보안 기능: 앱이 제공하는 보안 기능(데이터 암호화, 사용자 인증 등)을 꼼꼼히 확인하는 것이 필요하다.

② 개인 정보 보호

- 개인 정보 설정: 앱의 개인 정보 설정을 꼼꼼히 확인하고, 필요한 경우 설정을 변경하여 개인 정보를 보호하여야 한다.
- 민감한 정보 공유 자제: 채팅 중에 민감한 개인 정보를 공유하지 않도록 주의해야 한다. 예를 들어, 주소, 전화번호, 금융 정보 등은 절대 공유해서는 안 된다.

③ 상대방 검증

• 프로필 확인: 상대방의 프로필을 꼼꼼히 확인하고, 의심스러운 점이 있다면 주의하여야 한다.

• 초기 대화: 처음에 대화할 때는 가벼운 주제로 시작하고, 상대방의 반응을 통해 신뢰성을 판단하여야 한다.

④ 의심스러운 활동 감지

• 의심스러운 링크: 상대방이 보내는 링크나 파일을 클릭하기 전에 신중하게 검토해서 피해를 입을 수 있는 의심스러운 링크는 열람하지 않아야 한다.

• 비정상적인 요청: 상대방으로부터 금전적 요구나 이상한 요청을 받으면 즉시 대화를 중단하고, 앱에 있는 신고 기능을 이용하여 신고하는 것이 좋다.

⑤ 앱 사용 습관

• 시간 관리: AI 채팅앱 사용 시간을 관리하여 일상 생활에 지장을 주지 않도록 하여야 한다.

• 정기적인 점검: 가장 우수한 성능의 앱을 사용하고 싶으면 앱의 업데이트와 보안 패치를 정기적으로 확인하고, 최신 버전을 유지하여야 한다.

⑥ 피드백 제공

• 문제 보고: 앱 사용 중 문제가 발생하면 즉시 앱 개발사에 알려주어 앱 개선에 도움을 주는 것이 좋다.

• 리뷰 작성: 앱 사용 후 리뷰를 작성하여 다른 사용자들에게 유용한 정보를 제공는 것이 모두에게 좋다.

앞에서 안내한 단계들을 통해 AI 채팅앱을 사용한다면 보다 안전하고 효율적으로 앱을 사용할 수 있다.

AI 기술은 현대 청년들의 연애와 관계 관리에 새로운 차원의 지원을 제공하고 있다. 더 정확한 매칭, 객관적인 관계 조언, 세심한 기념일 관리, 그리고 과학적인 감정 분석을 통해 AI는 우리의 관계를 더욱 풍요롭고 건강하게 만들 수 있는 잠재력을 가지고 있다.

그러나 AI를 활용한 연애와 관계 관리에도 주의해야 할 점이 있다.

① 개인정보 보호: AI채팅앱은 인간관계에 대한 민감한 정보를 다루므로, 자신의 데이터 보안과 프라이버시 보호에 각별히 신경 써야 한다. 그렇지 못할 경우에는 예상 못하던 피해를 입을 수 있음을 늘 생각해야 한다.

② 과도한 의존 경계: AI가 하는 모든 조언은 참고사항일 뿐, 상대방을 신뢰할 수 있는지에 대한 최종 결정과 행동은 자신의 판단으로 해야하고 스스로 책임도 져야 한다.

③ 진정성 유지: AI의 도움을 받되, 인간관계의 자연스러움과 진정성을 해치지 않도록 주의하는 것도 필요하다.

④ 윤리적 사용: AI 채팅앱 파트너의 동의 없이 AI 분석 도구를 사용하여 상대방을 분석하는 것은 상대 존중의 윤리적 문제를 야기할 수 있으므로 사전 허락을 받는 것이 좋다.

AI는 우리의 연애와 관계를 보조하는 도구일 뿐, 그 자체로 관계의 본질을 대체할 수는 없다. 결국 건강하고 행복한 관계의 핵심은 서로에 대한 이해, 존중, 그리고 진정한 소통에 있다.

AI는 이러한 요소들을 강화하고 보완하는 역할을 할 수 있지만, 관계의 주체는 여전히 우리 자신이다. 따라서 AI 시대의 연애와 관계 관리는 기술의 이점을 활용하면서도 인간 관계의 본질적 가치를 잃지 않는 균형을 찾는 것이 중요할 것이다.

채팅앱

[활동과제 예시 1] 내가 알고 있는 여사친의 MBTI를 분석해 보는 활동

질문 1

당신은 MBTI 성격분석 전문가이다. AI를 이용하여 나의 여사친의 성격을 MBTI로 분석하려면 어떤 방법이 있는지 Chain Of Thought를 이용하여 Step by step 으로 답을 작성해 줘.

MBTI 성격 분석은 많은 사람들에게 자신과 타인을 더 잘 이해하는 데 유용한 도구입니다. 여사친의 성격을 MBTI로 분석하기 위해 AI를 사용하는 방법을 단계별로 설명드리겠습니다.

단계 1: 데이터 수집

여사친의 성격 분석을 위해 필요한 데이터를 수집합니다. 이는 텍스트 기반 데이터가 될 수 있으며, 예를 들어 여사친이 쓴 글, 소셜 미디어 게시물, 이메일 등입니다. 데이터는 최대한 다양하게 수집하는 것이 좋습니다.

단계 2: 데이터 전처리

수집된 데이터를 AI 모델이 처리할 수 있는 형태로 전처리합니다. 예를 들어, 텍스트 데이터를 클렌징하고, 불필요한 정보를 제거하며, 데이터를 정제합니다.

단계 3: 텍스트 분석 모델 준비

자연어 처리(NLP) 모델을 사용하여 텍스트 데이터를 분석합니다. 여기에는 감정 분석, 주제 모델링, 성격 분석 등이 포함될 수 있습니다. 사전 학습된 NLP 모델(예: GPT-3, BERT 등)을 활용하면 효율적입니다.

단계 4: MBTI 모델 학습

MBTI 성격 유형을 예측할 수 있도록 AI 모델을 학습시킵니다. 이를 위해 사전에 라벨링된 MBTI 데이터셋을 사용하여 모델을 훈련시킵니다. 모델은 텍스트에서 성격 특징을 추출하고, 이를 기반으로 MBTI 유형을 예측할 수 있어야 합니다.

단계 5: 예측 수행

전처리된 데이터를 모델에 입력하여 여사친의 성격 유형을 예측합니다. 모델은 주어진 텍스트 데이터를 분석하여 해당 인물의 MBTI 성격 유형을 출력합니다.

단계 6: 결과 해석 및 피드백

예측된 MBTI 성격 유형을 해석하고, 여사친에게 피드백을 제공합니다. 이때, 결과가 정확할 수 있는지 여사친과 논의하고, 성격 분석 결과를 바탕으로 서로 더 잘 이해할 수 있는 방법을 모색합니다.

질문 2

위에서 2단계 데이터 전처리 과정을 예를 들어서 자세히 설명해 줘.

데이터 전처리는 AI 모델이 데이터를 효과적으로 분석할 수 있도록 준비하는 중요한 과정입니다. 예를 들어 설명드리겠습니다.

예제: 텍스트 데이터 전처리 과정

목표: 여사친이 작성한 텍스트 데이터를 전처리하여 AI 모델이 이를 분석할 수 있도록 준비합니다.

단계 1: 텍스트 데이터 수집

여사친이 소셜 미디어, 이메일, 메신저 등에서 작성한 텍스트 데이터를 수집합니다.

단계 2: 텍스트 데이터 클렌징

텍스트 데이터에는 불필요한 문자나 기호가 포함될 수 있습니다. 이를 제거하여 텍스트를 정제합니다.

```
python
import re
def clean_text(text):
    # 소문자로 변환
    text = text.lower()
    # 특수 문자 제거
    text = re.sub(r'[^a-zA-Z0-9\s]', '', text)
    # 숫자 제거
    text = re.sub(r'\d+', '', text)
    return text
```

raw_text = "Hello! My name is Jane, and I love AI."

cleaned_text = clean_text(raw_text)

print(cleaned_text) # 결과: "hello my name is jane and i love ai excited "

단계 3: 토큰화(Tokenization)

텍스트를 단어 또는 문장 단위로 분리하여 리스트 형태로 변환합니다.

python

from nltk.tokenize import word_tokenize

tokens = word_tokenize(cleaned_text)

print(tokens) # 결과: ['hello', 'my', 'name', 'is', 'jane', 'and', 'i', 'love', 'ai', 'excited']

단계 4: 불용어 제거(Stop Words Removal)

의미 없는 단어(예: "is", "and" 등)를 제거합니다.

python

from nltk.corpus import stopwords

stop_words = set(stopwords.words('english'))

filtered_tokens = [word for word in tokens if word not in stop_words]

print(filtered_tokens) # 결과: ['hello', 'name', 'jane', 'love', 'ai', 'excited']

단계 5: 어간 추출(Stemming) 또는 표제어 추출(Lemmatization)

단어의 원형을 추출하여 일관성을 높입니다.

python

from nltk.stem import PorterStemmer

ps = PorterStemmer()

stemmed_tokens = [ps.stem(word) for word in filtered_tokens]

print(stemmed_tokens) # 결과: ['hello', 'name', 'jane', 'love', 'ai', 'excit']

단계 6: 벡터화(Vectorization)

텍스트 데이터를 숫자로 변환하여 AI 모델이 이해할 수 있도록 준비합니다. 예를 들어, TF-IDF 벡터화를 사용합니다.

```
python
from sklearn.feature_extraction.text import TfidfVectorizer
vectorizer = TfidfVectorizer()
vectorized_text = vectorizer.fit_transform([' '.join(stemmed_tokens)])
print(vectorized_text.toarray())
```

이렇게 전처리된 데이터를 AI 모델에 입력하면, 모델이 이를 분석하여 여사친의 성격을 예측할 수 있습니다. 이 과정은 데이터의 품질을 높이고, AI 모델이 더 정확한 결과를 도출하는 데 도움을 줍니다.

질문 3

나는 파이썬 코딩을 이해할 수 없어. 나는 일반적인 ChatGPT를 한국어로만 이용할 수 있어. 그러니 2단계 상대방은 각종 데이터를 전처리 하는 과정을 ChatGPT를 이용하여 만드는 방법을 단계적으로 자세히 다시 설명해 줘.

물론이죠! AI를 활용하여 상대방의 데이터를 전처리하는 과정을 ChatGPT를 통해 단계별로 설명드리겠습니다.

* 데이터 전처리 과정

1. 데이터 수집

여사친이 작성한 텍스트 데이터를 수집합니다. 예를 들어, 소셜 미디어 게시물, 이메일, 메신저 대화 등 다양한 출처에서 데이터를 모읍니다.

2. 데이터 클렌징

수집한 텍스트 데이터를 정제합니다. 여기서는 불필요한 문자나 기호를 제거하고, 데이터를 깔끔하게 만듭니다.

ChatGPT를 이용한 방법: 텍스트 데이터를 정제하려는 목적을 설명하고, 불필요한 문자나 기호를 제거하도록 요청합니다.

예시: "이 텍스트에서 불필요한 특수문자와 숫자를 제거해 줘."

3. 토큰화(Tokenization)

텍스트를 단어 단위로 분리합니다. 이렇게 하면 AI가 개별 단어를 분석하기 쉬워집니다.

ChatGPT를 이용한 방법: 텍스트를 단어 단위로 분리해 달라고 요청합니다.

예시: "이 텍스트를 단어 단위로 분리해 줘."

4. 불용어 제거(Stop Words Removal)

의미 없는 단어들을 제거합니다. 예를 들어, "is", "and", "the" 등의 단어를 제거하여 중요한 단어만 남깁니다.

ChatGPT를 이용한 방법: 일반적인 불용어를 제거해 달라고 요청합니다.

예시: "이 텍스트에서 의미 없는 단어들을 제거해 줘."

5. 어간 추출(Stemming) 또는 표제어 추출(Lemmatization)

단어의 원형을 추출하여 일관성을 높입니다. 예를 들어, "running", "ran", "runs"를 모두 "run"으로 변환합니다.

ChatGPT를 이용한 방법: 텍스트에서 단어의 원형을 추출해 달라고 요청합니다.

예시: "이 텍스트에서 단어의 원형을 추출해 줘."

6. 벡터화(Vectorization)

텍스트 데이터를 숫자로 변환하여 AI 모델이 이해할 수 있도록 합니다. 예를 들어, 단어의 빈도수를 계산하거나 TF-IDF 값을 사용합니다.

ChatGPT를 이용한 방법: 텍스트 데이터를 숫자로 변환하도록 요청합니다.

예시: "이 텍스트를 벡터화해 줘."

예시 대화

데이터 클렌징:

사용자: "이 텍스트에서 불필요한 특수문자와 숫자를 제거해 줘."

ChatGPT: "Hello! My name is Jane, and I love AI. #excited □" -> "Hello My name is Jane and I love AI excited"

토큰화:

사용자: "이 텍스트를 단어 단위로 분리해 줘."

ChatGPT: "Hello My name is Jane and I love AI excited" -> ["Hello", "My", "name", "is", "Jane", "and", "I", "love", "AI", "excited"]

불용어 제거:

사용자: "이 텍스트에서 의미 없는 단어들을 제거해 줘."

ChatGPT: ["Hello", "My", "name", "is", "Jane", "and", "I", "love", "AI", "excited"] -> ["Hello", "name", "Jane", "love", "AI", "excited"]

어간 추출:

사용자: "이 텍스트에서 단어의 원형을 추출해 줘."

ChatGPT: ["Hello", "name", "Jane", "love", "AI", "excited"] -> ["Hello", "name", "Jane", "love", "AI", "excite"]

벡터화:

사용자: "이 텍스트를 벡터화해 줘."

ChatGPT: ["Hello", "name", "Jane", "love", "AI", "excite"] -> 벡터화된 값 (숫자 배열로 변환)

이러한 단계를 따라 텍스트 데이터를 전처리하면, AI 모델이 이를 분석하여 여사친의 성격을 예측하는 데 도움이 됩니다.

질문 4

TF-IDF가 무엇인지 쉽게 설명해 줘.

TF-IDF는 "Term Frequency-Inverse Document Frequency"의 약자로, 문서 내 단어의 중요도를 평가하는 방법입니다. 쉽게 말해, 특정 단어가 문서 내에서 얼마나 중요한지를 수치로 나타내는 방식입니다.

TF(Term Frequency): 특정 단어가 문서에서 얼마나 자주 등장하는지를 나타냅니다.

예: 문서에서 "AI"라는 단어가 10번 등장하면, "AI"의 TF는 10입니다.

IDF(Inverse Document Frequency): 특정 단어가 전체 문서들에서 얼마나 드물게 등장하는지를 나타냅니다.

예: "AI"라는 단어가 전체 100개의 문서 중 5개 문서에서만 등장한다면, "AI"의 IDF

는 높습니다.

TF-IDF 계산: TF와 IDF를 곱한 값으로 계산됩니다.

특정 단어가 한 문서 내에서 많이 등장하지만, 전체 문서에서는 드물게 등장한다면, 그 단어의 TF-IDF 값이 높아집니다.

이를 통해 중요한 단어와 일반적인 단어를 구분할 수 있으며, 텍스트 마이닝, 검색 엔진, 자연어 처리 등 다양한 분야에서 유용하게 사용됩니다.

예를 들어, "AI"가 특정 문서에서 많이 등장하고, 전체 문서에서는 드물게 등장한다면, 그 문서에서 "AI"는 중요한 주제라는 것을 의미합니다.

질문 5

위의 지금까지 내용을 Colab에서 파이선으로 코딩을 하고 싶어, 여사친 MBTI를 분석하는 데 작성되는 코딩 전체 코드를 작성해 줘.

좋습니다! 여사친의 텍스트 데이터를 전처리하고, MBTI 성격 유형을 예측하는 AI 모델을 사용하는 전체 파이썬 코드를 Colab에서 실행할 수 있도록 작성해 보겠습니다. 이 코드는 텍스트 데이터를 전처리하고, 사전 학습된 NLP 모델을 사용하여 성격 유형을 예측합니다.

1. Colab 준비

먼저 Colab에 접속하고 새로운 노트북을 생성합니다.

2. 라이브러리 설치

필요한 라이브러리를 설치합니다.

python

```
!pip install transformers

!pip install nltk

!pip install scikit-learn
```

3. 라이브러리 임포트 및 설정

python

```
import re
import nltk
from nltk.corpus import stopwords
from nltk.tokenize import word_tokenize
from nltk.stem import PorterStemmer
from sklearn.feature_extraction.text import TfidfVectorizer
from transformers import pipeline
# NLTK 데이터 다운로드(처음 한 번만 실행)
nltk.download('punkt')
nltk.download('stopwords')
```

4. 데이터 선저리 함수

```
python
def clean_text(text):
    text = text.lower()
    text = re.sub(r'[^a-zA-Z0-9\s]', '', text)
    text = re.sub(r'\d+', '', text)
    return text
def preprocess_text(text):
    cleaned_text = clean_text(text)
    tokens = word_tokenize(cleaned_text)
    stop_words = set(stopwords.words('english'))
    filtered_tokens = [word for word in tokens if word not in stop_words]
    ps = PorterStemmer()
    stemmed_tokens = [ps.stem(word) for word in filtered_tokens]
    return ' '.join(stemmed_tokens)
```

5. 텍스트 데이터 전처리

```
python
```

예시 텍스트 데이터

text_data = "Hello! My name is Jane, and I love AI. #excited □"

전처리된 텍스트

preprocessed_text = preprocess_text(text_data)

print(preprocessed_text)

6. TF-IDF 벡터화

python

vectorizer = TfidfVectorizer()

vectorized_text = vectorizer.fit_transform([preprocessed_text])

print(vectorized_text.toarray())

7. 사전 학습된 모델 로드 및 예측

python

여기서는 예시로 텍스트 분류 모델을 사용 (실제 MBTI 모델로 교체 필요)

nlp_model = pipeline("text-classification", model="nlptown/bert-base-multilingual-uncased-sentiment")

예측 수행

mbti_result = nlp_model(preprocessed_text)

print(mbti_result)

위 코드는 Colab에서 실행할 수 있는 전체 코드입니다. 이 코드를 통해 여사친의 텍스트 데이터를 전처리하고, 사전 학습된 NLP 모델을 사용하여 성격 유형을 예측할 수 있습니다.

추가 정보: 사전 학습된 MBTI 모델을 사용할 경우, 해당 모델로 교체하여 예측을 수행할 수 있습니다. 실제 데이터를 사용할 때는 충분한 데이터와 정확한 라벨링이 필요합니다.

[활동과제 예시 2] AI로 세상에 없는 게임 만들기 활동[라이너]

대학생 연인끼리 스마트폰을 사용하여 놀수 있는 간단한 게임을 만들려고 해.

Thinking of Thought, Chine of Thought, Step by step 기법으로 구상해 줘.

게임 내용을 설명하고 간단한 규칙을 제시해 줘.

1. 게임 개요

대학생 연인들을 위해 설계된 간단한 스마트폰 게임 "사랑의 탐험"은 서로에 대한 이해와 유대감을 강화하는 것이 목표인 게임입니다. 이 게임은 두 플레이어가 각각 질문을 통해 서로에 대한 생각과 감정을 공유하고, 미션을 수행하며 즐거운 시간을 보낼 수 있도록 구성됩니다.

2. 게임 내용 설명

"사랑의 탐험"은 플레이어가 서로의 깊은 감정을 탐색하고 공유하는 형식으로 진행됩니다. 기본적으로 질문과 미션이 번갈아 주어지며, 각 질문에 대한 답변을 통해 상대방을 더 잘 이해할 수 있는 기회를 제공합니다. 미션은 간단한 활동으로 구성되어 있어 친구, 가족 또는 서로의 사랑을 표현할 수 있도록 돕습니다.

3. 게임 규칙

- 게임 준비: 각 플레이어는 스마트폰에서 게임을 설치한 후, 개인 정보를 간단히 입력합니다(이름, 연애 기간 등).
- 첫 화면에서 두 플레이어가 동일한 방에 있다고 가정하고 게임을 시작합니다.
- 게임 진행
  - 질문 단계: 플레이어는 번갈아 가며 서로에게 질문을 던집니다. 각 질문에 대해 최대 1분의 답변 시간이 주어집니다.
  - 예시 질문: "당신이 나에게 기대하는 점은 무엇인가요?" / "우리가 함께 했던 가장 기억에 남는 순간은?"
- 미션 단계: 각 질문 후에는 미션이 주어집니다. 이 미션은 다음과 같은 방식으로 이루어집니다.
  - 예시 미션: 서로의 좋아하는 음식 사진을 찾아 보내기 / 함께 추억에 남는 장소를 생각하고 해당 장소에 관련된 이야기를 공유하기

- 점수 시스템: 질문에 대한 솔직하고 깊이 있는 답변과 미션 수행 완료에 따라 점수를 부여합니다. 각 질문과 미션은 최대 10점까지 부여되며, 게임이 끝난 후 총 점수를 확인할 수 있습니다.

- 게임 종료: 모든 질문과 미션이 완료되고, 최종 점수가 공개됩니다. 높은 점수를 얻은 플레이어는 상대방에게 소소한 보상을 약속하거나, 특별한 데이트를 제안할 수 있습니다.
- 결론: "사랑의 탐험"은 단순한 질문과 미션을 통해 서로의 감정을 탐색하고 즐거운 시간을 보낼 수 있는 방법입니다. 이 게임은 대학생 커플들이 서로의 관계를 더욱 깊게 만들어 주며, 재미있고 의미 있는 추억을 쌓을 기회를 제공합니다.

[활동과제 예시 3] 친구끼리 AI로 삼행시 재미있게 만들어 최우수 뽑기[코파일럿]

질문을 잘해야 재미있는 답이 나온다.

대학생이라는 삼행시를 지어줘.
대학의 꿈을 안고, 학문에 매진하여, 생각이 깊어지는 날들.

위 내용을 들으면 웃음이 나올 수 있게 수정해 줘.
대학생은 아침에 늘어져요, 학식은 언제 먹어도 그 맛이래요, 생각보다 과제는 왜 이리 많아요?

부모님께 드리는 삼행시로 수정해 줘.
대학을 꿈을 꾸게 해주시고, 학문의 길을 열어주신 부모님, 생각만 해도 감사한 마음 가득합니다.

친구에게 대학생 삼행시를 지어줘.
대학의 즐거움과, 학점의 걱정 속에서, 생각보다 소중한 우리 우정!

대학생을 연인에게 보내는 삼행시로 지어줘.
대학생활도 너와 함께라면, 학기마다 추억이 쌓여가, 생각만 해도 행복한 나의 사랑.

초딩, 중딩, 고딩에게 대학생 삼행시를 재미있게 다시 지어줘.
• 초딩에게: 대학 근처에는 게임방 많아, 학업도 게임처럼 놀이처럼, 생각보다 재밌는 대학생활! • 중딩에게: 대학은 자유의 나라, 학기마다 파티가 열려, 생각해봐 신나! • 고딩에게: 대학에서 맛보는 신세계, 학점 관리 힘들어도, 생각할수록 즐거운 청춘!

여사친이 남사친에게 보내는 위트 있는 대학생 삼행시를 지어줘.
대단한 너와 함께라면, 학기마다 새로운 모험이 펼쳐져, 생각만 해도 미소 짓는 우리 우정!

군대 가는 남친에게 여친이 보내는 대학생 삼행시를 위트 있게 만들어줘.
대단한 내 사랑아, 학기 중에도 생각날 거야, 생각보다 빨리 만나자, 너를 기다릴게!

여친에게 답하는 남친의 위트 있는 대학생 삼행시를 만들어 볼게요.
대답을 기다리느라, 학같이 목이 길어지면, 생일 날 꼭 올꺼지?

대학생 연인이 맛집에서 만났을 때 할 수 있는 대학생 삼행시를 위트 있게 지어줘.
대단해 이 맛집, 학식도 너랑은 괜찮았는데, 생기 넘치는 맛집 너와 함께라 더 행복해!

변비일 때 쾌변을 보는데 도움을 주는 삼행시 지어줘.
변비로 고생하던 날들, 비타민과 수분을 채워, 일어날 거야, 시원한 아침이!

위 삼행시를 더 위트있게 다시 지어줘.
변비야, 이젠 안녕, 비밀병기인 유산균과 물 한잔, 일기처럼 매일 시원한 아침이 올 거야!

[활동과제 예시 4] 연인끼리 마음을 만화로 표현해 보자. [코파일럿]

당신은 만화 시나리오 작가입니다. 대학생 철우가 군대에 가서 여친을 생각하며 군대 생활을 견뎌내는 스토리를 10컷짜리 시나리오로 작성해 주세요. 반전이 있는 씨나리오를 작성해 주세요.

시나리오: 철우의 군대 생활

- 컷 1: 철우가 여친 수민과 함께 카페에서 웃고 있는 장면

  철우: "곧 군대 가야 해서 긱징이야."

  수민: "걱정 마, 내가 기다릴게."
- 컷 2: 철우가 군복을 입고 부모님과 인사하는 장면

  부모님: "잘 다녀오렴, 철우야."

- 컷 3: 군대 입소 첫날, 철우가 긴장한 표정으로 선임과 대화하는 장면

  선임: "여기선 정신 똑바로 차려야 해."
- 컷 4: 군대 생활 중 철우가 훈련받으며 힘들어하는 장면

  철우의 생각: "수민이 생각만 하자. 곧 만날 거야."
- 컷 5: 훈련 중간 휴식 시간에 철우가 여친 수민의 편지를 읽는 장면

  편지 내용: "철우야, 잘 지내고 있지? 나는 네가 많이 그리워."
- 컷 6: 철우가 힘든 훈련을 견뎌내며 수민의 편지를 다시 읽는 장면

  철우: "수민이 믿고 있어, 나도 힘내자."
- 컷 7: 철우가 드디어 휴가를 받아 집으로 돌아가는 장면

  철우: "드디어 만날 수 있겠군!"
- 컷 8: 철우가 집 앞에서 여친 수민을 기다리는 장면

  철우: "수민아, 내가 돌아왔어!"
- 컷 9: 수민이 눈물을 흘리며 철우를 마주하는 장면

  수민: "철우야, 사실 나도 입대했어..."
- 컷 10: 철우가 깜짝 놀라며 수민을 안아주는 장면

  철우: "뭐?! 너도 군대라니... 우리 함께 버텨보자!"

컷 1: 철우가 여친 수민과 함께 카페에서 웃고 있는 장면.

철우: "곧 군대 가야 해서 걱정이야." 수민: "걱정 마, 내가 기다릴게."
이 내용에 맞는 만화를 그려줘.

컷 2: 철우가 군복을 입고 부모님과 인사하는 장면

부모님: "잘 다녀오렴, 철우야." 이 내용에 맞는 장면을 그려줘.

컷 4: 군대 생활 중 철우가 훈련받으며 힘들어하는 장면

철우의 생각: "수민이 생각만 하자. 곧 만날 거야."

컷 5: 훈련 중간 휴식 시간에 철우가 여친 수민의 편지를 읽는 장면

편지 내용: "철우야, 잘 지내고 있지? 나는 네가 많이 그리워."

컷 6: 철우가 힘든 훈련을 견뎌내며 수민의 편지를 다시 읽는 장면

철우: "수민이 믿고 있어, 나도 힘내자."

〈그림 생략〉

컷 7: 철우가 드디어 휴가를 받아 집으로 돌아가는 장면

철우: "드디어 만날 수 있겠군!"

〈그림 생략〉

컷 8: 철우가 집 앞에서 여친 수민을 기다리는 장면

철우: "수민아, 내가 돌아왔어!"

〈그림 생략〉

컷 9: 수민이 눈물을 흘리며 철우를 마주하는 장면

수민: "철우야, 사실 나도 입대했어."

컷 10: 철우가 깜짝 놀라며 수민을 안아주는 장면

철우: "뭐?! 너도 군대라니. 우리 함께 버텨보자!"

〈그림 생략〉

이렇게 철우와 수민이 서로를 생각하며 군대 생활을 견뎌내는 반전이 있는 스토리입니다. 두 사람이 서로의 마음을 확인하고 함께 어려움을 극복하는 모습이 감동적이네요!

[활동과제 예시 5] 보지 않은 영화 AI로 엿보기[코파일럿]

한국에서 현재 개봉하고 있는 영화 제목 3개만 알려줘.

물론이죠! 현재 한국에서 개봉 중인 영화 제목 3개는 다음과 같습니다.
"국제수사: 더블유"
"악인전"
"불꽃처럼 나비처럼"

'불꽃처럼 나비처럼' 영화의 줄거리를 간단히 설명해 줘.

'불꽃처럼 나비처럼'은 한 여성의 성장과 자아 찾기 여정을 다룬 영화입니다. 주인공은 어려운 가정 환경 속에서 자신을 표현하고자 하는 욕구를 갖고 있으며, 그 과정에서 다양한 사람들과의 만남을 통해 자신을 발견하게 됩니다. 이 영화는 감동적인 이야기와 멋진 촬영으로 많은 사람들에게 사랑받고 있습니다.

이 영화의 주인공은 누구이며 중요 인물은 누구인지 설명해 줘.

영화 "불꽃처럼 나비처럼"의 주인공은 김유라 역을 맡은 김지은이고, 중요 인물로는 김유라 역을 맡은 김소혜가 있습니다. 이 영화는 두 여자의 운명과 사랑을 다룬 듯합니다.

이 영화의 극적인 장면은 무엇인지 단계적으로 자세히 설명해 줘.

- 배경 음악: 장면이 시작되면서 감동적인 음악이 흘러나옵니다. 이 음악은 장면의 분위기를 더욱 강조합니다.
- 주인공의 대화: 주인공이 중요한 대화를 시작합니다. 이 대화는 장면의 핵심 메시지를 전달합니다.
- 감정의 변화: 주인공의 감성이 점차 변화하며, 이는 배우의 표정과 목소리 표현을 통해 잘 드러납니다.
- 큰 전환점: 장면의 전환점에서 주인공이 중요한 결정을 내리거나 큰 감정을 표현합니다. 이 순간은 관객들에게 큰 충격을 줍니다.
- 클로즈업: 장면이 마무리되며, 배경 음악이 다시 강조되고, 주인공의 마지막 대사가 나옵니다.

이 장면은 영화 전체를 더욱 감동적으로 만들어주는 중요한 요소입니다. 이 영화를 보신 적이 있으신가요?

이 영화가 주는 핵심 메시지는 무엇인지 단계적으로 자세히 설명해 줘.

영화 "불꽃처럼 나비처럼"은 다양한 메시지를 전달하려고 합니다. 다음은 이 영화가 주는 핵심 메시지를 단계적으로 설명한 것입니다.

- 자아 찾기와 성장: 주인공이 자신을 찾고 성장해 나가는 과정을 통해, 자신의 진정한 모습을 찾고 자아를 성장시키는 것이 중요하다는 메시지를 전달합니다.
- 관계와 소통: 영화 속에서 주인공이 다양한 사람들과의 관계를 통해 배우고 성장하는 모습을 보여줌으로써, 소통과 관계의 중요성을 강조합니다.
- 극복과 희망: 어려움 속에서도 주인공이 극복하고 희망을 잃지 않는 모습을 통해, 힘든 상황에서도 긍정적인 마음가짐과 희망을 유지하는 것이 중요하다는 메시지를 전합니다.
- 사랑과 이해: 영화는 사랑과 이해를 통해 서로를 지지하고 성장해 나가는 모습을 보여줍니다. 이를 통해 사랑과 이해가 인생에서 중요한 역할을 한다는 메시지를 전달합니다.

이러한 메시지들은 영화를 통해 관객들에게 깊은 감동을 주며, 각자의 삶에 적용할 수 있는 귀중한 교훈을 제공합니다.

이 영화는 어느 영화의 영향을 받은 것인지 설명해 줘.

"불꽃처럼 나비처럼"은 여러 영화에서 영향을 받았다고 알려져 있습니다. 특히, 이 영화는 "불꽃처럼 나비처럼"이라는 제목에서도 알 수 있듯이, 불꽃과 나비라는 이미지가 강하게 느껴지는 것이 특징입니다. 이 영화는 한국의 전통적인 요소와 현대적인 요소를 결합하여 독특한 스타일을 자아냈습니다. 이 영화의 감독은 "불꽃처럼 나비처럼"이라는 작품에서 전통과 현대의 조화를 표현하려고 했다고 밝혔습니다. 이러한 접근 방식은 다양한 영화들에서 영향을 받아왔으며, 특히 한국의 전통 문화와 현대 문화의 조화를 주제로 한 작품들과 유사한 요소를 가지고 있습니다.

이 영화의 주인공 배우에 대해 자세히 알려줘.

불꽃처럼 나비처럼의 주인공 배우는 이종석입니다. 이종석은 한국의 배우로, 여러 드라마와 영화에서 활약하고 있습니다. 이 영화에서 그는 주인공 역할을 맡아, 감동적인 연기를 펼쳤습니다.

이 영화는 어떤 사람과 함께 보면 가장 좋은지, 그 이유는 무엇인지 자세히 설명해 줘.

영화 "불꽃처럼 나비처럼"는 다양한 감정을 불러일으키는 영화로, 아래와 같은 사람들과 함께 보면 좋습니다:
연인: 이 영화는 로맨틱하고 감동적인 요소가 많아서 연인과 함께 보면 서로의 감정을 더 깊이 이해할 수 있는 좋은 기회가 됩니다.
친구: 함께 성장하고 서로를 지지하는 친구와 함께 보면 영화 속 주인공들의 여정을 공유하며 감동을 나눌 수 있습니다.
가족: 가족과 함께 보면서 영화 속 가족의 소중함과 사랑을 다시 한 번 느낄 수 있습니다.
영화 애호가: 감정의 변화를 세밀하게 표현한 연기와 아름다운 촬영 기법을 즐기는 사람들에게 추천합니다.
이 영화는 삶의 다양한 측면을 다루고 있어, 소중한 사람과 함께 보면 더 큰 감동을 느낄 수 있을 것입니다.

불꽃처럼 나비처럼의 마지막 장면을 그림으로 그려줘.

알려주신 마지막 장면을 그림으로 그려드리려고 했는데, 현재 이 기능에 문제가 발생한 것 같습니다. 불편을 드려 죄송합니다.

[활동과제 예시 6] 대학생 공모전 탐색하기 [라이너]

현재 한국에서 경영학과 1학년 대학생들이 참가할 수 있는 공모전을 5가지만 소개해 줘.

1. 2024 제20회 한국능률협회컨설팅 경영혁신 대학(원)생 공모전
   이 공모전은 국내외 대학(원)생을 대상으로 하며, 최신 트렌드를 반영한 신사업과 신시장 관련 비즈니스 모델 발굴 아이디어를 공모합니다. 응모자격은 개인 또는 팀(6인 이내)이며, 응모신청 마감일은 2024년 9월 27일입니다.
2. KOSSDA 대학생 공모전 2024
   KOSSDA 대학생 공모전은 특정 주제를 가지고 진행되며, 이러한 주제에 따라 참가자들이 연구 및 조사 결과를 제출해야 합니다. 다양한 대학에서 66팀이 참여하여 결과물을 낸 바 있으며, 시상식도 진행됩니다.
3. 제23회 한국여성경제인협회 주관 경쟁력 강화를 위한 파트너십 공모전
   이 공모전은 경영학과 관련된 주제를 가지고 있는 대학생들이 참여할 수 있으며, 여성 경제인과의 협력을 통한 혁신 아이디어를 발굴합니다. 참가신청 마감일과 구체적인 세부사항은 협회의 공식 웹사이트를 통해 확인할 수 있습니다.
4. 제6회 한국주택금융공사 HUG 공모전
   한국주택금융공사에서 주최하는 이 공모전은 주택금융과 관련된 혁신 사업 아이디어 발굴을 목표로 하며, 다양한 대학생들이 참여할 수 있습니다. 자세한 일정 및 주제는 한국주택금융공사의 공식 웹사이트에서 확인할 수 있습니다.
5. 제5회 삼육대학교 청년창업 아이디어 경진대회
   청년 창업과 관련된 아이디어를 공모하는 대회로, 창의적이고 실현 가능한 사업 계획을 제출해야 합니다. 응모 조건 및 일정은 삼육대학교 공식 웹사이트에서 확인하실 수 있습니다.

이 공모전들은 경영학과 학생들이 이론적 지식뿐만 아니라 실무 경험을 쌓고 실질적인 경쟁력을 향상시킬 수 있는 좋은 기회입니다.

〈관련 이미지〉

3. 제23회 한국여성경제인협회 주관 경쟁력 강화를 위한 파트너십 공모전의 상세한 내용을 단계적으로 자세히 설명해 줘.

1. 공모전 개요
   제23회 한국여성경제인협회 주관 경쟁력 강화를 위한 파트너십 공모전은 대학생들이 여성 경제인과 협력하여 혁신적인 아이디어를 발굴하는 것을 목표로 하는 공모전입니다. 이 공모전은 경영학과 관련된 다양한 주제를 다루며, 참여자로 하여금 실질적인 문제 해결과 사업 아이디어 개발 능력을 키울 수 있는 기회를 제공합니다.
2. 참가 자격
   본 공모전은 경영학 전공 학생을 포함하여 다양한 전공의 대학생들이 참여할 수 있습니다. 특정 자격 요건이 없어서, 개인 또는 팀(최대 4인)으로 응모할 수 있습니다. 이를 통해 학생들은 협력의 중요성을 배우고, 다양한 배경을 가진 참가자들과 아이디어를 공유하고 발전시킬 수 있습니다.
3. 공모 주제 및 요구 사항
   공모전의 주제는 여성 경제인과의 협력을 통한 경영 혁신입니다. 참가자들은 다음과 같은 사항을 고려하여 아이디어를 제출해야 합니다.
   - 사회적 가치: 제안하는 아이디어가 사회적 문제를 해결할 수 있는 방안인지에 대한 검토가 필요합니다.
   - 경제적 가치: 아이디어가 실질적인 경제적 이익을 창출할 수 있는지 분석해야 합니다.
   - 실현 가능성: 제안된 아이디어가 실제로 실행 가능한지, 필요한 자원과 시간, 인력을 고려하여 평가해야 합니다.
4. 신청 방법 및 일정
   신청은 온라인을 통해 이루어지며, 정확한 제출 마감일은 한국여성경제인협회 공식 웹사이트에서 확인할 수 있습니다. 보통 참가 신청과 아이디어 제출은 별도로 진행되며, 신청 마감일이 정해져 있으니 미리 준비하는 것이 중요합니다. 자주 변경되는 사항이 있을 수 있으므로, 정기적으로 관련 웹사이트를 체크하는 것이 유리합니다.
5. 시상 및 혜택
   공모전에 참여하여 우수한 성과를 거둔 팀은 상금 및 상패를 수여받습니다. 수상자는 후속 프로그램 및 멘토링 기회를 통해 자신의 아이디어를 상업화하는 과정에서 더 많은 지원을 받을 수 있는 혜택이 주어집니다. 이와 함께 수상 팀에는 한국여성경제인협회와의 네트워크 기회도 제공되어, 지속적인 멘토링 및 자원을 활용할 수 있습니다.
6. 맺음말
   제23회 한국여성경제인협회 주관 경쟁력 강화를 위한 파트너십 공모전은 대학생들이 경영학을 실제로 적용할 수 있는 기회를 제공하며, 협력을 통한 혁신 아이디어 발굴을 장려합니다. 참가자들은 이를 통해 경제적 가치와 사회적 가치를 동시에 고려하는 경험을 쌓을 수 있습니다. 이 공모전은 경영학과 학생들에게 성장과 발전의 기회를 제공하는 중요한 플랫폼입니다.

이 공모전에서 우승한 사례를 3가지만 자세히 안내해 줘.

우승 사례 소개
제23회 한국여성경제인협회 주관 경쟁력 강화를 위한 파트너십 공모전에서 우승한 사례들은 혁신성과 실현 가능성을 중시하는 다양한 아이디어들로 구성되어 있습니다. 이들 우승 사례는 각각 다른 방식으로 여성 경제인과의 협력을 통해 사회적 가치를 창출하는 데 기여하고 있습니다. 다음은 세 가지 우승 사례에 대한 자세한 설명입니다.

1. 자원 순환 플랫폼 구축
첫 번째 우승팀이 프로젝드는 환경 문제 해결을 위한 자원 순환 플랫폼 구축입니다. 이 팀은 여성기업이 생산하는 다양한 제품의 원자재를 재활용하고 순환할 수 있는 시스템을 제안했습니다. 이 플랫폼은 효율적인 자원 관리와 비용 절감을 가능하게 하며, 기업의 지속 가능성 향상에도 기여합니다. 특히, 이 시스템은 여성 기업인들이 재활용 원자재를 더 쉽게 관리하고 활용할 수 있도록 돕습니다.

2. 여성의 창업 지원 프로그램
두 번째 우승 사례는 저소득층 여성 창업자를 위한 맞춤형 지원 프로그램입니다. 이 팀은 여성가장늘이 자신의 사업을 성공적으로 시작하고 성장시킬 수 있도록 멘토링, 교육, 자금 지원 등을 통합한 프로그램을 설계했습니나. 이 프로그램을 통해 여성 창업자들은 실질적인 비즈니스 모델과 경영 능력을 획득할 수 있으며, 성이 높은 사회적 기업으로 성장할 수 있는 기반을 마련하게 됩니다.

3. 지역사회 여성 네트워크 구축
세 번째 우승팀은 지역 내 여성 기업가들 간의 네트워킹을 통한 협력 모델을 개발했습니다. 이 팀은 지역 여성 기업들이 서로의 경험과 자원을 공유할 수 있는 플랫폼을 미련하여, 협력하고 지원하는 문화를 조성하고자 했습니다. 이를 통해 참가자들은 공동 마케팅, 정보 공유, 공동 구매 등의 프로그램을 운영하여 경쟁력을 높일 수 있으며, 지역 경제에도 긍정적인 영향을 미치게 됩니다.
이러한 사례들은 사업의 사회적 책임을 강조하며, 여성 경제인들과의 협력을 통한 혁신적인 접근 방식을 보여줍니다. 각 프로젝트는 실질적인 문제를 해결하고, 동시에 지역 사회와 경제에 기여하는 방향으로 설계되었습니다. 이들은 단순한 아이디어를 넘어서, 실제적으로 실행 가능한 모델로 발전할 가능성을 지니고 있습니다.

위 공모전에 출전하기 위한 아이디어를 3가지만 찾아줘.
아이디어 영역은 돌봄이 부족한 학생을 위한 프로젝트로 해 줘.

제23회 한국여성경제인협회 주관의 경쟁력 강화를 위한 파트너십 공모전에 출전하기 위한 돌봄이 부족한 학생을 위한 프로젝트 아이디어를 제안 드리겠습니다.

아이디어 1: 커뮤니티 기반 멘토링 프로그램
이 프로그램은 지역사회 내 자원봉사자와 돌봄이 부족한 학생들을 연결하여 학습과 정서적인 지지를 제공하도록 설계됩니다. 대학생과 지역 사회의 전문직 종사자들이 멘토가 되어 학습에 대한 지도를 하며, 정서적 지지와 커리어 탐색을 도울 수 있습니다. 이 프로그램을 통해 학생들은 진로에 대한 통찰과 학업 성취를 높일 수 있을 뿐만 아니라, 멘토와의 관계를 통해 사회적 지지망을 형성할 수 있습니다.

아이디어 2: 방과 후 돌봄 및 학습 지원 센터
이 프로젝트는 돌봄이 부족한 학생들을 위해 방과 후 시간을 활용하여 학습과 돌봄을 통합한 프로그램을 제공합니다. 지역 커뮤니티 센터 또는 학교에 방과 후 학습 지원 센터를 설립하여 전문 강사가 진행하는 수업, 독서, 체육 활동 등을 포함시킵니다. 이러한 센터는 학생들이 학업에 집중할 수 있는 안전한 환경을 제공하며, 다양한 사회적 활동을 통해 친구를 사귈 수 있는 기회를 마련합니다.

아이디어 3: 디지털 기반 학습 지원 플랫폼
온라인 플랫폼을 통해 돌봄이 부족한 학생들에게 맞춤형 학습 지원을 제공합니다. 이 플랫폼은 교육 자료, 동영상 강의, 실시간 Q&A 세션 등 다양한 형태로 구성되어 학생들이 쉽게 접근할 수 있도록 합니다. 또한, 사용자 맞춤형 학습 경로를 설계하여 학생들이 필요로 하는 지원을 정교하게 제공함으로써, 비대면으로도 효과적인 학습 경험을 만들어 나갈 수 있습니다. 이 플랫폼은 다양한 기기로 접근 가능하여, 다양한 지역의 학생들에게 도움을 줄 수 있습니다.
이와 같은 세 가지 아이디어는 돌봄이 부족한 학생들의 학업 및 정서적 지원을 위한 효과적인 방안을 제공합니다. 각 아이디어는 지역 사회의 자원을 활용하거나 혁신적인 디지털 솔루션을 통해 돌봄의 과제를 해결하는 데 기여할 수 있습니다.

위 공모전에 독거노인을 위한 프로젝트 아이디어를 3가지만 추천해 줘.

독거노인을 위한 돌봄 프로젝트 아이디어를 다음과 같이 제안드립니다.

아이디어 1: 스마트 헬스케어 시스템 구축
스마트 헬스케어 시스템은 독거노인의 건강을 모니터링하고 관리하는 솔루션입니다. 이 시스템은 웨어러블 기기를 활용하여 심박수, 혈압, 수면 패턴 등을 실시간으로 기록하고, 이상 징후 발생 시 가족이나 의료진에게 자동으로 경고 메시지를 전송할 수 있습니다. 또한, 정기적인 건강 상담이나 원격의료 서비스를 제공하여 독거노인이 필요한 의료 서비스를 적시에 받을 수 있도록 지원합니다. 이와 같은 시스템은 노인의 자율성을 높이고, 응급 상황 발생 시 신속하게 대응할 수 있는 기반을 마련합니다.

아이디어 2: 지역 커뮤니티 기반 자원봉사 프로그램
이 프로그램은 지역사회 내 자원봉사자들과 독거노인을 연결하여 정기적인 방문 및 돌봄 서비스를 제공합니다. 자원봉사자는 독거노인의 안부를 확인하고, 필요한 경우 일상적인 활동을 돕거나 사회적 상호작용을 촉진하는 역할을 수행합니다. 이 프로그램을 통해 독거노인은 사회적 고립을 줄일 수 있으며, 자원봉사자들은 직접적인 상호작용을 통해 지역사회와의 유대감을 느낄 수 있습니다. 이를 통해 독거노인의 정서적 안정도 도모할 수 있습니다.

아이디어 3: 디지털 소통 플랫폼 개발
디지털 소통 플랫폼은 독거노인과 그 가족, 친구가 소통할 수 있는 공간을 제공하는 앱 기반의 서비스입니다. 이 플랫폼은 간편하게 사용 가능한 사용자 인터페이스를 제공하여 노인들이 쉽게 메시지를 보내거나 화상 통화를 할 수 있도록 설계됩니다. 또한, 상태 체크 기능을 추가하여 가족이 독거노인의 건강 상태나 기분을 확인할 수 있도록 지원합니다. 이처럼 디지털 소통 플랫폼은 노인의 사회적 연결성을 높이고, 외로움을 완화하는 데 기여할 수 있습니다.
이 세 가지 프로젝트 아이디어는 독거노인의 건강, 정서적 지원, 그리고 사회적 참여를 높이는 데 중점을 두고 설계되었습니다. 각 아이디어는 지역 사회의 자원 및 기술을 활용하여 독거노인의 삶의 질을 향상시키는 데 기여할 수 있습니다.
관련 이미지

위 공모전에 미혼남녀 소개하기 프로젝트를 공모하려고 하는데, 좋은 아이디어를 3가지만 찾아줘.

아이디어 1: “맞춤형 만남 서비스”
이 프로젝트는 개인의 성격, 취향, 그리고 인생 목표에 맞춘 맞춤형 소개 서비스를 제공합니다. 참여자는 온라인 설문지를 통해 자신에 대한 정보를 입력하면, AI 기반 알고리즘이 알맞은 상대방을 추천해주는 시스템입니다. 이후, 추천된 인연과의 첫 만남을 주선하여 자연스러운 만남을 통해 서로를 알아갈 수 있도록 지원합니다. 이러한 맞춤형 접근법은 더욱 효과적인 만남을 도와줄 수 있습니다.
아이디어 2: “소셜 다이닝 프로그램”
이 프로그램은 노총각과 노처녀가 함께 참여할 수 있는 테마별 소셜 다이닝 이벤트를 개최하는 것입니다. 요리 강습, 전통 음식 체험 등 다양한 활동을 통해 참가자들이 자연스럽게 소통하고 관계를 형성할 수 있는 환경을 제공합니다. 친목과 대화를 촉진하는 프로그램을 통해 구성원들은 보다 편안한 분위기 속에서 서로를 알아갈 수 있습니다. 이렇게 조성된 분위기는 커플成立을 위한 좋은 기회를 만들 수 있습니다.
아이디어 3: “커뮤니티 활동 기반 소개 프로그램”
이 프로젝트는 지역 커뮤니티의 다양한 활동과 이벤트를 통해 노총각과 노처녀가 자연스럽게 만날 수 있는 기회를 제공합니다. 예를 들어, 지역 사회에서 개최하는 자원봉사, 운동회, 문화 행사 등에 참여하게 하여 공통의 관심사를 가진 상대방을 만날 수 있는 기회를 늘립니다. 이러한 참여는 사람들 간의 유대감을 증진시킬 뿐만 아니라, 서로를 알아가는 중요한 첫 단추가 될 수 있습니다.
이 세 가지 아이디어는 노총각과 노처녀가 보다 자연스럽고 효과적으로 인연을 만들어갈 수 있는 방법을 제시하며, 서로의 관심사를 공유하고 관계를 발전시키는 데 중점을 두고 있습니다. 각 프로젝트는 참가자들의 성향에 맞춰 선택과 참여를 유도하여 성공적인 만남으로 이어질 수 있도록 지원할 것입니다.

CHAPTER

05

1. AI 윤리와 책임 있는 사용
2. AI 시대의 직업 전망과 필요한 역량
3. AI와 함께 만들어가는 지속 가능한 미래

나만 알고 싶은 AI 활용 교과서: 대학생 · 청년

AI 시대를 살아가는 청년을 위한 가이드

CHAPTER

05

AI 시대를 살아가는 청년을 위한 가이드

1 AI 윤리와 책임 있는 사용

AI 기술이 우리 삶의 모든 영역에 깊이 침투함에 따라, AI의 윤리적 사용과 그에 따른 책임은 매우 중요한 주제가 되었다. 청년들은 AI 기술의 주요 사용자이자 미래 개발자로서, AI 윤리에 대한 깊은 이해와 책임 있는 사용 방식을 숙지해야 한다.

(1) AI 윤리의 기본 원칙

AI 윤리는 다음과 같은 기본 원칙들을 포함한다.

1) 투명성

AI 시스템의 의사결정 과정은 가능한 한 투명해야 하며, 설명 가능해야 한다.

2) 공정성

AI 시스템은 편견과 차별을 최소화하고, 모든 사용자를 공정하게 대우해야 한다.

3) 프라이버시

개인 정보의 수집, 저장, 사용에 있어 사용자의 프라이버시를 존중해야 한다.

4) 책임성

AI 시스템의 결정과 그 영향에 대해 명확한 책임 소재가 있어야 한다.

5) 안전성

AI 시스템은 인간에게 해를 끼치지 않도록 설계되어야 한다.

이러한 원칙들을 실제로 적용한 사례를 살펴보겠다. 구글은 2018년 'AI 원칙'을 발표하며, AI 개발에 있어 사회적 이익을 최우선으로 하고, 편견을 피하며, 안전을 보장하겠다고 선언했다. 이에 따라 구글은 무기 개발을 위한 AI 기술 제공을 거부하는 등의 조치를 취했다.

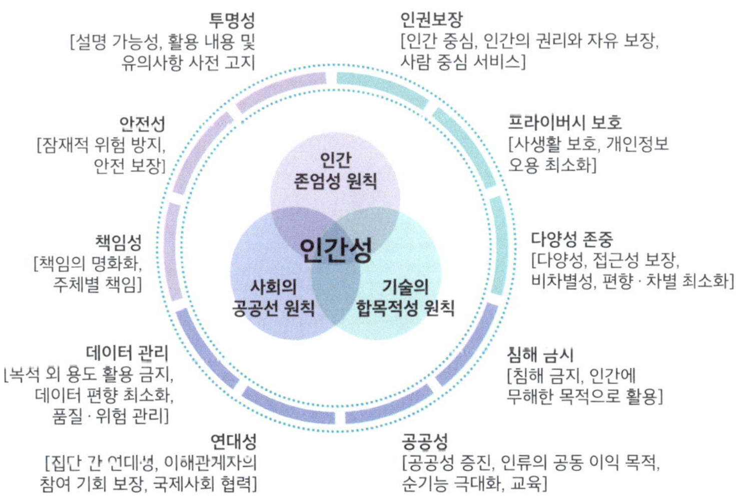

출처: https://ai.kisdi.re.kr/aieth/main/contents.do?menuNo=400029

세대별 AI 활용 역량

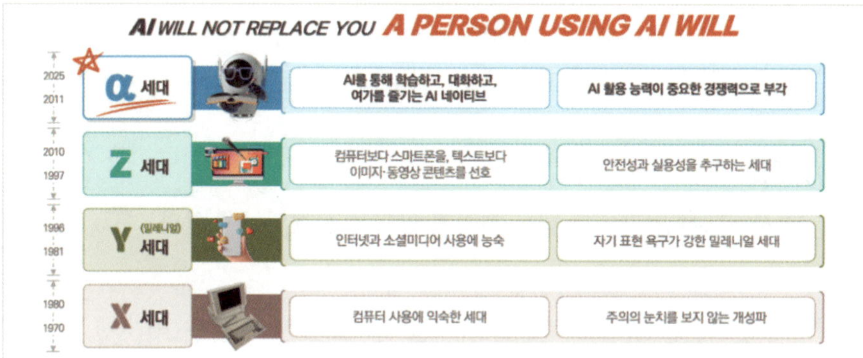

출처: https://repository.kisti.re.kr/bitstream/10580/19041/1/KISTI%20%EC%9D%B4%EC%8A%88%EB%B8%8C%EB%A6%AC%ED%94%84%20%EC%A0%9C68%ED%98%B8.pdf

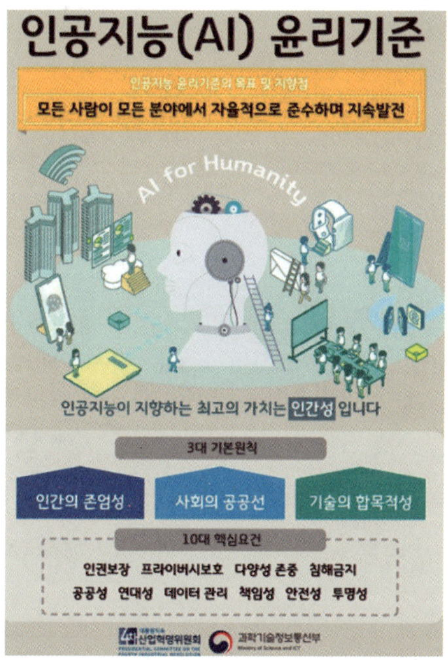

출처: https://itwiki.kr/w/%EA%B5%AD%EA%B0%80_%EC%9D%B8%EA%B3%B5%EC%A7%80%

(2) AI 편향성과 그 극복 방안

AI 시스템의 편향성은 주요한 윤리적 문제 중 하나이다. 이는 주로 학습 데이터의 편향, 알고리즘 설계의 편향, 또는 개발자의 무의식적 편견에서 비롯된다.

사례: 아마존의 AI 채용 도구 논란

2018년, 아마존은 자사의 AI 기반 채용 도구가 여성 지원자를 차별한다는 사실을 발견하고 해당 시스템의 사용을 중단했다. 이는 과거의 남성 중심적 채용 데이터로 학습된 AI가 편향된 결정을 내린 결과였다.

편향성 극복 방안

- 다양성을 갖춘 데이터셋 사용
- AI 시스템의 결정 과정을 지속적으로 모니터링하고 평가
- AI 개발 팀의 다양성 확보
- 편향성 감지 및 완화를 위한 특별한 알고리즘 개발

*** 프롬프트 예시**

너는 AI 관련 정보 전문가이다.

다음 질문을 단계적으로 생각해서 답을 해 줘.

인공지능이 편향으로 인하여 인종이나 남여 차별을 한 사례를 찾아서 자세히 설명해 줘.

*** AI 응답**

1. 사례 선정

먼저, 인공지능이 편향으로 인해 인종이나 성별 차별을 한 대표적인 사례를 선정하겠다. 여기서는 두 가지 사례를 다루겠다.

2. 사례 설명

① AI 이미지 생성기의 인종 및 성별 편향

AI 이미지 생성기, 예를 들어 Stable Diffusion과 DALL·E 같은 도구들은 종종 인종

및 성별에 대한 편향된 이미지를 생성한다. 예를 들어, '미국 남자와 그의 집'이라는 프롬프트에 대해 백인 남자가 큰 식민지 스타일의 집 앞에 서 있는 이미지를 생성한 반면, '아프리카 남자와 그의 멋진 집'이라는 프롬프트에 대해서는 어두운 피부의 남자가 간단한 진흙집 앞에 서 있는 이미지를 생성하였습니다. 이러한 도구들은 직업과 관련된 프롬프트에서도 편향된 이미지를 생성하는데, 예를 들어 거의 모든 가사도우미를 유색인종으로, 모든 승무원을 여성으로 묘사하는 경우가 많다.

② 얼굴 인식 소프트웨어의 인종 및 성별 편향

얼굴 인식 소프트웨어는 종종 인종 및 성별에 대한 편향을 보인다. MIT의 Joy Buolamwini 연구원은 2015년에 얼굴 분석 소프트웨어가 자신의 어두운 피부를 인식하지 못하는 문제를 발견했다. 이 소프트웨어는 주로 밝은 피부의 남성 이미지를 학습했기 때문이다. Buolamwini의 연구에 따르면, IBM, Microsoft, Amazon과 같은 대기업의 AI 시스템은 남성 얼굴에 비해 여성 얼굴을 인식하는 데 훨씬 더 많은 오류를 범했다. 특히 어두운 피부의 여성 얼굴에 대한 오류율은 35%에 달했다.

③ 원인 분석

이러한 편향의 원인은 주로 AI 모델이 학습하는 데이터셋에 있다. 데이터셋이 사회적 편견을 반영하고 있기 때문에, AI 모델도 이러한 편견을 학습하게 된다. 예를 들어, 인터넷에서 수집된 이미지 데이터셋은 종종 인종 및 성별에 대한 편향된 이미지를 포함하고 있다.

④ 해결 방안

이러한 문제를 해결하기 위해서는 다음과 같은 노력이 필요한다.

- 데이터셋의 다양성 확보: 다양한 인종과 성별을 포함한 데이터셋을 사용하여 AI 모델을 학습시켜야 한다.
- 편향 제거 알고리즘 개발: AI 모델이 편향된 결과를 생성하지 않도록 하는 알고리즘을 개발해야 한다.
- 윤리적 AI 개발: AI 개발 과정에서 윤리적 기준을 준수하고, 편향 문제를 지속적으로 모니터링하고 개선해야 한다.

출처: Bing을 활용하여 생성함

*** 프롬프트 예시**

우리 회사의 채용 과정에 AI를 도입하려고 한다. 성별, 인종, 나이 등에 대한 편향을 방지하기 위해 어떤 조치를 취해야 할까요?

*** AI 응답**

"채용 과정에 AI를 도입할 때 편향을 방지하기 위해 다음과 같은 조치를 취할 수 있다.

① 다양한 배경의 지원자 데이터로 AI를 학습시킨다.

② 정기적으로 AI의 결정을 인간 전문가가 검토한다.

③ 성별, 인종, 나이 등 민감한 정보를 AI의 의사결정 과정에서 제외한다.

④ AI 시스템의 결정 과정을 투명하게 공개하고 설명 가능하도록 한다.

⑤ 다양한 배경을 가진 전문가들로 AI 개발 및 감독 팀을 구성한다.

⑥ 정기적으로 AI 시스템의 결과를 감사하여 편향성을 체크한다.

(3) 편향의 원인

AI의 편향 결과는 조직과 사회 전체에 해를 끼칠 수 있다. 다음은 일반적인 AI 편향 유형이다.

1) 알고리즘 편향

문제나 질문이 완전히 정확하거나 구체적이지 않거나 머신러닝 알고리즘에 대한 피드백이 해결책을 찾는 데 도움이 되지 않는 경우 잘못된 정보가 발생할 수 있다.

2) 인지 편향

AI 기술에는 인간의 입력이 필요하며 인간은 오류를 범할 수 있다. 개인적 편견이 실무자 자신도 모르는 사이에 스며들 수 있다. 이는 데이터 집합 또는 모델 동작에 영향을 줄 수 있다.

3) 확증 편향

인지 편향과 밀접한 관련이 있는 이 편향은 AI가 데이터의 기존 믿음이나 추세에 지나치게 의존하여 기존 편향에 두 배로 의존하고 새로운 패턴이나 추세를 식별하지 못할 때 발생한다.

4) 제외 편향

이러한 유형의 편향은 중요한 데이터가 사용 중인 데이터에서 제외될 때 발생하며, 개발자가 새롭고 중요한 요소를 보지 못해서 발생하는 경우가 많다.

5) 측정 편향

측정 편향은 불완전한 데이터로 인해 발생한다. 이는 대부분 간과하거나 준비가 부족하여 고려해야 할 전체 인구를 포함하지 않은 데이터셋이 생성되는 경우이다. 예를 들어, 대학에서 성공적인 졸업 요인을 예측하고 싶지만 졸업생만 포함하는 경우 일부 중도 탈락의 요인을 완전히 놓치게 된다.

6) 집단 동질성 편향

자신이 모르는 것을 모르는 경우이다. 사람들은 자신이 속한 인그룹 멤버에 대해 더 잘 이해하는 경향이 있으며, 아웃그룹 멤버보다 인그룹 멤버가 더 다양하다. 그 결과 개발자는 학습 데이터에서 다수 집단에 속하지 않는 개인을 구별하지 못하는 알고리즘을 만들어 인종 편향, 오분류 및 오답을 초래할 수 있다.

7) 편견 편향

고정관념과 잘못된 사회적 가정이 알고리즘의 데이터셋에 유입되어 필연적으로 편향된 결과를 초래할 때 발생한다. 예를 들어, AI는 남성만 의사이고 간호사는 모두 여성이라는 결과를 내놓을 수 있다.

8) 회상 편향

이는 주관적인 관찰에 의해 라벨이 일관성 없이 적용되는 데이터 라벨링 과정에서 발생한다.

9) 샘플 및 선택 편향

머신러닝 모델을 학습시키는 데 사용되는 데이터가 충분히 크지 않거나 대표성이 부족하거나 너무 불완전하여 시스템을 충분히 학습시키지 못할 때 발생하는 문제이다. AI 모델 학습을 위해 자문을 구하는 모든 학교 교사가 동일한 학력 자격을 갖춘다면, 미래의 모든 교사도 동일한 학력 자격을 갖춰야 할 것이다.

10) 고정관념 편향

이는 일반적으로 AI 시스템이 의도치 않게 해로운 고정관념을 강화할 때 발생한다. 예를 들어, 언어 번역 시스템은 일부 언어를 특정 성별이나 인종적 고정관념과 연관시킬 수 있다. 맥킨지는 데이터 세트에서 편견을 제거하려는 시도에 대해 경고의 말을 전한다. "순진한 Approach는 데이터에서 성별이나 인종과 같은 보호 대상 클래스를 제거하고 알고리즘을 편향되게 만드는 레이블을 삭제한다. 그러나 이 Approach는 제거된 레이블이 모델 이해에 영향을 미치고 결과의 정확도가 떨어질 수 있으므로 작동하지 않을 수 있다."

챗봇의 편향성

출처: https://www.playsw.or.kr/artificial/textbook/detail/38

AI 편향성 사례

채용
아마존이 과거 채용 자료로 학습시킨 AI, 여성에게 낮은 점수 매기고 배제해.

사법
흑인 여성 포샤 우드러프, 흑인일 경우 범죄자일 가능성이 크다고 인식한 AI 오류로 부당하게 체포돼.

비자 발급
영국 정부가 사용한 AI, 백인의 비자 신청은 대부분 받아들이고 유색인종 신청은 높은 비율로 거부

출처: https://www.chosun.com/economy/tech_it/2023/11/04/F6MXUXT5PVC65PFGVM4XW7OENI/

(4) AI의 책임 있는 사용을 위한 가이드라인

AI의 책임 있는 사용을 위해 청년들이 고려해야 할 가이드라인은 다음과 같다.

1) 비판적 사고:

AI의 결과를 무조건 수용하지 말고, 항상 비판적으로 검토해야 한다.

2) 지속적 학습

AI 기술과 그 영향에 대해 지속적으로 학습하고 이해를 넓혀야 한다.

3) 프라이버시 존중

개인 정보 제공 시 그 용도와 보안에 대해 충분히 이해해야 한다.

4) 투명성 요구

AI 시스템의 의사결정 과정에 대해 설명을 요구할 권리가 있음을 인지해야 한다.

5) 윤리적 사용

AI 기술을 타인에게 해를 끼치거나 불법적인 목적으로 사용해서는 안 된다.

6) 인간 중심 접근

AI는 도구일 뿐, 최종 판단과 책임은 인간에게 있음을 명심해야 한다.

사례: OpenAI의 GPT 모델 단계적 공개

OpenAI는 강력한 언어 모델인 GPT-4o의 잠재적 위험성을 고려하여, 모델을 단계적으로 공개하고 사용을 모니터링하는 책임 있는 접근을 취했다. 이는 AI 기술의 혜택을 최대화하면서도 잠재적 위험을 관리하는 좋은 예시이다.

*** 프롬프트 예시**

AI 챗봇을 사용하여 학교 과제를 하려고 한다. 이를 윤리적으로 올바르게 사용하는 방법은 무엇일까요?

*** AI 응답**

AI 챗봇을 학교 과제에 활용할 때 윤리적으로 올바른 사용 방법은 다음과 같다.

① 참고 자료로만 활용: AI의 답변을 그대로 제출하지 말고, 아이디어나 방향성을 얻는 데 사용하세요.

② 출처 명시: AI 챗봇의 도움을 받았다면, 이를 과제에 명확히 밝히세요.

③ 비판적 검토: AI의 답변을 항상 비판적으로 검토하고 사실 확인을 하세요.

④ 개인 정보 보호: 과제 수행 시 개인 정보나 민감한 정보를 AI에 입력하지 마세요.

⑤ 학습 목표 고려: AI를 사용하되, 과제의 본질적인 학습 목표를 달성하는 데 중점을 두세요.

⑥ 교육자와의 소통: AI 사용에 대해 불확실한 점이 있다면, 교수님이나 선생님과 상의하세요.

AI의 책임 있는 사용을 위한 체크리스트

생명주기	요구사항 및 체크리스트		Yes	No	N/A
1. 계획 및 설계	요구사항 01	인공지능 시스템에 대한 위험관리 계획 및 수행			
	01-1	인공지능 시스템 생명주기에 걸쳐 나타날 수 있는 위험 요소를 분석하였는가?			
	01-1a	인공지능 시스템의 위험 요소를 도출하고 이의 파급효과를 파악하였는가?			
	01-2	위험 요소를 제거 및 방지하거나 영향을 완화하기 위한 방안을 마련하였는가?			
	01-2a	위험 요소 제거 방안을 도출하고 파급효과가 감소하였는지 확인하였는가?			
	요구사항 02	인공지능 거버넌스(governance) 체계 구성			
	02-1	인공지능 거버넌스에 대한 지침 및 규정을 수립하였는가?			
	02-1a	내부적으로 준수해야 할 인공지능 거버넌스에 대한 지침 및 규정을 마련하였는가?			
	02-2	인공지능 거버넌스를 위한 조직을 구성하고 인력 구성에 대해 검토하였는가?			
	02-2a	인공지능 거버넌스를 위한 조직을 구성하였는가?			
	02-2b	인공지능 거버넌스를 위한 조직은 충분히 훈련된 인력으로 구성하였는가?			
	02-3	인공지능 거버넌스 체계가 올바로 이행되고 있는지 감독하고 있는가?			
	02-3a	인공지능 거버넌스에 대한 내부 지침 및 규정 준수 여부를 감독하고 있는가?			
	02-4	인공지능 거버넌스 조직이 신규 및 기존 시스템의 차이점을 분석하였는가?			

	02-4a	이용 빈도가 낮은 타 시스템의 개선 및 통폐합을 통해 구현 가능한지 분석하였는가?			
	요구사항 03	인공지능 시스템의 신뢰성 테스트 계획 수립			
	03-1	인공지능 시스템의 특성을 고려한 테스트 환경을 설계하였는가?			
	03-1a	테스트 환경 결정 시 인공지능 시스템의 운영환경을 고려하였는가?			
	03-1b	가상테스트 환경이 필요한 인공지능 시스템의 경우 시뮬레이터를 확보하였는가?			
	03-2	인공지능 시스템의 테스트 설계에 필요한 협의 체계를 구성하였는가?			
	03-2a	인공지능 시스템의 기대 출력을 결정하기 위한 협의 체계를 구성하였는가?			
	03-2b	설명 가능성 및 해석 가능성 확인을 위한 사용자 평가단을 구성하였는가?			
2. 데이터 수집 및 처리	요구사항 04	데이터의 활용을 위한 상세 정보 제공			
	04-1	데이터의 명확한 이해와 활용을 지원하는 상세한 정보를 제공하는가?			
	04-1a	정제 전과 후의 데이터 특성을 설명하였는가?			
	04-1b	학습 데이터와 메타데이터(metadata)를 구분하고 각 명세자료로 확보하였는가?			
	04-1c	보호변수(protective attribute)의 선정 이유 및 반영 여부를 설명하였는가?			
	04-1d	라벨링 작업자를 위해 교육을 시행하고 작업 가이드 문서를 마련하였는가?			
	04-2	데이터의 출처는 기록 및 관리되고 있는가?			
	04-2a	신뢰할 수 있는 출처로부터 제공되는 데이터셋을 사용하였는가?			
	04-2b	오픈소스 데이터셋을 활용하는 경우 출처를 명시하였는가?			

요구사항 05	데이터 강건성 확보를 위한 이상 데이터 점검			
05-1	이상 데이터의 식별 및 정상 여부를 점검하였는가?			
05-1a	전체 학습용 데이터 분포를 시각화하여 발생 가능한 오류들을 확인하였는가?			
05-1b	학습 데이터 이상값 식별 기법을 적용하였는가?			
05-2	데이터 공격에 대한 방어 수단을 강구하였는가?			
06-2a	데이터 중독(spoisoning), 희귀화(squimission) 등 공격에 대한 방어 대책을 마련하였는가?			
요구사항 06	수집 및 가공된 학습 데이터의 편향 제거			
06-1	데이터 수집 시 인적·물리적 요인으로 인한 편향 완화 방안을 마련하였는가?			
06-1a	인적 편향을 제거하기 위한 절차적, 기술적 수단을 적용하였는가?			
06-1b	데이터의 다양한 확보를 위해 이기종 수집 장치를 활용하였는가?			
06-1c	하드웨어로 인해 발생할 수 있는 데이터의 편향을 점검하였는가?			
06-2	학습에 사용되는 특성(feature)을 분석하고 선정 기준을 마련하였는가?			
06-2a	보안특성 선정 시 충분한 분석을 수행하였는가?			
06-2b	학습에 사용될 수 있는 특성의 영향을 완화하였는가?			
06-2c	데이터 전처리 시 특성이 효과적으로 제거되었는지 검토하였는가?			
06-3	데이터 라벨링 시 발생 가능한 편향을 식별하고 방지하였는가?			
06-3a	데이터 라벨링 기준을 명확히 수립하고 작업자에게 교육하였는가?			

	06-3b	다양한 데이터 라벨링 작업자를 식별하기 위해 노력하였는가?			
	06-3c	다양한 데이터 라벨링 검사자를 확보하기 위해 노력하였는가?			
	06-4	편향 방지를 위한 샘플링을 수행하였는가?			
	06-4a	편향 방지를 위한 샘플링 기법을 적용하였는가?			
3. 인공지능 모델 개발	요구사항 07	오픈소스 라이브러리의 보안성 및 효율성 확보			
	07-1	오픈소스 라이브러리의 안정성을 확인하였는가?			
	07-1a	활성화된 오픈소스 라이브러리를 사용하였는가?			
	07-2	오픈소스 라이브러리의 위험 요소는 관리되고 있는가?			
	07-2a	사용 중인 오픈소스 라이브러리의 라이선스 준수사항을 이행하였는가?			
	07-2b	사용 중인 오픈소스 라이브러리의 효율성 및 보안 취약점을 확인하였는가?			

출처: https://grant-documents.thevc.kr/211825_%5BTTA%5D+2023+신뢰할+수+있는+인공지능

AI 윤리와 책임 있는 사용에 대한 이해는 AI 시대를 살아가는 청년들에게 필수적이다. 이를 통해 우리는 AI 기술의 혜택을 최대화하면서도 잠재적 위험을 최소화할 수 있다.

AI는 강력한 도구이지만, 그 사용에 따른 책임은 결국 우리 인간에게 있다. 따라서 AI를 윤리적이고 책임감 있게 사용하는 것은 개인의 권리이자 의무이다. 이러한 인식을 바탕으로 AI와 함께하는 미래를 현명하게 준비해 나가야 할 것이다.

*** 프롬프트 예시**

당신은 AI 윤리에 대한 전문가이다.

대학생들이 AI를 이용하여 소설책을 쓰려고 한다.

이때, AI를 이용하는 윤리적 기준은 무엇인지 TOT와 Step by step으로 자세하게 설명해 줘.

*** AI 응답**

AI를 이용하여 소설책을 쓰는 것은 매우 흥미로운 프로젝트이다! 하지만 윤리적인 기준을 준수하는 것이 매우 중요하다. 여기서는 TOT(Terms of Use, Ownership, Transparency)와 단계별로 윤리적 기준을 설명하겠다.

1. TOT(Terms of Use, Ownership, Transparency)

가. Terms of Use(이용 약관)

AI 도구의 이용 약관을 준수해야 한다. 각 AI 도구는 고유한 이용 약관을 가지고 있으며, 이를 위반하지 않도록 주의해야 한다.

예를 들어, 일부 AI 도구는 생성된 콘텐츠를 상업적으로 이용하는 것을 금지할 수 있다.

나. Ownership(소유권)

AI가 생성한 콘텐츠의 소유권 문제를 명확히 해야 한다. AI가 생성한 콘텐츠는 원작자의 창작물로 간주될 수 없으므로, 소유권과 관련된 법적 문제를 고려해야 한다.

대학생들이 AI를 이용하여 소설을 쓸 때, AI가 생성한 부분과 인간이 작성한 부분을 명확히 구분하는 것이 중요한다.

다. Transparency(투명성)

AI를 이용하여 생성된 콘텐츠임을 독자에게 명확히 밝혀야 한다. 독자들이 AI가 생성한 콘텐츠임을 알 수 있도록 투명성을 유지하는 것이 중요한다.

예를 들어, 소설의 서문이나 감사의 글에서 AI의 기여를 명시할 수 있다.

2. 윤리적 기준

가. 목적 설정

AI를 이용하여 소설을 쓰는 목적을 명확히 설정한다. 예를 들어, 창의력 증진, 작가의 약점 극복, 새로운 아이디어 탐색 등이 있을 수 있다.

나. AI 도구 선택

목적에 맞는 AI 도구를 선택한다. 각 도구의 기능과 제한 사항을 이해하고, 이용 약관을 준수한다.

다. 데이터 수집 및 준비

AI가 학습할 데이터를 수집하고 준비한다. 이때, 저작권이 있는 자료를 무단으로 사용하지 않도록 주의한다.

라. AI 학습 및 생성

AI를 학습시키고, 소설의 초안을 생성하는 과정에서 AI가 생성한 콘텐츠와 인간이 작성한 콘텐츠를 명확히 구분하여 안내 한다.

마. 검토 및 수정

AI가 생성한 초안을 검토하고 수정한다. 윤리적 기준을 준수하며, 독자에게 혼란을 주지 않도록 한다.

바. 투명성 유지

소설의 서문이나 감사의 글에서 AI의 기여를 명시한다. 독자들이 AI의 기여를 명확히 알 수 있도록 투명성을 유지한다.

사. 출판 및 배포

소설을 출판하고 배포할 때, AI의 기여를 명확히 밝히고, 이용 약관을 준수한다.

이러한 윤리적 기준을 준수하면, AI를 이용하여 소설을 쓰는 과정에서 발생할 수 있는 윤리적 문제를 최소화할 수 있다.

2 AI 시대의 직업 전망과 필요한 역량

AI 기술의 급속한 발전은 노동 시장에 큰 변화를 가져오고 있다. 일부 직업은 사라지고 새로운 직업이 생겨나는 등 청년들이 준비해야 할 미래의 직업 세계가 빠르게 변화하고 있다. 본 절에서는 AI 시대의 직업 전망과 이에 필요한 핵심 역량에 대해 살펴보겠다.

(1) AI에 의한 직업 변화 전망

AI의 발전으로 인한 직업 세계의 변화는 크게 세 가지로 나눌 수 있다.

- 대체될 가능성이 높은 직업
- AI와 협업하며 변화할 직업
- 새롭게 등장하는 AI 관련 직업

1) 대체될 가능성이 높은 직업

- 단순 반복적인 데이터 입력 작업: 단순 데이터 입력 사원 등
- 기본적인 고객 서비스: 콜센터 상담원, 간단한 은행 예금 안내 서비스 등
- 단순 회계 및 북키핑 업무: 회사의 급여 계산 회계직원 등
- 기초적인 리서치 및 데이터 분석: 대기 오염 측정 기록, 기온·강수량 누가 기록 등

2) AI와 협업하며 변화할 직업

- 의사: AI가 진단을 보조하고, 의사는 최종 판단과 환자 케어에 집중
- 변호사: AI가 법률 리서치를 수행하고, 변호사는 전략 수립과 고객 상담에 집중
- 금융 애널리스트: AI가 데이터 분석을 수행하고, 애널리스트는 전략적 의사결정에 집중

3) 새롭게 등장하는 AI 관련 직업

- AI 윤리 전문가: AI 시스템의 윤리적 문제를 평가하고 해결책을 제시
- 데이터 큐레이터: AI 학습을 위한 고품질 데이터셋을 구축하고 관리
- AI-인간 인터페이스 디자이너: AI와 인간의 상호작용을 원활하게 하는 인터페이스 설계
- 머신러닝 엔지니어: AI 모델을 개발하고 최적화

*** 프롬프트 예시**

내가 관심 있는 의사라는 직업이 AI 시대에 어떻게 변화할지 구체적으로 설명해주세요.

[AI로 대체 가능성이 높은 직업군]

*** AI 응답**

의사라는 직업은 AI 시대에 다음과 같이 변화할 것으로 예상된다.

① 진단 보조: AI가 방대한 의료 데이터를 분석하여 초기 진단을 제공하고, 의사는 이를 바탕으로 최종 진단을 내린다.

② 개인화된 치료: AI가 환자의 유전 정보, 생활 습관, 의료 기록을 종합 분석하여 맞춤형 치료 방안을 제안하고, 의사는 이를 검토하여 최적의 치료법을 결정한다.

③ 의료 영상 분석: AI가 X-ray, MRI, CT 등의 의료 영상을 정밀 분석하여 작은 이상 징후도 발견하고, 의사는 이를 바탕으로 종합적인 판단을 내린다.

④ 수술 보조: 로봇 수술 시스템과 AI가 결합하여 더 정밀한 수술을 가능하게 하며, 의사는 이를 조종하고 중요 결정을 내린다.

⑤ 원격 진료: AI 챗봇이 기초적인 문진을 수행하고, 의사는 화상 통화로 심층 진찰을 진행한다.

⑥ 의료 연구: AI가 방대한 연구 데이터를 분석하여 새로운 치료법이나 약물을 제안하고, 의사는 이를 검증하고 실제 임상에 적용한다.

⑦ 환자 모니터링: AI가 웨어러블 기기 등을 통해 환자의 상태를 실시간으로 모니터링하고 이상 징후를 감지하면, 의사에게 즉시 알린다.

이러한 변화 속에서 의사의 역할은 더욱 전문화되고, 환자와의 소통과 복잡한 의사결정에 더 집중하게 될 것이다. 따라서 미래의 의사는 AI를 효과적으로 활용하는 능력과 함께, 공감 능력, 비판적 사고력, 윤리적 판단력 등 인간 고유의 능력을 더욱 발전시켜야 할 것이다.

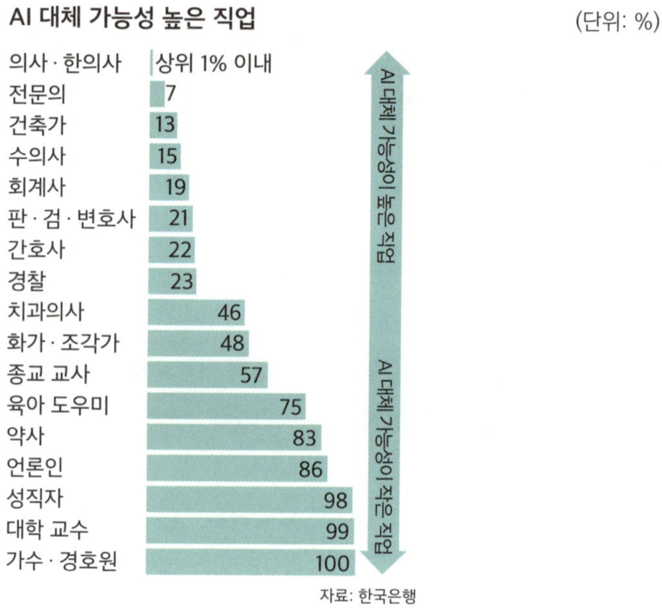

출처: https://sgsg.hankyung.com/article/2024062120201

BBC가 예측한 사라질 위험성이 높은 직업들 (단위: 명)

순위	직업	Job Title	위험성	종사자 수
1	텔레마케터	Telephone Salesperson	99.0%	43,000
2	(컴퓨터) 입력요원	Typist or related keyboard worker	98.5%	51,000
3	법률비서	Legal Secretaries	98.0%	45,000
4	경리	Financial Accounts Manager	97.6%	132,000
5	분류업무	Weigher, Grader or Sorter	97.6%	22,000
6	검표원	Routine Inspector and Tester	97.6%	63,000
7	판매원	Sales administrator	97.2%	70,000
8	회계 관리사	Book-Keeper, Payroll Manager or Worker	97.0%	436,000
9	회계사	Financial Officer	97.0%	35,000
10	보험사	Pensions and Insurance Clerk	97.0%	77,000
11	은행원	Bank or postoffice clerk	96.8%	146,000
12	기타 회계 관리자	Financial administrative worker	96.8%	175,000
13	NGO 사무직	non-government administrative worker	96.8%	60,000
14	지역 공무원	Local government administrative worker	96.8%	147,000
15	도서관 사서 보조	Library clerk	96.7%	26,000
				총 종사자수: 1,527,000명

출처: https://wittysuccess.com/entry/%EC%9D%B8%EA%B3%B5%EC%A7%80%EB%8A%A5-%EA%B4%80%EB%A0%A8-%EC%9C%A0%EB%A7%9D-%EC%A7%81%EC%97%85-Top-10

미래 유망한 직업

자율주행자동차 개발자	첨단 센서, 그래픽 기술, 3D 카메라, 레이더 등 기기를 활용해 주변 상황과 교통 상황을 정확히 판단해 운전자가 조작하지 않아도 스스로 주행하는 자동차를 개발하는 일을 한다.
유전학 상담전문가	환자와 가족들이 의학적, 유전적, 심리적, 사회적 측면에서 유전적 질환을 이해할 수 있도록 진료와 상담을 제공하고 가족이 적절한 대응 방법을 선택할 수 있도록 지원하는 일을 한다.
스마트팩토리 설계자	공장의 특성, 생산제품, 공정 등을 고려해 ICT, 인공지능, IoT 등으로 스마트 팩토리형 공장 설비를 분석하고, 분석 결과를 토대로 공정의 효율성을 높이기 위한 방안을 제안하는 일을 한다.
로보어드바이저 개발자	활용 가능한 금융정보, 고객의 투자 성향 정보 등의 분석 알고리즘을 개발하고, 이를 토대로 고객의 자산 운용을 자문하고 관리해 주는 자동화된 서비스를 개발해 제공하는 일을 한다.
뇌 - 컴퓨터 인터페이스 개발자	인간의 뇌에 대한 깊은 이해를 토대로, 인간의 신체활동 및 감정에 따라 뇌파가 어떻게 반응하는지 분석해 뇌 신호를 탐지하고 이를 컴퓨터에 입력해 컴퓨터가 반응하는 인터페이스 기술을 연구·개발하는 일을 한다.
뉴로모픽 칩 개발자	반도체 칩, 소자 등을 활용해 인간의 신경망(뉴런) 또는 뇌세포를 모방한 뉴로모픽 컴퓨터 칩의 신경 연결 특성을 자동화할 수 있는 기술을 개발·연구하는 일을 한다.
데이터 브로커	소비자가 오프라인과 온라인, 모바일에서 활동하는 과정에서 노출되는 개인 정보, 위치 정보 등의 다양한 데이터를 수집해 이를 분석하고, 분석된 데이터를 바탕으로 데이터 소유자와 데이터 제공자 간의 연결된 데이터를 관리하는 일을 한다.
로봇 윤리학자	인간의 윤리적 기준에 반하는 로봇 기능이 포함됐는지, 로봇의 편향성 여부를 분석해 로봇의 윤리적 기준을 정립하는 일을 한다.
블록제인시스템 개발자	네트워크, 암호학을 바탕으로 거래 데이터를 중앙에서 보관하는 것이 아닌 거래 참여자들의 합의를 통해 분산 저장해 나가는 기술을 개발해 은행과 같이 신뢰할 수 있는 기관 없이도 안전한 거래가 가능한 시스템 환경을 개발하거나 구축하는 일을 한다.

SNS 전문가	SNS상에서 기업 혹은 상품, 서비스 등의 홍보 및 마케팅, 고객과의 의사소통, 부정적 소문 및 이미지 관리 등의 일을 한다.
빅데이터 분석가	수집, 저장된 대량의 정형 또는 비정형 데이터를 분석하고 그 결과로부터 기업 혹은 공공기관 등에 가치 있는 정보를 추출하는 일을 한다.
인공지능 전문가	인간의 뇌구조에 대한 지식을 바탕으로 컴퓨터나 로봇 등이 인간과 같이 사고하고 의사 결정을 할 수 있도록 인공지능(알고리즘)을 개발하거나 프로그램으로 구현하는 일을 한다.
감성인식기술 전문가	인간의 감성에 반응하는 서비스를 제공하기 위해 뇌파, 표정, 감정, 음성, 촉각, 동작 인식, 생체신호 등 인간의 감성을 인식하는 기술을 개발하거나 감성정보를 수집, 분석하여 활용하는 기반 기술을 개발하는 일을 한다.
클라우드컴퓨팅 보안개발자	개인 사용자와 기업 시스템의 안전한 클라우드 서비스(컴퓨팅, 스토리지, 네트워크 등)를 이용하여 보안 기술을 개발하는 일을 한다.
디지털 장의사	고객의 의뢰를 받아 고객의 개인정보를 토대로 생성된 인터넷상의 각종 기록을 삭제하거나, 반대로 고객의 요구에 따라 기록과 정보를 기록, 수집, 관리하여 추후 활용할 수 있도록 하는 일을 한다.
O2O 서비스 기획자	다양한 ICT 기술, 스마트폰 앱, 위치정보 등을 이용하여 온·오프라인이 유기적으로 연결된 새로운 서비스를 기획하는 일을 한다.
클라우드 개발자	클라우드 서비스(스토리지, 네트워크 등) 개발 및 운영을 통해 사용자에게 편리한 서비스를 제공하는 일을 한다. 클라우드 서비스의 개발, 운영, 관리, 유지보수 등을 통해 사용자에게 최적화된 클라우드 서비스를 제공하는 일을 한다.
사물인터넷기기 보안인증심사원	사물인터넷 기기의 보안성 취약섬을 개선하고 보안 사고를 사전에 예방하기 위해 제도화된 사물인터넷 기기보안 기준에 따라 기기를 평가해 인증 여부를 심사하는 일을 한다.

출처: https://www.edujin.co.kr/news/articleView.html?idxno=37254

*** 프롬프트 예시**

AI 시대에 변화하는 직업의 공통된 특징을 간단히 정리해서 알려주세요.

*** AI 응답**

AI 시대에 변화하는 직업들의 공통된 특징은 다음과 같다.

① 창의성 및 문제 해결 능력: AI가 자동화할 수 없는 창의적이고 복잡한 문제 해결 능력이 요구된다.

② 기술 숙련도: AI 및 데이터 분석, 프로그래밍 등 기술적 역량이 중요해지고 있다.

③ 감성 지능: 인간의 감정과 상호작용하는 능력, 예를 들어 상담사나 의료직처럼 감성 지능이 필요한 직업은 AI가 대체하기 어렵다.

④ 협업 및 소통 능력: 팀워크와 효과적인 의사소통 능력이 중요한 직업은 여전히 높은 수요를 보일 것이다.

⑤ 지속적인 학습 및 적응력: 빠르게 변화하는 기술 환경에 적응하고 지속적으로 학습하는 능력이 필수적이다.

(2) AI 시대에 필요한 핵심 역량

AI 시대에 성공적으로 적응하고 경쟁력을 유지하기 위해 청년들이 갖춰야 할 핵심 역량은 다음과 같다.

1) 디지털 리터러시

AI를 포함한 디지털 기술을 이해하고 활용할 수 있는 능력

2) 데이터 분석 능력

데이터를 해석하고 의미 있는 인사이트를 도출하는 능력

3) 비판적 사고

AI의 결과를 비판적으로 평가하고 검증하는 능력

4) 창의성

AI가 쉽게 대체할 수 없는 독창적인 아이디어를 생성하는 능력

5) 감성 지능

타인의 감정을 이해하고 효과적으로 소통하는 능력

6) 적응력과 학습 능력

빠르게 변화하는 환경에 적응하고 지속적으로 학습하는 능력

7) 협업 능력

AI 및 다양한 배경의 동료들과 효과적으로 협력하는 능력

8) 윤리적 판단력

AI 사용에 따른 윤리적 문제를 인식하고 해결하는 능력

*** 프롬프트 예시**

AI 시대에 창의성을 어떻게 개발하고 활용할 수 있을까요? 구체적인 방법을 제시해 주세요.

*** AI 응답**

AI 시대에 창의성을 개발하고 활용하는 구체적인 방법은 다음과 같다.

① 다양한 분야 탐구: 자신의 전문 분야 외에도 다양한 학문과 예술을 접하세요. 이는 새로운 연결점을 찾는 데 도움이 된다.

② 발산적 사고 훈련: 브레인스토밍, 마인드맵핑 등의 기법을 활용해 다양한 아이디어를 생성하는 연습을 하세요.

③ AI와의 협업: AI 도구를 아이디어 생성의 출발점으로 활용하고, 이를 발전시키는 연습을 하세요.

④ 제약 속 창의성: 의도적으로 제약 조건을 설정하고 그 안에서 창의적 해결책을 찾는 연습을 하세요.

⑤ 실패를 두려워하지 않기: 새로운 시도를 하고 실패로부터 배우는 과정을 통해 창의성을 키우세요.

⑥ 다양한 경험 쌓기: 여행, 새로운 취미 활동 등 다양한 경험은 창의적 영감의 원천이 된다.

⑦ 비판적 질문하기: 기존의 방식에 대해 '왜?'라는 질문을 던지고 대안을 모색하세요.

⑧ 창의적 환경 조성: 아이디어를 자유롭게 공유하고 발전시킬 수 있는 환경을 만드세요.

⑨ 학제 간 협업: 다른 분야의 전문가들과 협업하여 새로운 관점을 얻으세요.

⑩ 명상과 휴식: 마음을 비우는 시간은 새로운 아이디어가 떠오르는 데 도움이 된다.

이러한 방법들을 꾸준히 실천하면서, AI를 보완적 도구로 활용하여 인간만의 독창적인 창의성을 더욱 발전시킬 수 있다.

미래 인재의 6가지 핵심 역량

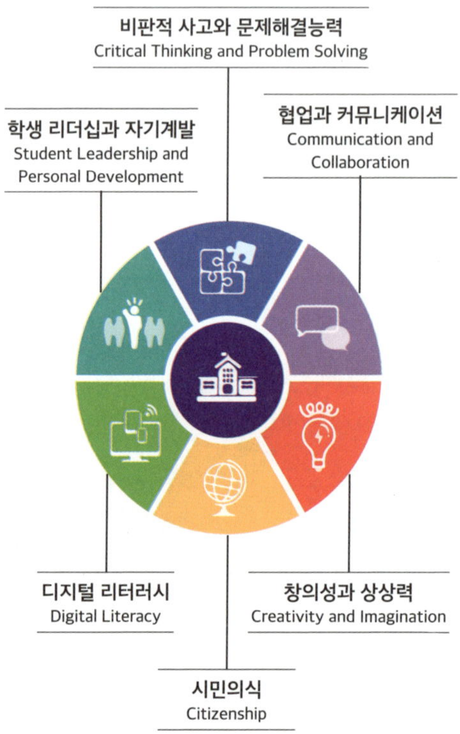

출처: https://www.britishcouncil.kr/sites/default/files/6_core_skills.pdf

(3) AI 시대의 커리어 개발 전략

AI 시대에 성공적인 커리어를 개발하기 위한 전략은 다음과 같다.

1) 지속적인 학습

온라인 코스, 웨비나, 컨퍼런스 등을 통해 최신 기술 트렌드를 학습

2) T자형 인재 되기

한 분야의 전문성과 함께 다양한 분야에 대한 기본적 이해 갖추기

3) 프로젝트 기반 포트폴리오 구축

실제 문제를 해결한 프로젝트 경험을 축적

4) 네트워킹

AI 전문가, 관련 업계 종사자들과의 네트워크 구축

5) AI 도구 활용 능력 개발

다양한 AI 도구를 실제 업무에 적용해보는 경험 쌓기

6) 소프트 스킬 강화

의사소통 능력, 리더십, 문제 해결 능력 등 인간 고유의 역량 개발

7) 글로벌 시각 갖추기

국제적인 AI 트렌드와 윤리적 이슈에 대한 이해

8) 창업 마인드

AI를 활용한 혁신적인 비즈니스 모델 구상 및 실행

*** 프롬프트 예시**

당신은 AI 활용에 대하여 전문 지식을 갖춘 전문가이다.

요즘에는 AI 종류가 너무 많아서 무엇을 사용하는 것이 가장 좋은지 알고 싶다.

대학생들이 자신의 전공과목 학점관리를 잘하기 위해서는 어떤 AI를 사용하는 것이 좋은지 단계적으로 사고하며 자세히 알려줘.

*** AI 응답**

대학생들의 전공과목 학점관리를 위한 AI 활용에 대해 단계적으로 생각해보겠습니다.

① 학습 지원 AI: ChatGPT나 Claude와 같은 대화형 AI 어시스턴트를 활용할 수 있다. 이들은 다양한 주제에 대한 설명, 요약, 질문 답변을 제공할 수 있어 학습 보조 도구로 유용하다. Wolfram Alpha는 수학, 과학 관련 계산과 데이터 분석에 특화되어 있어 이공계 학생들에게 도움이 될 수 있다.

② 글쓰기 지원 AI: Grammarly나 ProWritingAid와 같은 AI 기반 글쓰기 도구는 문법, 맞춤법, 문장 구조 개선에 도움을 준다. 리포트나 에세이 작성 시 유용하다.

③ 시간 관리 AI: RescueTime이나 Todoist와 같은 AI 기반 시간 관리 앱은 학습 시간을 효율적으로 관리하는 데 도움을 준다.

④ 노트 정리 AI: Notion이나 Evernote와 같은 AI 기능이 통합된 노트 앱은 수업 내용을 효과적으로 정리하고 검색하는 데 유용하다.

⑤ 암기 지원 AI: Quizlet이나 Anki와 같은 AI 기반 플래시카드 앱은 중요 개념이나 용어를 효과적으로 암기하는 데 도움을 준다.

⑥ 학습 분석 AI: Knewton이나 Carnegie Learning과 같은 AI 기반 학습 분석 도구는 학생의 학습 패턴을 분석하고 개인화된 학습 경로를 제안한다.

이러한 AI 도구들을 적절히 조합하여 사용하면 학습 효율성을 높이고 학점 관리에 도움을 받을 수 있다. 단, AI는 보조 도구일 뿐이며, 실제 학습과 이해는 학생 본인의 노력이 필요하다는 점을 항상 명심해야 한다.

출처: claude-3. 5-sonet을 활용하여 생성함

*** 프롬프트 예시**

너는 대학교에서 AI를 가르치는 전문가이다.

AI 시대에 대학생들이 성공적인 커리어를 개발하기 위한 전략을 전문가 입장에서 단계적으로 사고하여 자세히 작성해 줘.

*** AI 응답**

① 기초 지식 습득

- AI 기본 개념 이해: 인공지능의 역사, 주요 기술, 윤리적 문제 등을 포함한 기본 개념을 학습한다이를 통해 학생들은 AI의 전반적인 이해를 높일 수 있다.
- 프로그래밍 언어 습득: Python, R, Java 등 AI 개발에 필수적인 프로그래밍 언어를 익힙니다. 특히 Python은 AI와 데이터 과학 분야에서 많이 사용되므로 필수적이다.

② 심화 학습

- 데이터 과학 및 머신러닝: 데이터 분석, 머신러닝 알고리즘, 통계학 등을 심도 있게 학습한다이를 통해 학생들은 데이터 기반의 문제 해결 능력을 기를 수 있다.
- 딥러닝: 신경망, CNN, RNN 등 딥러닝 기술을 학습한다딥러닝은 AI의 핵심 기술 중 하나로, 이를 통해 복잡한 문제를 해결할 수 있다.

③ 실습 및 프로젝트

- 실제 프로젝트 참여: 학교나 외부 기관에서 진행하는 AI 관련 프로젝트에 참여하여 실무 경험을 쌓습니다. 이를 통해 학생들은 이론을 실제로 적용해 볼 수 있다.
- 개인 프로젝트: 개인적으로 관심 있는 주제를 선정하여 프로젝트를 진행한다이를 통해 학생들은 자신의 창의성과 문제 해결 능력을 발휘할 수 있다.

④ 네트워킹

- 커뮤니티 참여: AI 관련 학회, 세미나, 워크숍 등에 참여하여 전문가들과 교류한다. 이를 통해 최신 동향을 파악하고 인맥을 넓힐 수 있다.
- 멘토링: 경험 많은 전문가에게 멘토링을 받습니다. 이를 통해 실무적인 조언과 지도를 받을 수 있다.

⑤ 최신 동향 파악

- 논문 및 연구 자료 읽기: 최신 AI 연구 논문과 자료를 꾸준히 읽고 분석한다. 이를 통해 최신 기술과 연구 동향을 파악할 수 있다.
- 기술 트렌드 파악: AI 기술의 최신 동향과 발전 방향을 파악한다. 이를 통해 미래의 기술 변화를 예측하고 준비할 수 있다.

⑥ 인턴십 및 현장 경험

- 인턴십: AI 관련 기업에서 인턴십을 통해 실무 경험을 쌓는다. 이를 통해 실제 업무 환경에서의 경험을 쌓을 수 있다.

- 현장 학습: 실제 현장에서 AI 기술이 어떻게 적용되는지 학습한다. 이를 통해 이론과 실무를 연결할 수 있다.

⑦ 지속적인 학습

- 온라인 강의 및 코스: Coursera, edX 등 온라인 플랫폼을 통해 지속적으로 학습한다. 이를 통해 최신 기술과 지식을 습득할 수 있다.
- 자격증 취득: AI 관련 자격증을 취득하여 전문성을 인증받는다. 이를 통해 자신의 능력을 공식적으로 인정받을 수 있다.

⑧ 소프트 스킬 개발

- 문제 해결 능력: 복잡한 문제를 분석하고 해결하는 능력을 기른다. 이를 통해 다양한 상황에서 유연하게 대처할 수 있다.
- 커뮤니케이션 스킬: 팀원들과 효과적으로 소통하는 능력을 기른다. 이를 통해 협업 능력을 향상시킬 수 있다.

이러한 전략을 통해 대학생들이 AI 시대에 성공적인 커리어를 개발할 수 있을 것이다.

*** 프롬프트 예시**

AI 분야로 커리어를 전환하고 싶습니다. 어떤 단계를 거쳐 준비해야 할까요?

*** AI 응답**

AI 분야로의 커리어 전환을 위한 단계별 준비 과정은 다음과 같다.

① 기초 지식 습득

- 프로그래밍 언어 학습(Python, R 등)
- 수학 및 통계 기초 학습(선형대수, 미적분, 확률론 등)
- 머신러닝과 딥러닝의 기본 개념 이해

② 온라인 코스 수강

- Coursera, edX 등의 플랫폼에서 AI 관련 강좌 수강
- Google, IBM 등 기업에서 제공하는 AI 인증 과정 이수

③ 프로젝트 경험 쌓기

- Kaggle 등의 플랫폼에서 데이터 분석 대회 참여

• GitHub에 개인 프로젝트 업로드 및 공유

④ AI 커뮤니티 참여

• AI 관련 컨퍼런스, 워크숍 참석

• 온라인 AI 커뮤니티 활동(Stack Overflow, Reddit r/MachineLearning 등)

⑤ 인턴십 또는 주니어 직무 지원

• AI 스타트업이나 대기업의 AI 부서 인턴십 지원

• 주니어 데이터 사이언티스트, AI 엔지니어 포지션 탐색

⑥ 지속적인 학습과 네트워킹

• 최신 AI 연구 논문 읽기

• LinkedIn 등을 통한 AI 전문가들과의 네트워크 구축

⑦ 특성 분야 전문성 개발

• 컴퓨터 비전, 자연어 처리, 강화학습 등 특정 AI 분야 심화 학습

⑧ AI 윤리 및 사회적 영향 이해

• AI의 윤리적 사용과 사회적 영향에 대한 이해 깊이기

이 과정은 개인의 배경과 상황에 따라 조정될 수 있으며, 꾸준한 노력과 열정이 필요하다.

AI 분야는 빠르게 발전하고 있으므로, 지속적인 학습과 적응이 중요하다.

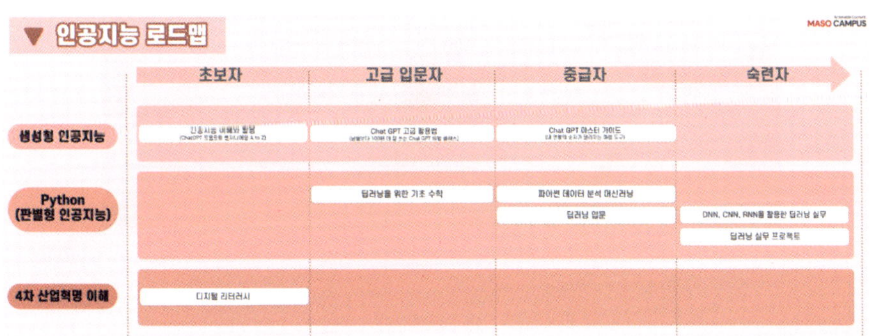

출처: https://www.inflearn.com/roadmaps/3356

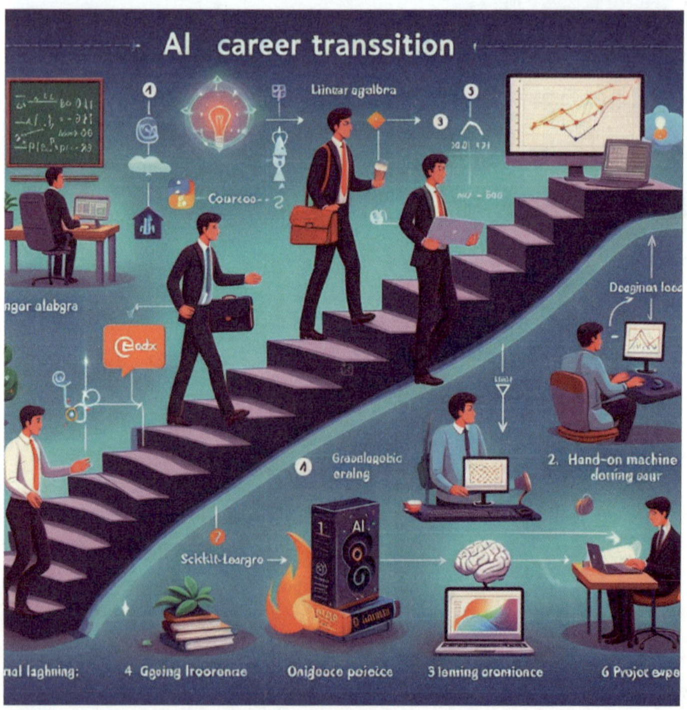

출처: Bing을 활용하여 생성함

3 ▶ AI와 함께 만들어가는 지속 가능한 미래

AI 기술은 우리 사회가 직면한 여러 문제를 해결하고 지속 가능한 발전을 이루는 데 큰 역할을 할 수 있다. 본 절에서는 AI가 어떻게 지속 가능한 미래를 만드는 데 기여할 수 있는지, 그리고 이 과정에서 청년들이 어떤 역할을 할 수 있는지 살펴보겠다.

(1) 환경 보호와 기후 변화 대응을 위한 AI

AI는 환경 보호와 기후 변화 대응에 다양한 방식으로 기여할 수 있다.

1) 에너지 효율 최적화

- 스마트 그리드 시스템에서 AI를 활용해 전력 수요와 공급을 실시간으로 조절
- 건물의 에너지 사용을 AI로 분석하고 최적화하여 에너지 낭비 감소

2) 기후 변화 예측 및 대응

- AI를 활용한 기후 모델링으로 더 정확한 기후 변화 예측
- 극단적 기후 현상을 사전에 예측하고 대응 방안 수립

3) 생태계 모니터링

- 드론과 AI를 결합하여 산림 파괴, 불법 어업 등을 감시
- 멸종 위기 동물의 개체 수와 이동 패턴을 AI로 추적 및 분석

4) 재생 에너지 최적화

- 풍력, 태양광 발전의 효율을 AI로 예측하고 최적화
- 재생 에너지와 기존 에너지원의 최적 조합을 AI로 계산

*** 프롬프트 예시**

AI를 활용해 도시의 대기 오염을 줄일 수 있는 구체적인 방안을 제시해 주세요.

*** AI 응답**

AI를 활용하여 도시의 대기 오염을 줄이는 구체적인 방안은 다음과 같다.

① 실시간 대기질 모니터링 및 예측
- AI와 IoT 센서를 결합하여 도시 전역의 대기질을 실시간으로 모니터링
- 기상 데이터, 교통량 등을 종합하여 AI로 단기 및 중장기 대기질 예측

② 스마트 교통 시스템
- AI 기반 교통 신호 최적화로 교통 흐름을 개선하고 차량 공회전 감소
- 실시간 대기질에 따라 특정 지역의 차량 진입을 제한하는 동적 교통 관리

③ 개인화된 대기 오염 정보 제공
- AI 앱을 통해 개인의 이동 경로에 따른 맞춤형 대기질 정보와 건강 조언 제공
- 대기 오염이 심한 지역을 우회하는 경로 추천

④ 산업 시설 배출 관리
- AI를 활용해 공장 등 산업 시설의 배출 가스를 실시간 모니터링
- 생산 공정을 AI로 최적화하여 오염 물질 배출 최소화

⑤ 도시 녹지 계획
- AI 시뮬레이션을 통해 도시 녹지의 최적 위치와 구성을 계획
- 대기 오염 흡수에 가장 효과적인 식물 종 선정 및 배치

⑥ 건물 에너지 효율 개선
- AI로 건물의 에너지 사용을 분석하고 최적화하여 간접적인 대기 오염 감소
- 스마트 빌딩 시스템으로 실내 공기질 관리 및 에너지 효율 극대화

⑦ 시민 참여 유도
- AI 챗봇을 통해 시민들에게 대기 오염 저감을 위한 맞춤형 조언 제공
- 게이미피케이션을 활용한 AI 앱으로 친환경 행동 장려

⑧ 정책 결정 지원
- AI 기반 시뮬레이션으로 다양한 정책 시나리오의 효과 예측
- 데이터 기반의 과학적인 대기 오염 저감 정책 수립 지원

이러한 AI 기반 솔루션들을 통합적으로 적용함으로써, 도시의 대기 오염을 체계적이고 효과적으로 관리할 수 있다.

출처: Bing을 활용하여 생성함

(2) 사회 문제 해결을 위한 AI

AI는 다양한 사회 문제를 해결하는 데 기여할 수 있다.

1) 교육 격차 해소

- AI 튜터링 시스템으로 개인화된 학습 경험 제공
- 원격 교육의 질을 높여 지리적, 경제적 제약 극복

2) 의료 접근성 개선

- AI 진단 보조 시스템으로 의료 서비스 품질 향상
- 원격 의료 서비스로 의료 소외 지역 지원

3) 사회 안전망 강화

- AI로 복지 사각지대 발굴 및 맞춤형 지원
- 재난 예측 및 대응 시스템 고도화

4) 노동 환경 개선

- 위험하고 반복적인 작업을 AI와 로봇으로 대체
- AI를 활용한 근로자 건강 및 안전 모니터링

*** 프롬프트 예시**

당신은 노동환경 문제를 개선하는 전문 AI이다.

노동 환경 개선을 위해서는 어떤 환경이나 과정에 AI가 투입되어야 효과적인지 그 조건을 단계적으로 자세히 설명해 줘.

***AI 응답**

노동 환경 문제를 개선하기 위해 AI를 효과적으로 활용할 수 있는 조건과 환경, 과정을 단계별로 설명하겠습니다.

1단계: 문제 정의 및 데이터 수집

가. 문제 정의: 노동 환경에서 해결하고자 하는 구체적인 문제(예: 안전사고, 직원 불만, 비효율적인 작업 프로세스 등)를 명확히 한다.

나. 데이터 수집: 데이터의 품질과 양이 중요하므로 정제 및 전처리 과정을 거친다.

다. 설문 조사, 인터뷰, 센서 데이터, 작업 로그 등 다양한 출처에서 데이터를 수집한다.

2단계: 데이터 분석 및 패턴 인식

가. 탐색적 데이터 분석(EDA): 수집한 데이터를 시각화하여 패턴, 트렌드, 이상치를 파악한다.

나. AI 모델 개발: 머신러닝 알고리즘(예: 군집화, 분류)을 사용하여 문제를 해결할 수 있는 모델을 개발한다.

예: 근무 중 사고 발생 패턴을 분석하여 위험 요소를 식별한다.

3단계: 솔루션 설계 및 구현

가. AI 기반 솔루션 설계: 예측 분석, 추천 시스템, 자동화 도구 등을 설계한다.

예: 안전 교육을 위한 맞춤형 콘텐츠 추천 시스템 구축

나. 프로토타입 개발: 초기 모델 또는 솔루션을 개발하여 소규모로 테스트한다.

4단계: 솔루션 테스트 및 검증

가. 파일럿 테스트: 실제 환경에서 솔루션을 시범 운영하여 효과를 측정한다. 사용자 피드백을 통해 모델의 성능을 개선한다.

나. 성과 측정: KPI(핵심 성과 지표)를 설정하여 솔루션의 효과를 평가한다.

5단계: 교육 및 변화 관리

가. 직원 교육: AI 솔루션의 사용법과 이점을 교육하여 직원의 수용성을 높인다.

나. 변화 관리: 조직 내에서의 변화에 대한 저항을 최소화하기 위해 직원들과의 소통을 강화한다.

6단계: 지속적인 모니터링 및 개선

가. 지속적인 데이터 수집: AI 모델의 성능을 지속적으로 모니터링하며 새로운 데이터를 수집한다.

나. 모델 업데이트: 환경 변화나 새로운 문제에 맞춰 AI 모델을 주기적으로 업데이트하고 개선한다.

7단계: 성과 공유 및 확산

가. 성과 공유: 성공 사례와 데이터를 조직 내외부에 공유하여 AI 솔루션의 효과를 알린다.

나. 확산 계획: 성공적인 솔루션을 다른 부서나 조직으로 확산할 수 있는 계획을 수립한다.

이러한 단계들을 통해 AI가 노동 환경 개선에 효과적으로 기여할 수 있다.

*** 프롬프트 예시**

AI를 활용해 노인 돌봄 서비스를 개선할 수 있는 구체적인 방안을 제시해 주세요.

*** AI 응답**

AI를 활용한 노인 돌봄 서비스 개선 방안은 다음과 같다.

① 건강 모니터링

- 웨어러블 기기와 AI를 연동하여 노인의 건강 상태 실시간 모니터링
- 이상 징후 감지 시 자동으로 의료진이나 보호자에게 알림

② 스마트홈 시스템

- 음성 인식 AI로 조명, 온도, 가전제품 등을 쉽게 제어
- 낙상 감지 센서와 AI를 연동하여 응급 상황 즉시 대응

③ AI 돌봄 로봇

- 대화형 AI 로봇으로 정서적 지원 및 인지 기능 유지 활동 제공
- 간단한 가사 지원 및 복약 관리 보조

④ 맞춤형 영양 관리

- AI가 개인의 건강 상태, 약물 복용 등을 고려해 최적의 식단 추천
- 식사 패턴 분석으로 영양 불균형 예방

⑤ 인지 기능 강화 프로그램

- AI 기반 게임이나 퍼즐로 인지 기능 훈련
- 개인의 인지 능력에 맞춘 난이도 조절 및 진행 상황 모니터링

⑥ 가상 현실(VR) 경험

- AI와 VR을 결합하여 집에서도 다양한 활동이나 여행 경험 제공
- 사회적 고립감 완화 및 정서적 웰빙 증진

⑦ 원격 의료 상담

- AI 챗봇으로 기초적인 건강 상담 제공
- 필요 시 원격으로 전문의 상담 연결

⑧ 사회적 연결성 강화

- AI가 관심사나 경험이 비슷한 다른 노인들과 연결해주는 소셜 매칭

- 화상 통화나 메시징 앱 사용을 보조하여 가족, 친구들과의 소통 지원

⑨ 일상 활동 보조

- AI 음성 비서로 일정 관리, 약속 알림, 정보 검색 등 지원
- 온라인 쇼핑, 공과금 납부 등 일상적인 업무 보조

⑩ 응급 상황 대응

- AI가 응급 상황을 감지하면 자동으로 119나 지정된 연락처로 알림
- 위치 정보와 건강 정보를 응급 서비스에 자동 전송

이러한 AI 기반 솔루션들을 통해 노인들의 삶의 질을 높이고, 독립적인 생활을 오래 유지할 수 있도록 지원할 수 있다. 동시에 가족과 돌봄 제공자의 부담도 줄일 수 있다.

출처: Bing을 활용하여 생성함

(3) AI 시대의 윤리와 가치

AI 기술이 우리 사회에 깊이 침투함에 따라, 이와 관련된 윤리적 문제와 가치

의 중요성이 더욱 부각되고 있다. AI 시대에 우리가 고려해야 할 주요 윤리적 이슈와 가치는 다음과 같다.

1) 프라이버시와 데이터 보호

- 개인 정보의 수집, 사용, 저장에 대한 투명성 확보
- 데이터 주권과 '잊힐 권리' 보장

2) 알고리즘의 공정성과 차별 방지

- AI 시스템의 편향성 감지 및 제거
- 다양성과 포용성을 고려한 AI 개발

3) 책임성과 설명 가능성

- AI의 결정에 대한 명확한 책임 소재 확립
- 블랙박스 AI를 지양하고 설명 가능한 AI 개발

4) 인간 중심의 AI

- AI가 인간의 자율성과 존엄성을 해치지 않도록 보장
- 인간의 판단과 결정권을 최종적으로 존중

5) 안전성과 보안

- AI 시스템의 안전성 확보 및 악용 방지
- AI 무기나 자율 살상 무기에 대한 규제

6) 노동의 미래와 경제적 영향

- AI로 인한 일자리 변화에 대한 대비
- 부의 집중 완화 및 공정한 분배 방안 모색

7) 글로벌 협력과 거버넌스

- AI 개발과 사용에 대한 국제적 규범 수립
- 기술 격차로 인한 국가 간 불평등 해소

*** 프롬프트 예시**

AI 기술 발전이 가져올 수 있는 윤리적 딜레마 상황을 하나 제시하고, 이를 해결하기 위한 방안을 설명해 주세요.

*** AI 응답**

AI 기술 발전에 따른 윤리적 딜레마 상황과 해결 방안을 다음과 같이 제시할 수 있다.

[윤리적 딜레마 상황: 자율주행 자동차의 트롤리 딜레마]

가. 상황 설명: 자율주행 자동차가 주행 중 갑자기 도로에 뛰어든 보행자 무리를 마주칩니다. 차량은 두 가지 선택지를 가진다.

① 직진하여 다수의 보행자를 치는 것

② 급격하게 방향을 틀어 인도로 올라가 한 명의 보행자를 치는 것

나. 해결 방안: 이 상황에서 AI는 어떤 결정을 내려야 하는가? 다수를 살리기 위해 한 명을 희생시키는 것이 옳은가, 아니면 직접적인 개입을 피해야 하는가?

① 윤리적 가이드라인 수립

- 자동차 제조사, 정부, 윤리학자, 시민 단체 등이 참여하여 자율주행차의 윤리적 의사 결정 가이드라인을 수립한다.
- 이 가이드라인은 인명 존중, 피해 최소화, 공정성 등의 원칙을 포함해야 한다.

② 상황별 시나리오 학습

- 다양한 윤리적 딜레마 상황에 대한 시뮬레이션을 통해 AI를 학습시킨다.
- 이 과정에서 다양한 문화적, 사회적 가치를 고려한다.

③ 인간의 최종 결정권 보장

- 극단적인 윤리적 딜레마 상황에서는 차량 탑승자가 최종 결정을 내릴 수 있는 옵션을 제공한다.
- 이를 위해 차량은 항상 수동 조작 가능 상태를 유지해야 한다.

④ 투명성과 설명 가능성 확보

- AI의 의사결정 과정을 투명하게 공개하고, 그 결정에 대한 설명을 제공할 수 있어야 한다.
- 사고 발생 시 블랙박스 분석을 통해 AI의 결정 과정을 검증할 수 있어야 한다.

⑤ 책임 소재의 명확화

- AI의 결정으로 인한 사고 발생 시 책임 소재를 명확히 한다(제조사, 소프트웨어 개발사, 사용자 등).
- 이에 따른 보험 및 법적 체계를 정비한다.

⑥ 지속적인 사회적 논의

- 자율주행차의 윤리적 결정에 대한 사회적 합의를 지속적으로 모색한다.
- 정기적인 공청회, 시민 참여 포럼 등을 통해 다양한 의견을 수렴한다.

⑦ 예방 중심의 설계

- 궁극적으로는 이러한 딜레마 상황 자체가 발생하지 않도록 도로 인프라와 차량 안전 시스템을 개선한다.
- 보행자 감지 시스템, 긴급 제동 장치 등의 고도화를 통해 사고 가능성을 최소화한다.

이러한 다각도의 접근을 통해 자율주행차의 윤리적 딜레마를 해결하고, 보다 안전하고 윤리적인 AI 시스템을 구축할 수 있을 것이다.

자율주행차의 윤리 딜레마

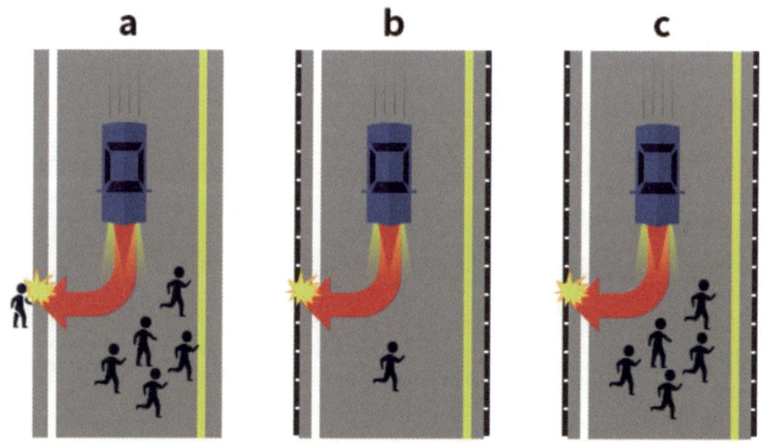

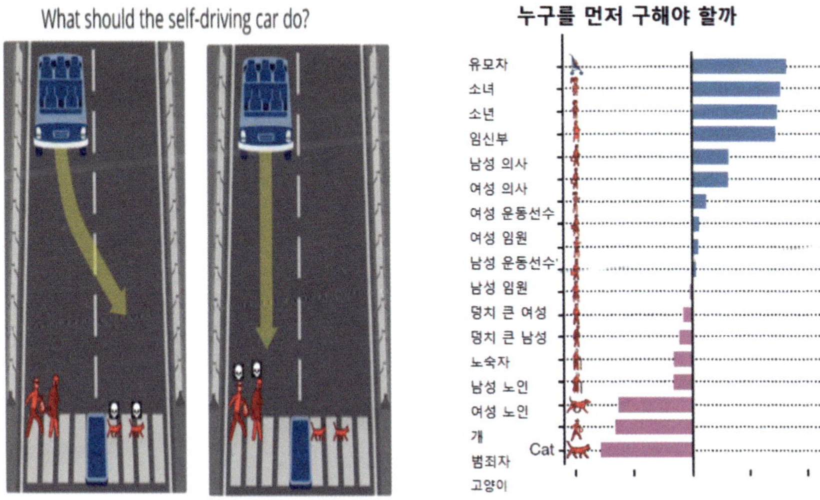

출처: https://www.econovill.com/news/articleView.html?idxno=352752

AI 기술은 우리 사회가 직면한 다양한 문제들을 해결하고 지속 가능한 미래를 만드는 데 큰 잠재력을 가지고 있다. 환경 보호, 사회 문제 해결, 그리고 윤리적 가치 실현에 있어 AI는 강력한 도구가 될 수 있다.

그러나 이러한 잠재력을 실현하기 위해서는 기술 발전과 더불어 윤리적, 사회적 고려가 함께 이루어져야 한다. AI의 발전이 인간의 존엄성, 자유, 평등을 해치지 않고 오히려 이를 증진시키는 방향으로 나아가야 한다.

청년들은 이러한 AI 시대의 주역으로서, 기술적 역량과 함께 윤리적 판단력, 비판적 사고력, 창의성을 갖추어야 한다. AI를 단순히 사용하는 것을 넘어, AI가 우리 사회에 미치는 영향을 이해하고 이를 바람직한 방향으로 이끌어갈 수 있는 능력이 필요하다.

우리는 AI와 함께, 그리고 AI를 넘어서는 지속 가능한 미래를 만들어가야 한다. 이는 기술의 발전만으로는 이룰 수 없으며, 인간의 지혜와 윤리의식, 그리고 사회적 합의가 함께 어우러질 때 비로소 가능해질 것이다.

출처: Bing을 활용하여 생성함

에필로그

AI와 함께 그리는 새로운 시대, 청년의 도전과 미래 비전

AI 기술의 급속한 발전은 우리 사회를 근본적으로 변화시키고 있다. 특히 디지털 네이티브 세대인 청년들은 이러한 변화의 중심에서 AI와 가장 자연스럽게 교감하며 새로운 미래를 이끌어갈 주역으로 부상하고 있다. 이들은 AI를 단순한 도구가 아닌 삶의 동반자이자 혁신의 조력자로 받아들이며 이를 통해 전에 없던 가능성들을 열어가고 있다.

대학 캠퍼스에서 AI는 이미 학습의 혁신적인 조력자로 자리매김했다. AI 튜터는 24시간 학생들과 소통하며 맞춤형 학습을 지원하고 빅데이터 기반의 학습 분석은 각 학생의 이해도와 진척도를 정확히 파악하여 최적화된 학습 경로를 제시한다. 이러한 AI 기반 교육은 일방적인 주입식 교육에서 벗어나 개개인의 특성과 속도에 맞춘 진정한 개별화 교육을 가능하게 만들고 있다. 특히 팬데믹 이후 온라인 학습이 일상화된 현재, AI의 역할은 더욱 중요해지고 있으며 이는 미래 교육의 새로운 표준이 될 것으로 전망된다.

취업과 커리어 개발 영역에서 AI는 더욱 혁신적인 변화를 가져오고 있다. AI는 방대한 채용 데이터와 산업 동향을 분석하여 개인에게 최적화된 진로를 제안하고 이력서 작성부터 면접 준비까지 전방위적인 지원을 제공한다. 더 나아가 AI는 미래 직업 시장의 변화를 예측하고 필요한 역량을 선제적으로 제시함으로써 청년들이 미래를 준비할 수 있도록 돕는다.

그러나 이러한 변화는 동시에 새로운 도전과제들을 제시한다. 많은 직업이 AI에 의해 대체되거나 변형될 것이며 이는 노동시장의 급격한 재편을 초래할 것이다. 청년들은 이러한 변화에 유연하게 대응하며 AI와의 협업을 통해 새로운 가치를 창출할 수 있는 능력을 키워야 한다. 특히 AI가 대체하기 어려운 창의성, 비판적 사고력, 감성 지능과 같은 인간 고유의 역량을 발전시키는 것이 더욱 중요해질 것이다.

창작과 문화 활동 영역에서 AI는 인간의 창의성을 증폭시키는 강력한 도구로 진화하고 있다. 음악, 미술, 문학, 영상 등 다양한 분야에서 AI는 반복적이고 기술적인 작업을 대신 처리해주며 창작자들이 더 본질적인 예술적 표현에 집중할 수 있게 해 준다. 이는 예술의 민주화를 가속화하며 더 많은 청년들이 창작 활동에 참여할 수 있는 기회를 제공한다.

사회 혁신과 문제 해결에 있어서도 AI는 청년들에게 새로운 가능성을 제시한다. 기후변화, 사회 불평등, 보건의료 등 글로벌 차원의 도전과제들을 해결하는 데 AI 기술이 핵심적인 역할을 할 것이며, 청년들은 이러한 기술을 활용하여 사회적 가치를 창출하는 혁신가로 성장할 수 있다. 실제로 많은 청년 스타트업들이 AI를 활용하여 사회문제 해결에 도전하고 있으며, 이들의 혁신적인 시도는 우리 사회를 더 나은 방향으로 변화시키고 있다.

그러나 AI 시대를 이끌어갈 청년들에게는 더 큰 책임감도 요구된다. AI 기술의 윤리적 사용, 프라이버시 보호, 알고리즘 편향성 극복 등 다양한 도전과제들이 존재한다. 특히 AI가 내리는 판단과 결정이 사회에 미치는 영향력이 커질수록 이에 대한 윤리적 고려와 책임 있는 접근이 더욱 중요해질 것이다. 청년들은 단순히 AI 기술을 활용하는 것을 넘어 그것이 사회에 미치는 영향을 깊이 이해하고 올바른 방향으로 이끌어가야 한다.

디지털 격차 문제도 중요한 과제이다. AI 기술의 혜택이 특정 계층에게만 집중되지 않도록 기술의 접근성과 활용도를 높이는 노력이 필요하다. 청년들은 자신들의 디지털 역량을 사회와 나누고 기술 소외계층을 돕는 데 앞장서야 한다. 이는 단순한 사회공헌을 넘어 AI 시대의 지속 가능한 발전을 위한 필수 조건이 될 것이다.

전 세계적 관점에서 보면 한국의 청년들은 특별한 위치에 있다. 세계 최고 수준의 디지털 인프라와 높은 교육열, 빠른 기술 수용성은 한국 청년들의 강점이다. 이들은 AI 기술을 활용한 혁신을 주도하고 글로벌 시장에서 새로운 기회를 창출할 수 있는 잠재력을 가지고 있다. 특히 한국의 문화적 강점과 AI 기술을 결합한 새로운 형태의 문화 콘텐츠 창출은 글로벌 시장에서 큰 경쟁력을 가질 것으로 기대된다.

동시에 국제 협력의 중요성도 간과할 수 없다. AI 기술의 발전은 전 세계적인 현상이며 이는 국경을 초월한 협력과 공동의 노력을 필요로 한다. 한국의 청년들은 국제 협력 프로젝트에 적극적으로 참여하여 글로벌 네트워크를 구축하고, 다양한 문화와 가치관을 이해하며 성장해야 한다. 특히 개발도상국과의 기술 격차를 줄이고 AI 기술의 혜택을 전 세계가 함께 누릴 수 있도록 하는 노력에 동참해야 한다.

미래의 직업 세계는 지금과는 매우 다른 모습일 것이다. AI가 단순 반복적인 업무를 대체하면서 인간은 더 창의적이고 복잡한 문제 해결에 집중하게 될 것이다. 이미 AI 윤리 전문가, 데이터 큐레이터, AI-인간 인터페이스 디자이너 등 새로운 직종들이 등장하고 있으며 이러한 변화는 더욱 가속화될 전망이다. 청년들은 이러한 변화를 두려워하기보다는 새로운 기회로 인식하고 적극적으로 준비해야 한다.

이를 위해 필요한 역량도 변화하고 있다. 기술적으로 다루는 기능과 함께 융통성 있게 자료를 다룰 수 있는 능력이 더욱 커지고 있다. 디지털 리터러시, 데이터 분석 능력은 기본이며 창의적 문제 해결력, 협업 능력, 감성 지능, 윤리적 판단력 등이 핵심 역량으로 부상하고 있다. 특히 평생 학습 능력은 빠르게 변화하는 AI 시대에서 가장 중요한 역량이 될 것이다.

지속 가능한 발전을 위한 AI의 역할도 주목해야 한다. AI 기술은 환경 문제 해결, 에너지 효율화, 자원 순환 등 지속가능성 목표 달성에 크게 기여할 수 있다. 청년들은 이러한 AI의 잠재력을 최대한 활용하여 우리 사회를 더 지속 가능한 방향으로 이끌어가야 한다. ESG(환경·사회·지배구조) 가치와 AI 기술의 결합은 새로운 비즈니스 기회를 창출할 것이며 이는 청년들의 중요한 활동 영역이 될 것이다.

안전하고 투명한 AI 생태계 구축도 중요한 과제다. AI 시스템의 안전성과 신뢰성을 확보하고, 그 사용이 투명하게 관리되어야 한다. 청년들은 AI 기술의 발전과 함께, 이를 안전하게 관리하고 통제할 수 있는 시스템 구축에도 관심을 가져야 한다. AI 거버넌스, 위험 관리, 품질 보증 등은 앞으로 더욱 중요한 이슈가 될 것이다.

AI 기술의 발전은 교육의 패러다임도 크게 변화시킬 것이다. 전통적인 주입식 교육은 더 이상 유효하지 않으며 개인화된 학습 경험과 실시간 피드백이 가능한 새로운 교육 모델이 등장하고 있다. 청년들은 이러한 변화에 적응하면서도, 비판적 사고와 창의성을 키우는 인문학적 소양의 중요성을 잊지 말아야 한다. AI가 발달할수록 오히려 인간 고유의 가치와 철학적 사고의 중요성은 더욱 커질 것이기 때문이다.

AI 시대의 리더십도 새롭게 정의되어야 한다. 수직적이고 권위적인 리더십은 더 이상 효과적이지 않으며 협력과 공감, 포용성을 바탕으로 한 새로운 형태의 리더십이 요구된다. 청년들은 AI와 인간의 강점을 조화롭게 활용하면서, 조직과 사회를 혁신적으로 이끌어갈 수 있는 리더십 역량을 키워야 한다.

개인의 삶의 질 향상에 있어서도 AI는 중요한 역할을 할 것이다. 의료, 복지, 여가 등 다양한 영역에서 AI는 개인화된 서비스를 제공하며 더 나은 삶의 경험을 가능하게 할 것이다. 그러나 이 과정에서 발생할 수 있는 프라이버시 침해, 디지털 중독, 인간 소외 등의 문제에도 주의를 기울여야 한다. 청년들은 AI 기술의 혜택을 누리면서도 인간다운 삶의 가치를 지켜나가야 한다.

특히 한국의 청년들은 세계적으로도 우수한 디지털 역량과 문화적 감수성을 갖추고 있다. K-콘텐츠의 글로벌 성공이 보여주듯 이들의 창의성과 기술력은 세계 시장에서 큰 경쟁력을 가진다. AI 시대에는 이러한 강점을 더욱 발전시켜 새로운 가치를 창출하고 글로벌 혁신을 주도할 수 있는 기회가 더욱 늘어날 것이다.

미래 사회는 AI와 인간이 조화롭게 공존하는 모습이어야 한다. 이는 단순히 기술적 진보만을 의미하는 것이 아니라 인간의 존엄성과 가치가 존중되는 포용적이고 지속 가능한 사회를 만드는 것을 의미한다. 청년들은 이러한 비전을 실현하는 주역으로서 AI 기술을 인간 중심적으로 발전시키고 활용하는 데 앞장서야 한다.

AI 시대는 이제 막 시작되었다. 우리는 역사적인 변화의 순간을 살고 있으며 그 중심에는 AI를 창의적으로 활용하는 청년들이 있다. 도전과 기회가 공존하는 이 시대에서, 청년들이 AI와 함께, 그리고 AI를 넘어서는 지혜로 더 나은 미래를 만들어가길 기대한다.

기술은 발전하되 인간성은 잃지 말아야 한다. AI는 도구일 뿐, 진정한 혁신과 변화는 결국 인간의 손에 달려 있다. 청년들이 AI 시대의 주역으로서 기술과 인간성의 조화로운 발전을 이끌어가며 모두가 꿈꾸는 더 나은 세상을 만들어가길 희망한다. 우리의 미래는 AI와 함께하되 결국 인간이 중심이 되어야 할 것이다.

출처: Bing을 활용하여 생성함

저자 약력

유채린

현) Core AI 연구소_알면 알수록 이로운 교육 대표
한국AI마케팅연구소 교육이사
디지털융합교육원 경기북부지회장
(사)AINFT협회 이사/사무총장
AI 마케팅 명예박사
프롬프트 엔지니어
인공지능 콘텐츠 강사
서울국제AI영화제 3회 심사위원
ISO 인증 심사원(9001, 14001, 45001)
기획재정부 지정 경제교육센터 경기지역 강사
이코노아이(어린이경제신문) 마스터 강사

전) 제주 농축수산물 AI 홍보영상제작대회 심사위원장
서울국제AI영화제 1, 2회 심사위원
대덕구 숏폼 영상 공모전 심사위원
ICT 동북아 초거대 AI 활용과정 영상공모전 심사위원
경제보드게임 돈't worry 수석연구원

수상) 2025 Madonie Film Festival, Region of Sicily 베스트 뮤직비디오 부문 Honorable Mention
2025 스킨에픽 AICF 공모전 은상
2025 SIAFF 공로상
2025 SIAFF Screenwriter 부문 Honorable Mention
2025 MIFF 베스트 포스터 부문 Award Winner
2025 MIFF 베스트 뮤직비디오 부문 Award Winner
2025 MIFF 베스트 여성 감독 부문 Special Mention
2024 〈나야, 문희〉 특별상
2024 출산장려 AI노래만들기대회 최우수상
2024 전국예술대회 대상
2024 인공지능 콘텐츠 강사경진대회 최우수상
2023 AI아트 시화 공모전 우수상
2023 어린이경제신문 공로상

▸ AI 교육 및 컨설팅 문의

김정석

현) 퇴직교원 AI 교육봉사
전) 교육부 장학관
우즈베키스탄 한국교육원장
서울원신초등학교 교장
서울동부교육지원청 교육장
디지털배움터 강사
수상) 황조근정훈장

조은래

현) 말레이시아 오빠(OFPA) 난민직업학교 교장
호크마 난민학교 컴퓨터 교사
호크마 난민학교 종이접기 교사
한국 교민대상 기초영어, AI 강사
프리랜스 프로그램 개발자
전) 창원대방초등 방과후 컴퓨터 강사
진해여자고등학교 방과후 컴퓨터 강사
중앙전산학원 OA반, 기능사반 강사
Digital HP 기술영업 팀장
모두서비스 대표
전자회페연구소 소장
수상) HP 전국 최우수사원
HP customer champion

정동완(기획)

현) 교육전문가 봉사단체 '오늘과 내일의 학교' 회장
특강 및 캠프 운영 2,000회 이상 진행 전국구 강사
『AI 기반 진로진학 My Best 컨설팅 프로그램』, 『AI 동화작가』, 『AI 과제탐구왕』 등
빅데이터 디지털 콘텐츠 개발 기획과 자문
전) EBS 진로진학 대표강사
EBS 영어 파견교사

이진숙(기획)

진로·진학 교육 전문가이자 실천형 교육기획자
현) (사)가르치는 사람들의 재능나눔 네트워크 진로진학 수석연구원
(주)가르침에듀 대표
대원대학교 유아교육과 겸임교수

나만 알고 싶은 AI 활용 교과서: 대학생 · 청년

초판발행 2025년 7월 25일

지은이 유채린 · 김정석 · 조은래 · 정동완 · 이진숙
펴낸이 노 현

편 집 이혜미
기획/마케팅 이선경
표지디자인 BEN STORY
제 작 고철민 · 김원표

펴낸곳 ㈜피와이메이트
서울특별시 금천구 가산디지털2로 53, 210호(가산동, 한라시그마밸리)
등록 2014.2.12. 제2018-000080호
전 화 02)733-6771
f a x 02)736-4818
e-mail pys@pybook.co.kr
homepage www.pybook.co.kr
ISBN 979-11-7279-119-3 93370

정 가 23,000원

박영스토리는 박영사와 함께하는 브랜드입니다.